后重建时期灾区生态与产业协调发展研究

——以四川地震灾区为例

Research on coordinated development of ecology and industry in disaster areas during the late stage of reconstruction – Taking the earthquake stricken areas in Sichuan as examples

黄　寰　著

人民出版社

责任编辑:陈　登

版式设计:周方亚

图书在版编目(CIP)数据

后重建时期灾区生态与产业协调发展研究:以四川地震灾区为例/
　黄寰 著. —北京:人民出版社,2017.12
(国家社科基金后期资助项目)
ISBN 978 - 7 - 01 - 018799 - 0

Ⅰ.①后…　Ⅱ.①黄…　Ⅲ.①地震-灾区-生态经济-产业发展-研究-四川
Ⅳ.①F127.71

中国版本图书馆 CIP 数据核字(2017)第 325801 号

后重建时期灾区生态与产业协调发展研究

HOUCHONGJIAN SHIQI ZAIQU SHENGTAI YU CHANYE XIETIAO FAZHAN YANJIU
——以四川地震灾区为例

黄　寰　著

人 民 出 版 社 出版发行
(100706　北京市东城区隆福寺街 99 号)

北京中科印刷有限公司印刷　新华书店经销

2017 年 12 月第 1 版　2017 年 12 月北京第 1 次印刷
开本:710 毫米×1000 毫米 1/16　印张:15.75
字数:282 千字

ISBN 978 - 7 - 01 - 018799 - 0　定价:48.00 元

邮购地址 100706　北京市东城区隆福寺街 99 号
人民东方图书销售中心　电话 (010)65250042　65289539

国家社科基金后期资助项目
出版说明

后期资助项目是国家社科基金项目主要类别之一，旨在鼓励广大人文社会科学工作者潜心治学，扎实研究，多出优秀成果，进一步发挥国家社科基金在繁荣发展哲学社会科学中的示范引导作用。后期资助项目主要资助已基本完成且尚未出版的人文社会科学基础研究的优秀学术成果，以资助学术专著为主，也资助少量学术价值较高的资料汇编和学术含量较高的工具书。为扩大后期资助项目的学术影响，促进成果转化，全国哲学社会科学规划办公室按照"统一设计、统一标识、统一版式、形成系列"的总体要求，组织出版国家社科基金后期资助项目成果。

全国哲学社会科学规划办公室

2014 年 7 月

序[*]

汶川特大地震已经过去九年,芦山强烈地震迄今也逾四年,在党和政府及社会各界的支持下,汶川地震灾区恢复重建在 2011 年 5 月基本完成,芦山地震灾区恢复重建也于 2016 年 7 月基本完成。但是灾区始终是"灾区",地震对经济社会与生态环境造成的巨大系统性破坏在短时间难以得到全面修复。滑坡、泥石流等次生地质灾害频发,灾区多地重建成果毁于一旦;援建方撤离、国家规模性重建资金的拉动效应消失,灾区出现了工业园区企业流失,二三产业发展失速等系列"不良反应"。因此,灾区的重建并没有结束,而是步入了需要依靠自身发展的后重建时期。

党的十九大报告强调:"发展是解决我国一切问题的基础和关键,发展必须是科学发展,必须坚定不移贯彻创新、协调、绿色、开放、共享的发展理念。"在五大发展理念中,协调发展已经成为处理生态保护与经济发展问题的最佳方式,是实现灾区经济可持续发展的必经之路。汶川特大地震与芦山强烈地震对灾区尤其是对极重灾区、重灾区的生态和经济造成了巨大的破坏,由此决定了灾后重建是一项统筹经济社会与生态环境协调发展的系统性工程。经济发展的重要内容是产业发展,因此在后重建时期生态与产业的协调成为实现灾区持续发展的有效途径。实现生态与产业协调首先要转变思想观念。工业文明下的掠夺式索取带来的后果便是生态安全反过来制约了人类的生存发展,灾区的重建不仅仅是修建新的房屋和道路,还要重建新的观念、制度、行为和发展方式,必须建立系统完整的生态文明制度体系,用制度保护生态环境。从人与自然之间的一体性、人与人之间的公平性、人与社会及人与自然的可持续性三个方面出发,构建一个完整且有价值的生态文明观念体系。要充分考虑灾区环境承载能力、容量水平、发展条件及禀赋结构特征,调整区域功能,把生态修复、环境整治、地质灾害防治和毁损地复耕与产业的科学发展结合起来,统筹产业布局,优化产业结构,着力构建现代产业发展新体系。

黄寰教授及其团队完成的《后重建时期灾区生态与产业协调发展研

_* 本文作者系环境保护部副部长、地质灾害防治与地质环境保护国家重点实验室(成都理工大学)主任。

究》一书认为,要从战略思想的高度认识到后重建时期的长期性,坚持生态优先、以人为本,在依托恢复重建时期取得成果的基础上,以改革创新为驱动力,以绿色循环为主方向,以产业升级为着力点,以开放合作为突破口,推进生态产业化与产业生态化,增强自我发展能力,实现生态与经济的协调发展,让民众在生命财产有保障的情况下分享到发展的红利,努力开创灾区发展新局面。灾区产业发展要综合考虑生态承载能力,实行绿色低碳化发展,满足主体功能区建设及新兴产业发展等劳动力需求,选择产业和项目协调发展。进一步扩大对内对外开放,利用灾区明显的资源特色,实现一三产业联动发展,加快推进灾区生态旅游,实现生态环境优势向产业优势的转化,建立生态屏障的同时,建立生态型城镇,发展绿色有特色的"双色农业"。依据地域特色,发展特色优势产业和战略性新兴产业,立足产业关联,发展产业园区。同时,在后重建时期这样的特殊阶段,急需进一步创新推进四川地震灾区生态与产业协调发展,实现生态系统与经济社会系统的协调。通过引进消化再创新和自主创新加快区域生产等技术变迁速度,通过创新技术变迁提高各类资源使用效率,降低人类经济活动对灾区环境的影响。最终实现灾区的绿色低碳发展、科学适度发展、空间均衡发展、开放共赢发展、创新驱动发展、公平共享发展等"六大发展"目标。

本书立足于灾区现状,紧扣社会发展主题,以灾区面临的现实问题和阶段特征为切入点,从思想变迁、制度改革和协调路径等多方面为灾区的发展提供了指导,同时其创新性地提出了灾区"后重建"这一概念,不失为环境经济学特别是灾害学科发展的一大创新,也是对区域可持续发展理论的重要补充。

是为序。

黄润秋

2017 年 7 月 12 日

目　录

绪　　论

一、研　究　背　景

（一）全球自然灾害频繁发生

党的十九大报告在第九部分"加快生态文明体制改革,建设美丽中国"中明确提出,要"加强地质灾害防治"。作为自然环境变化的特殊情况,自然灾害已成为当今人类社会面临的重大问题,不仅侵蚀着各国各族的文明成果,也严重威胁着世界人民的人身财产安全。国际公认危及人类生存的灾害主要包括:地震(Earthquake)、洪水(Flood)、暴洪(Flash Flood)、干旱(Drought)、疫情(Epidemic)、寒潮(Cold Wave)、温带气旋(Extra tropical Cyclone)、滑坡(Land Slide)、泥石流(Mud Slide)、局部暴雨(Severe Local Storm)等。据联合国数据中心统计,在 1981 年 1 月至 2016 年 8 月期间,全球重大洪涝灾害发生频率最高,发生暴洪 210 次、洪水 1203 次,共计 1413 次(不包括部分次生性洪涝灾害的发生),年均发生超 39.25 次;热带气旋次之,共计 455 次;5 级以上地震在此期间共计发生 373 次,位居第三,平均每年超 10.36 次,受地震灾害影响较大的国家分别为印度尼西亚 49 次、中国 47 次、伊朗 32 次、阿富汗 25 次。36 年间,还发生自然灾害如滑坡 227 次、局部暴雨 148 次、疫情 133 次、干旱 120 次、火山 102 次等。

在无法避免的诸多自然灾害中,地震灾害对人类的直接危害最为严重。以近期一次影响重大的自然灾害——2015 年 4 月 25 日发生的 8.1 级尼泊尔地震为例,据尼泊尔内政部、DIVA-GIS 统计,截至 2015 年 6 月 11 日,遇难人员达到 8786 人,受伤 22303 人,房屋全部损毁达到 513411 栋,部分损毁 517028 栋。地震发生后余震不断,达到 150 次以上,最大一次余震达到了 7.1 级,加德满都谷地 90% 以上老建筑损毁,中国西藏等周边地区也遭受不同程度的灾难影响。尼泊尔 8.1 级地震和后续的余震不但使尼泊尔经济社会受到重创,并且也波及我国西藏自治区日喀则、阿里等边境区域,截至 2015 年 5 月 6 日 17 时,我国已有 26 人死亡、3 人失踪、856 人受伤、将近 30 万人不同程度受灾,2699 间房屋和 1 座寺庙坍塌,39943 间民房、242 座寺庙以及文物单位用房不同程度受损。①

地震是因地壳水平或垂直方向上的剧烈运动,所造成的地震动。在特定构造的运动过程中,地壳有塑性和刚性状态之分,地震主要因刚性较强的地壳部分运动引发,地幔、地核呈塑性状态,除了外星体撞击地球外不易致地震发生。地壳刚性强烈的那部分,由于阻碍地壳的缓慢运动或者是由于重力的作用,使得造成缓慢作用的应变能能够一直保持积累。当这个应变能积累到超出刚性地壳的承受度时,将释放出大量能量,造成作用地壳的刚性部分快速崩裂,因此引起强烈的地震动。从灾难演进发展角度看,诱发地震需要两个基本条件:一是地壳的运动或运动造成的重力异常作用;二是局部区域的地壳刚性较强,且阻碍着地壳间的运动,使应变能得以持续积累。地震常常发生在地壳运动相对剧烈的板块边界区域,如岛弧、洋中脊、地槽、地堑等处。而大地震往往发生在断裂转折处或断裂交叉处,因为这些区域受特殊力学作用,往往阻碍着地壳平稳断裂,但致断能量在持续累积,当达到一定程度时,容易造成该区域的刚性地壳快速崩裂,如亚欧板块和印度洋板块的碰撞造成了此次尼泊尔8.1级大地震。② 表0-1所示为影响国际的重大地震灾害部分年份发生情况统计。

表0-1　影响国际的重大地震灾害部分年份发生情况统计

年份	1990	1991	1992	1993	1994	1995	1996	1997	1998	1999	2000	2001	2002	2003
地震发生次数	15	19	10	7	15	22	9	12	16	10	7	16	15
年份	2004	2005	2006	2007	2008	2009	2010	2011	2012	2013	2014	2015	2016	
地震发生次数	17	15	13	10	16	21	17	11	11	12	15	5	3	

注:2016年数据截至当年8月份,全部统计发生次数为影响重大的国际性数据。

根据多年来几种常见威胁人类的自然灾害发生趋势统计数据可以发现,洪涝灾害发生频率逐年大增,且前后波动差异较大,但近年居高不下。其次是滑坡发生频率增幅较大,这也和洪涝灾害的增加呈现一定的正相关关系。然后是直接危害最为严重、最具破坏力的地震,灾害发生频率较高且波动较为平稳,显现出一定的周期性,1995年和2009年发生次数最多,邻

---

① 黄开图:《铭记关怀　感恩大爱》,2015年5月19日,见 http://www.xzzw.com/jysp/xzrb-pl/201505/t20150519_584646.html。

② 廖永岩:《地球科学原理》,海洋出版社2007年版。

近其他年份变幅不大,整体呈现出一定的自相关性。

纵观世界各国史,对于自然灾害已有一些共性的认识:一是各类较大的自然灾害每年都会在地球上有所发生,即使是科技已非常发达的当今人类既难以预知,也无法消除;二是自然灾害整体爆发频率呈现上升态势;三是自然灾害发生呈现一定的周期性、自相关性,如近年地震多发生于亚欧板块和印度洋板块之间;且各类自然灾害间的发生呈现高度的关联性,如地震往往会带来滑坡、泥石流等次生自然灾害,也是人类在震后重建时期面临的重大生态挑战。

表 0-2　近年重大地震灾害区域发生情况

国家	阿尔及利亚	伊朗	摩洛哥	印度尼西亚	印度尼西亚	巴基斯坦	印度尼西亚	印度尼西亚	日本	所罗门群岛	中国	巴基斯坦
时间	2003	2003	2004	2004	2005	2005	2006	2006	2007	2007	2008	2008
震级	6.2	6.8	6.5	7.9	8.5	7.6	5.9	7.3	7.1	8	8	6.5
死亡人数	2300	26000	628	>200000	>900	>73000	>6000	654	>1	20	69000	300
国家	意大利	萨摩亚群岛	海地	智利	中国	新西兰	日本	伊朗	中国	日本	尼泊尔	智力
时间	2009	2009	2010	2010	2010	2011	2011	2013	2014	2015	2015	2015
震级	5.8	8	7.3	8.8	7.1	6.3	9	7.8	6.5	6.9	8.1	8.3 级
死亡人数	300	>100	270000	802	2698	>100	14063	>41	617	15884	>8786	12
国家	阿富汗	吉尔吉斯斯坦	阿富汗	中国	厄瓜多尔	秘鲁						
时间	2015	2015	2015	2016	2016	2016						
震级	7.5 级	6.7 级	7.2 级	6.4 级	8.0 级	5.4 级						
死亡人数	117	—	—	36	668	9						

在自然灾害前,人类屡屡受损,而又勤奋不止重建家园。如中国的汶川地震灾区,通过制度、技术等创新发展来实现产业生态化、生态产业化的后重建工作成绩突出,已逐渐成为一个灾后重建的样本。这也是本书研究的重点,将于随后章节中逐次详细地展开。

与此同时,国际社会高度关注各国、各地区的灾后重建项目情况。遭受自然灾害破坏的各个国家和地区不仅积极开展自救,国际社会也展开了各类援助。例如,2008 年中国汶川地震,世界银行最初依靠全球减灾恢复基金为中国援助 150 万美元的帐篷和提供技术等支持,后又与中国政府合作开展约 7.4 亿美元的基础设施、医疗教育服务等灾后重建项目。随后四川又发生芦山等地震灾害,2015 年 3 月世界银行又批准提供约 1 亿美元的贷款帮助中国四川省约 275000 居民改善基础设施重建服务。而在 2015 年 4 月尼泊尔大地震发生后,国际救援组织包括 62 人组成的中国救援队快速赶赴现场进行紧急救援。截至 2015 年 4 月 30 日,联合国已向尼泊尔紧急提供灾后 3 个月内的灾民安置、紧急医疗、水和食品、卫生设施等 4.15 亿美元的人道主义救助资金,50 多万因灾露宿街头和 420 万缺乏安全饮用水和卫生设施以及 140 万无充足食品供应保障的灾民受益于此⋯⋯

自尼泊尔大地震后,世界地震灾害仍在持续频繁发生,尤其是在亚洲发生频率大增,同时多伴随着如海啸等次生灾害发生,死亡人数虽然相对历史较少,但是对人类经济社会造成的破坏与损失仍在持续增加。

(二) 中国自然灾害情况严峻

21 世纪以来,受全球气候变化和人类活动的影响,我国各类自然灾害发生频繁,同时因城镇化和财富的不断聚集,因灾受损也愈来愈严重。尤其是当巨灾发生,对经济社会产生的危害呈现"多米诺骨牌效应"特征,直接影响着可持续发展的基础。我国自然灾害主要具备以下特征:

1. 灾害涉及种类多

我国地域广阔,地质结构甚为复杂,也是多种灾害发生最为频繁的国家,灾害属性涉及面广。其中对于各区域影响最大、成灾破坏最为严重的主要包括 6 类,分别为:地震、地质、气象、海洋、生物及林草区火灾,其中水旱、气象、地震等大型灾害所致后果最为严重。台风、暴雨、干旱、冰雹、尘暴、气旋、冻灾等几乎年年都会致国家遭受不同程度的损失。

2. 地域分布广泛

自然灾害在我国分布广泛,对我国不同地区都有不同程度的威胁。我国 65% 以上的地区都遭受到过洪涝灾害;江浙、广东、海南等沿海及腹地部分地区主要以热带气旋成灾为主;西北、西南、华南等地呈现出严重干旱周期性成灾特征;地震灾害分布最广,震级 5 以上的地震在全国各省市都有发生;同时,约占国土面积 69% 的山地、高原地域等又易因气象灾害或地震灾害的频繁发生而造成滑坡、泥石流、山体崩塌等地质类次生灾害的生成。

3. 发生频率高、强度大、破坏力强

自从新中国成立以来,我国自然灾害发生率偏高,且攀升趋势已成为常态。如因季风影响而引发气象灾害发生频度屡屡攀高,尤其是区域性干旱、洪涝等灾害发生频度变高。据统计,我国平均每年发生旱灾 7.5 次,洪涝灾

5.8 次,台风 6.9 次,冷冻灾 2.5 次,这远远超过了世界的平均水平①,同时,处于欧亚、太平洋及印度洋三大板块异常活跃地段常致使我国大陆震灾呈现破坏性强的特征,大约占据全球大陆震灾发生数 1/3。据调查,1990—2008 年间我国年均因自然灾害受损近 3 亿人,直接致损超 2000 亿元人民币。因灾害所导致年均直接经济损失约为年均国内 GDP 的 4%。

4. 灾害关联性增强

许多灾害的发生都是高度关联的,灾害间的联动效应会形成某一特定形式的灾害链和灾害群。按照它们之间的不同生成及依存脉络大致可以划分出三类:(1)因果关系类。即一种自然灾害的发生与其他灾害的生成互为因果,一般表征为进一步恶化态势,如:台风致暴雨、风暴潮致洪涝再致滑坡、泥石流;震灾亦是其他如地裂、房塌、山崩、火灾等灾害发生的原因。(2)同源关系类。几个灾害集中爆发都是由一个共同因素所致,如:片区降雨量大幅下降,易致旱灾,接着诱致火灾、病虫灾、风灾等相关灾害发生。(3)互生关系类。灾害间各自作用,共同促进,共依共存,如:水土流失及泥石流等,成灾链互生并发,使得灾害危害系数与防治难度系数明显增大;重大自然灾害及人为型自然灾害发生率剧增使我国应对危机能力及素质大大疲软,同时伴随而来的还有工业灾害全面爆发,环境灾害已经成为危及人类安全与持续发展的重大因素,公共卫生事件及各种人为事故亦让我们措手不及。从政治角度看,各种灾害特别是重大灾害的发生与发展,是对执政党执政能力和各级政府管治能力的考验;从经济角度看,各种灾害导致的直接与间接经济损失,以及各项防灾减灾、抗灾救灾的投入,是对国民经济正常发展与微观经济正常运行的重大打击,也是对国家平衡财政收支及制定安排相关经济制度或政策的冲击;从社会角度看,各种灾害必然损害正常的社会秩序并产生难以预料的心理打击,往往容易导致秩序混乱与社会失控。可见,灾害不仅会给城乡居民的生活带来巨大而深刻的影响,而且对整个国家的政治、经济、社会乃至思想文化、伦理道德等多个方面均产生重大影响,已经渗透且融合为影响政治、经济等活动的重要因素。②

(三) 四川地震灾区受灾严重且影响长远

地处中国西南的四川横跨青藏、云贵高原、横断山脉、秦巴山地、四川盆

---

① 郭军赞:《城市防灾减灾体系建设初探》,《城市》2009 年第 10 期。

② 郑成功:《国家综合防灾减灾的战略选择与基本思路》,《华中师范大学学报(人文社会科学版)》2011 年第 9 期。

地等多维地貌层,地形十分复杂,既孕育了熊猫等珍稀物种,也面临频繁发生的自然灾害的威胁。据国家统计局对 2010—2013 年间国内自然灾害损失统计,中国年均受灾人口 38535.15 万人,死亡 2842.25 人,四川省年均受灾 4297.35 万人,死亡 289.25 人,平均受灾人次占全国的 11.26%,死亡人口占全国的 13.69%。全国因自然灾害导致直接经济损失年均为 4607.55 亿元,四川省因灾导致直接经济损失年均 613.83 亿元,占全国的 12.78%。近年四川省的受灾情况可见表 0-3。

表 0-3　四川省近年自然灾害受灾情况

年份	受灾人口（万人）	死亡及失踪人口	直接经济损失（亿元）
2008 年	7019.1	86886	7854.3
2009 年	4801.2	330	176.4
2010 年	5744.0	395	601.6
2011 年	4554.1	169	362.9
2012 年	3154.0	222	415.0
2013 年	4612.6	575	2453.6
2014 年	963.17	60	190.2
2015 年	997.5	88	132.0

就地震灾害来看,四川省表现得十分典型。据国家统计局 2004—2015 年间统计数据显示,期间全国地震灾害总计发生 118 次,四川省 13 次,6 级以上震灾活动占全国的 13.04%,其中 7 级以上震灾爆发率占全国的 40%。期间全国因震灾伤亡总计 480508 人次,死亡 72454 人,直接经济损失 106027368.4 万元,四川省期间因震灾伤亡总计 459310 人次,死亡 69466 人,直接经济损失 92603905 万元。其中四川省因震灾死亡、伤亡人数超过全国的 95.55%,导致直接经济损失占全国的 87.34%。综观四川省与全国因灾影响的情况,可以说四川是中国防灾救灾及灾后重建工作的一个缩影与重点,做好四川的灾后重建工作对于推动我国受灾区域的重建有着积极的示范作用。

特别是 2008 年汶川"5·12"特大地震,使得灾区群众生命财产安全受到了极大的伤害,灾区基础设施遭受到特大损坏,文化遗产等遭受到不可修复的损毁,灾区抗震救灾特别是后期重建面临着严峻挑战。据统计,当年震灾所致损失相当于 2007 年全国 GDP 的 3.43%,合约 8451.4 亿,是四川省 GDP 的 80.4%,间接经济损失如对灾区百姓的心理伤害不可计价。受灾区域以四川为中心,波及陕、甘、渝等 10 省区。四川省 19 个市州受灾程度不等,受灾地区约占比 90.1%。其中重灾区市级及以上覆盖 6 个、县级 80 多个、镇级 1200 多个、影响 2792 万人,波及总面超过 10 万平方公里。

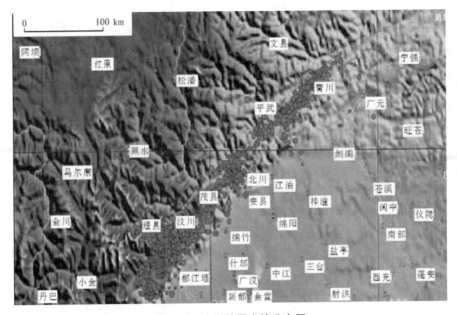

图 0-1　汶川地震灾情分布图

据民政部 2008 年 9 月下旬统计显示,汶川震灾确认死亡超 6.9 万人,伤残多达 37.4 万人,失踪人数近 1.8 万。城乡民房损害严重,尤以北川、汶川等乡镇及乡村受损最为严重。因生活设施毁坏,规避滑坡、泥石流、崩塌等次生灾害风险,累计受灾人数 4554.7565 万人。据国家遥感数据显示,中心灾区的 15 个县市耕地破坏达 110 万—150 万亩,损失率高达 7%—10%。其中,15°—25°的坡耕地损毁率为 15%,25°—35°的坡耕地损毁率为 37%,35°以上的坡耕地损毁率为 50%,人均耕地减少,耕地质量下降,资源环境承载能力下降,难以保障农民收入稳定增长。① 水电、通信、交通等设施系统遭受巨大破坏。全省 22 条主要交通公路的路段路基、桥梁、隧道等结构受损严重,径长超 1.7 万多公里被毁坏。地震后,地表植被受损严重,阴雨交加,加上余震不断,山石滑坡堵塞重要河

---

① 赵祥润、卿太明:《汶川地震对我省水土保持生态环境建设的影响》,《四川水利》2008 年第 5 期。

道,形成 34 处具有重大灾害风险性的堰塞湖,最严重的有 8 处积水量在 300 万立方米以上。灾区居民基本生活生产设施毁于一旦,包括 593.25 万间房屋遭到不可修复性的毁坏,直接倒塌高达约 92.1%,千万人因此被迫屯集于政府安置区。工业基础也毁归为零,产业发展严重受挫,直接表现为主要产业及代表性企业断裂、倒闭。四川省 14207 家工业企业生产基础设施受损,德阳、广元、绵阳等重度灾区大部分工业基础设施被毁坏。四川省西北部医疗机构重度受损,188 家医疗卫生机构、2239 个床位全部损坏,伤亡职工 2725 名,东南部医疗中轻度受损,约有 120 家医疗卫生机构、7608 个床位全部损坏。①

汉族、羌族等多民族文化遗产载体受损严重。四川 50% 以上国家重点文物遗产遭受到不同程度破坏,另有百处以上省级文物单位遭受损坏。尤其是羌族文化遗迹包括其聚居寨落环境、碉楼房屋、栈道等建筑已经处于破坏后的消失濒危边缘;同时如都江堰李氏祠庙、李白故居等汉族文化遗产也遭受到不可完全修复性的损坏。森林植被系统、原生态栖息地等环境系统遭受到结构性损害,不断发生的次生灾害致使生态系统进一步恶化。植被、水体、土壤等整个自然环境生态系统被完全打破,继而导致当地居民生活节奏紊乱不堪,也直接威胁着人民自身的生命财产安全。

简言之,"5·12"汶川地震给国家与人民带来了严重伤害及损失,家庭破碎、生活生产等设施遭毁严重、自然和社会环境恶化,给区域资源环境造成了明显损害,影响到灾后重建的产业空间布局。直到汶川地震 5 周年,汶川地区灾后恢复重建工作基本完成,灾区基本生产生活条件得到恢复,大范围直接对口资金、智力支援也暂时告一段落,灾区人民的生活设施已经大部分恢复,尤其是部分地区的生活水平已经超过震前。但是,从时间维度出发,灾后恢复重建并不只是三五年的时间就可以一劳永逸的,特别是灾区的生态环境难以在短期内完成重建。

在汶川地震发生后不到 5 年,距离汶川仅 100 多公里外的雅安市芦山县发生 7.0 级地震,大灾难再一次降临在四川,举国震惊。从区域空间来看,芦山震灾区同汶川震灾区存在重合(见表 0-4);从时间节点上看,此次地震的发生也是在部分汶川地震灾区的后重建时期。

---

① 《地震核心区公共卫生资源损失评价分区》,2008 年 5 月 30 日,见 http://scitech.people. com.cn/GB/7323210.html。

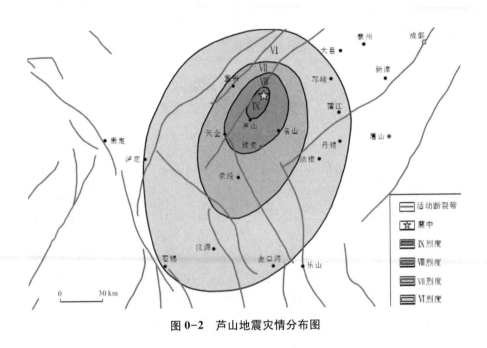

图 0-2　芦山地震灾情分布图

表 0-4　芦山地震灾区与汶川地震灾区行政区域的重合情况

芦山地震灾区	汶川地震灾区
雅安市:芦山县(极重灾区)	雅安市:芦山县、荥经县、雨城区、宝兴县、天全县(重灾区)
雅安市:雨城区、天全县、名山区、荥经县、宝兴县(重灾区)	
成都市:邛崃市高何镇、天台山镇、道佐乡、火井镇、南宝乡、夹关镇(重灾区)	成都市:都江堰、彭州市(极重灾区),崇州市、大邑县(重灾区)
德阳市(一般灾区)	德阳市:什邡市、绵竹市(极重灾区),旌阳区、罗江县、中江县(重灾区)
阿坝州(一般灾区)	阿坝州:汶川、茂县(极重灾区),理县、小金县、黑水县、九寨沟县、松潘县(重灾区)
甘孜州(一般灾区)	甘孜州(一般灾区)
眉山市(一般灾区)	眉山市(一般灾区)

　　芦山地震的极重灾区和重灾区,覆盖了雅安市的芦山、雨城、天全、宝兴等 6 个县(区),以及成都邛崃市的 6 个乡镇,总计覆盖镇级范围 102 个,面积 10706 平方公里,共影响近 114.79 万人。截至 2013 年 5 月 23 日,遇难

196人,失踪2人,受伤14785人,237655人流离失所,210万户受影响,193000间房屋倒塌,51万户受到严重破坏。

截至2013年5月4日,芦山震区余震活跃7527次,3级以上余震120次,其中5级以上发生4次,4.0—4.9级地震22次,3.0—3.9级地震94次,不断活跃的余震给当地政府组织救灾及恢复重建工作造成了很大的困难。

道路交通方面,由于芦山地震灾区地处四川盆地西缘,属于山区地形,地震及诱致的余震、滑坡、崩塌等次生灾害,致片区内318线、S210线、S211线等国省干线交通基设破坏殆尽,损失惨重。2013年4月20日至5月5日期间阴雨不断,滑坡等次生灾害频发。据不完全统计,这次灾害共破坏公路路基800处,近2500公里国省干线,估计经济损失约64亿元,损毁乡村公路3000多处、2000公里,估计造成损失24亿元左右;受损桥梁440处、4954延米;水路码头受损172处,估计造成损失达1000万元;破坏汽车场站27处,估计致损1800万元。粗略估计交通基础设施经济损失超过百亿元。通讯方面,因灾共造成278个移动通信基站产生故障中断运行,宝兴县移动通信完全被阻断,天全、芦山通信整体瘫痪,信息流通速度大幅放缓不仅影响救灾效率,还阻碍了灾区群众间联系以及与外界交流机会。

文物保护方面,经相关文物部门专家实地调研初步统计仅在雅安市就有12处博物馆、文管所馆舍在芦山地震中收到较大程度的损坏,受损的馆藏品更是多达274件,包括国家二级文物8件,三级文物41件,一般文物225件。纳入"4·20"芦山地震灾害损失评估范围的雅安、成都、甘孜、乐山、凉山、眉山6市(州)的21个县(市、区),共196处文物保护单位遭受破坏,包括国家重点文保单位19处,省文保单位68处,市(县)级文保单位104处,文物点4处。

林业系统也受到了严重破坏,汉源、石棉、荥经3县直接经济损失超过1.5亿元。其中:在芦山县往太平方向和双石方向,不仅沿途部分道路因为多处大面积塌方而被迫中断,无法通行,该区域内所有房屋都不同程度受损,水电气全部中断;在名山区,地震造成林区7个林业站墙体深度裂缝,成为危房,另有1个木材检查站严重垮塌,林业局围墙垮塌,林区维护工作受到极大影响;在汉源县,危房面积达1700平方米,初步估计损失3000万元以上;在石棉县,栗子坪保护区保护站、弯东河、姚河坝、黄草坪、足马、作坊巷、王岗坪等管护站墙体和地面都出现深度裂缝,初步估算经济损失在2000万元以上;荥经县林业局办公室、部分森林管护站所、泡草湾公司家属楼,均有房屋开裂等现象;林区道路部分受损,安靖乡鸽子花景区道路中断,林地受灾 3500 亩,林森蓄积受灾 45500 立方米,初步估算地震造成的直接经济损失 10300 万元以上。①

地貌水利方面,山体坍塌等原因分别在芦山县境内的宝胜和玉溪河金鸡峡形成堰塞湖,另有部分水库出现裂缝。震中芦山县房屋大量严重被毁,道路桥梁、水电通信等基础设施都受到破坏。此外,地震造成芦山县工业企业的厂房和设备严重被毁,所有的企业被迫停产,对芦山工业的打击几乎是毁灭性的。

在旅游业方面,根据四川省旅游局报告显示,此次震灾不仅对雅安等地区旅游业直接造成很大破坏,还降低了整个四川省的旅游吸引力,给四川省旅游业造成的直接经济损失为 114.85 亿元,其中对与旅游业相关的基础设施、房屋等造成的经济损失占 106.03 亿元,芦山、雨城、天全、名山、荥经、宝兴 6 个属于极重或重灾区的县(区)范围内旅游业直接损失为 8.28 亿元,其他旅游业损失 0.54 亿元。地震在短期内严重降低接待游客的能力,四川一度全部停止灾区旅游接待,短期内大量游客取消来川计划,旅游业的恢复需要一个较长的时间。

芦山地震为四川人民的生产生活和经济发展增加了阻力,与此同时汶川地震后所引发的滑坡、泥石流、堰塞湖、山洪等诸多次生灾害已让舟曲、龙池、映秀、清平等重灾区又添新愁。地震不仅给经济社会发展带来巨大阻力,地震伴随的余震和次生灾害更是发生频率高、持续时间长、危害范围广,其危害性不可低估。因此,在后重建时期要实现四川地震灾区的可持续发展可谓任重道远。

(四) 四川地震灾区恢复重建基本完成

1. 汶川地震灾后恢复重建取得重大成就

2011 年 5 月 7 日至 9 日,时任中共中央政治局常委、国务院总理温家宝到四川地震灾区考察灾后恢复重建工作,并于 5 月 9 日在都江堰市主持召开汶川地震灾后恢复重建座谈会,指出:"灾后恢复重建的主要任务已经完成,灾区经济社会发展水平和群众基本生产生活条件明显超过了灾前水平,实现了一个大的跨越。《汶川地震灾后恢复重建总体规划》提出的'家家有房住、户户有就业、人人有保障、设施有提高、经济有发展、生态有改善'的重建目标基本实现,灾后恢复重建取得了决定性胜利。"他从五个方面概括了汶川地震灾后恢复重建取得的重大成就:一是城乡居民住房条件

---

① 四川省林业厅:《四川省雅安市"4·20"地震林业灾情续报》,2013 年 4 月 21 日,见 ht-tp://www.forestry.gov.cn/main/72/content-597318.html。

显著改善,二是公共服务设施水平大幅度提升,三是基础设施保障能力明显提高,四是产业发展实现再生性跨越,五是精神家园得到了同步重建。①

在此,本书简要回顾下汶川地震四川灾区在"5·12"至2011年间的灾后救援与恢复重建情况。

地震爆发后,凭着党同国家有力领导,灾区在全国上下的支持下,团结一心、竭力以赴,立刻投入到抗震救灾运动中去。从极力开展生死大营救,到紧急救援转移伤病员;从快速进行次生灾害防治、保证大灾之后无大疫,到解决灾民安置难题,尽快完成所有受灾群众的应急安置、过渡安置和340万受灾学生复课。② 在灾后恢复重建后续工作中,国家设立专项基金,组织开展对口援助,给予灾区全力支持。灾区坚持以人与自然和谐共存为本的科学发展观对灾区进行恢复重建,顺利完成了39个极重和重灾县29692项国家规划重建项目,103个省定重灾县和13647项一般震灾县省级复建项目,成功达到家家有住房、就业及福利有保障,基建功能齐全,经济稳态运行,环境大幅改善的综合性目标。同时,成功实施了20万农户异地迁徙性安置,扶助170多万受灾失业人口上岗就业,帮助受灾家庭生育3410个孩子,政策性援助因灾致贫的上万户家庭、上千名孤老、孤儿、孤残人员以及2.7万多名地震伤残人员。现在的地震灾区,经济繁荣发展,城乡布局全面得以合理优化,地区基础设施功能齐全、产业得以良好发展、民生事业实现阶段性跨越。

汶川地震发生当年,四川省GDP达12506.3亿,约增长9.5%;当年地区财政一般预算收入1041.8亿元,提高了18.9%;城镇人均可支配收入为12633元,提高了13.8%;农民人均纯收入为4121元,提高了16.2%;城镇化率达到37.4%。

抗震救灾创造了历史性的奇迹。面临突如其来的汶川特大地震灾害,中央和地方政府把抗震救灾设定为年度工作的核心任务,动员全国广大干部群众,努力协调各方救援力量,竭尽全力投入抗震救灾中。灾情爆发后,政府当即依法启动应急Ⅰ级响应模式,立即号召并组织广大干群自救互救,为抢救生命争夺到了极其宝贵的时间。

坚持把抢救人的生命摆在第一位,全力做好保障和协调工作,确保军队、警察、民兵等武装部队和消防、地震及医疗卫生等专业救援队伍立即投

---

① 《温家宝:汶川地震灾后恢复重建取得了决定性胜利》,2011年5月9日,见http://www.gov.cn/ldhd/2011−05/09/content_1860494.htm。

② 《四川省政府工作报告》,《四川日报》2013年1月25日。

入抗震救灾。同时,坚持开放式救援,积极协调并接应非大陆籍救援队参与抢险救灾。抢救被掩埋人员 83988 人,收治伤病员 400.5 万人次,向 20 个省区市转运重伤病员 10015 人,最大限度地降低了死亡率和致残率。紧急转移并临时安置超 1200 万居民,疏散解救中外游客 5.5 万人①,震后 3 个月内社会各界对灾区各方面救援都取得了良好的成绩,居民生活保障方面,已经成功安置住房损毁家庭超 440 万户。按照救灾补助标准,共拨近 83.8 亿元临时生活补助资金。妥善安置灾孤、灾伤、灾残近 6 万人,为保障灾区群众安全过冬,救援队对 53 万居民安置房防寒加固,同时添置棉被、床、棉衣裤等保暖用品约 932.2 万件,累计储备近 3000 万元应急过冬物资。市场经济救援方面,迅速搭建各类应急市场 14 万平方米,成功解决了超百万因灾失业劳动力就业问题,为稳定和恢复灾区经济打下了良好基础。卫生教育方面,全省 45 个县区高考秩序恢复,灾区学生按时正常修课,为防止疫情爆发,累计接种流感疫苗 169.3 万人。其他方面,进一步引导志愿者开展物质、心理等多项志愿服务,重点是加强宣传,心理疏导及进行文化安民工作。积极开展灾区干部群众心理安抚工作,继续开展"暖冬行动",保证受灾群众能够温暖安全过冬。妥善化解地震灾害带来的种种矛盾,灾区民心安定、社会稳定。②

　　抢修损毁基础设施。组织 3 万多人的专业救援抢修队、共超 13000 台机械设备及车辆开展基础设施抢修工作。基础交通抢修方面,共紧急修复 0.36 万多公里国省干线公路和通乡通村的全部主要干道。供水基础设施抢救方面,迅速修复因灾害损坏供水设施达 1500 多处,同时额外新建应急增援供水系统工程超 2000 处,灾后一个月内基本解决了灾区居民急需用水问题。电力设施抢修方面,一月时间基本保证了所有重灾乡镇恢复供电或实现临时供电,6 月下旬所有受灾区域基本恢复公众通信功能。对易引发次生灾害的障碍物清理及防范工作,第一时间排查因灾引致易发地质灾害点 12000 多处,尤其对 104 座堰塞湖进行了安全、科学、高效的疏浚排险工作,其中对唐家山堰塞湖的高效排险工作堪称是全球范围内处置大型堰塞湖的典范。同时对近 2000 座震损水库和近千处震损堤坝也进行了紧急除险和修复工作。此外,也重新对灾区尚存的超 1100 万平方建筑设施及企业进行了除险工作。

---

① 王来柱:《科学重建:四川解决灾区民生问题的几点启示》,《四川行政学院学报》2010 年第 3 期。

② 王来柱:《科学重建:四川解决灾区民生问题的几点启示》,《四川行政学院学报》2010 年第 3 期。

全面启动恢复重建。首先是做好灾区恢复重建整体规划包括 10 个专项规划、43 个行业规划和恢复期年度实施计划,特别审批极重灾县和重灾县具体实施规划。其次是调研制定扶持灾区恢复重建方案。重点是搭建起完善的建筑原料的特供市场机制,进一步加大建材质量及价格的监管力度。着手城乡住建工程,开建乡村住房 109.4 万户,已完成 56.3 万户;重建城镇住房 7.2 万户,已完成 1.2 万户。公共设施重建项目,如重建学校 1625 所,已完工 211 所;医疗卫生项目开工 518 个,其中建成 189 个。开工交通设施项目 76 个、供水保障项目 862 个。97%的受灾工业企业恢复生产。开启对口支援模式,共规划支援项目 1907 个,启动 736 个,募集投资 134.5 亿元。同时贯彻落实区域间发展的互救互助政策,组织受灾影响较小的其他市(州)分别针对比邻的 1 个重灾乡镇进行帮扶,及时为重灾区输送物资、资金、人力等重建及恢复发展的关键生产要素。

2009 年,四川省 GDP 总值 14151.3 亿元,同比增长 14.5%;地区政府财政预收 1174.2 亿元,提高 21.9%;城镇新增就业高达 72 万人,登记失业率仅 4.3%;城镇人均可支配收入 13904 元,提高 10.1%;农民人均纯收入 4462 元,提高 8.3%;居民消费价格上涨 0.8%;人口自然增长率 2.7‰。超 90%国家级重建项目开工,70%以上已基本完成;共成功投入 6000 多亿元,已实现规划总投入的 60%以上。126.3 万家农村住房恢复重建工作已经完成,因余震等灾害因素新增的将近 19 万户农村住房重建已经开工 99.9%,其中将近 77%的已经完工。25.9 万套城镇住房开工 97.1%,其中完工 74.7%。3002 所学校开工 99.2%,其中完工 79.7%。1362 个医疗卫生机构开工 93.8%,其中完工 75.5%。福利院和敬老院开工 79%,其中完工 49%。文化设施项目动工 78.3%,其中完工 58.5%。广播电视项目开工 73.2%,其中完工 9.3%。12 条高速和 88 条省级以上要道及其他主要运输干线规划项目已全部开工。① 农村道路恢复重建将近 2.1 万公里,修建的 383 个客运站已经完工 324 个。开工水利项目共 1279 个,受损水库排险加固已完工 598 座,解决近 368.4 万群众饮水困难问题,完成 35 千伏及以上电网恢复重建工程 175 个。市基公用项目完工 68.5%。加快推进北川、汶川、青川 3 县以及映秀、汉旺等 35 个县镇恢复重建。184 个农村建设项目全部开工。2440 户严重受损工业企业中将近有 97.6%恢复生产,其中包括 6 个重灾市(州)规模以上工业企业产值大幅度提升,其增幅额度和增长率均超四川省

---

① 《2009 年四川省人民政府工作报告》,2009 年 1 月 21 日,见 http://www.sc.gov.cn/gdtp/200901/t20090121_570781.shtml。

平均值。6239 个市政服务体系工程开工 6237 个,其中完工 85.8%。地震区域产业结构和布局恢复优化进展迅速。帮扶处理因灾受损农户 5.6 万。扶助 41.9 万名由于地震失业群众就业,对 1500 家企业、18 万员工进行失业调查登记而且准时发放失业保险金。切实帮助建房困难农户降低房贷门槛,拓宽房贷渠道。向 5424 户再生育家庭提供全方位服务,其中有将近 2842 名妇女怀孕,新生婴儿达到 1662 名。将因灾孤残同胞和贫困五保户全部妥善安置到福利院、敬老院等重建项目中,并且新修建了一批残疾人康复机构。积极实施"四保一储备"工作,开展"爱心助孤"行动,确保受灾群众安全温暖过冬、快乐过年。灾区受损林草植被恢复达 165 万亩,已完成总规划 35.9%,新开启大熊猫等濒危动植物生态系统修复项目。开展 39 个极重和重灾县区域地质灾害详查与区域规划工作,对 11384 处灾害隐患点落实排查防治措施,成功避让重大地质灾害 36 起。①

2010 年是汶川地震灾后基础设施恢复重建的关键一年。当年,汶川特大地震灾后恢复重建国家级项目完工 92%、启动预算总投入的 90%。据统计,当年四川省 GDP16898.6 亿元,较 2009 年提高 15.1%;地方财政一般预收 1561 亿元,增长 32.9%;全社会固定资产投资 13582 亿元,增长 13%;社会消费品零售总额共计 6600 多亿元,同比提高近 19 个百分点;新增城镇就业总数 75.4 万人,城镇登记失业率 4.1%;城镇人均可支配收入约 1.55 万元,提高约 12%;农民人均纯收入 5140 元,提高 15.1%;居民消费价格上涨 3.2%;人口自然增长率 2.96‰。

灾后恢复重建基本完成。汶川地震灾区科学合理编制重建计划,依法恢复重建,统筹平衡援建各方力量,突出群众主体地位,全面做好援建保障工作,中央"三年目标任务两年基本完成"的要求如期实现。城镇房屋重建于 2010 年中旬基本完工,农村房屋重建于 2010 年底全部完工;教育设施复建完成 96%,健康保障设施复建完成 90% 以上;全力做好因灾失业群众就业、农地毁坏农民安置、地震伤残人员后续康复治疗和因灾"三孤"人员生活纳入社会福利保障体系等工作;灾后再生育服务工作效果明显,恢复重建期间新生婴儿 2739 名。灾区运输、水电、信息等基设功能基本恢复;灾区产业布局及结构分别得到合理配置和实现优化提升,经济运行赶超震前水平;灾区生态环境加快修复,防灾、减灾、抗灾能力大幅提高;文化、精神修复性重建扎实推进。省市级、中央部委和人民解放军、武警部队以及社会各界人

---

①　四川省灾后恢复重建委员会:《抗击汶川地震灾害的"四川实践"与启示》,《四川行政学院学报》2010 年第 3 期。

员对口支援项目已基本完成,港澳援助项目也顺利进行。恢复重建项目质量、资金投入和施工安全得到确切性保障,恢复重建工程建设质量经受住了特大山洪泥石流灾害的巨大考验。①

灾区发展振兴步伐加快。汶川地震灾区适时把工作重心转到经济发展尤其是产业发展、就业保障、扶贫帮困机制和地质灾害治理体系构建上来,开展地震灾区振兴规划,推进地震灾区可持续性发展。优化配置产业布局,发展具有区域特色的优势产业,政府批准设立 5 个省级开发区,现代农业产业聚集区和绿色经济示范区得到快速建设。累计超 170 万因灾失业劳动力得到就业保障。对灾区特殊困难居民进行针对性帮助,共计 36 万受灾群众得以脱贫。已累计完成超 2000 个重大地质灾害治理项目、27473 户居民得以避险迁徙。管好、用好、保养好重建设施,让其彰显出最大功能效益。极力加强和对口支援省市的长期合作,增强产业合作园区建设,提高灾区发展后劲。

按照国家规定,2011 年是"5·12"汶川地震灾后恢复重建工作完成的最后一年。四川加快推进灾后恢复重建,切实加快重建灾区公共服务设施,积极推进同对口援建省市的合作交流,制定实施灾区重建发展振兴规划。灾后基础设施重建工作如期完成,成功实现了受灾群众住房、就业和福利保障,服务品功能齐全,经济有序运行,环境得到治理的综合性目标。民生重建方面,实现了超 540 万户、1200 万居民的住建保障。新修建的 3000 多所学校已有 99.6%完工,1300 多所新修的医疗等康复机构已有 99.8%基本完成。顺利攻克 20 万因灾失地的农民生计问题及超 600 万人用水供给问题,解决了 1449 名因灾新增"三孤"群众生活问题,使 27000 余名震灾致伤群众得到医疗康复,因灾受损受困人员得到有效救助,新生家庭增添 3100 多名婴儿。基础设施重建方面,4847 公里国省级及重要经济干道恢复 95.6%,29028 公里乡村要道全部恢复,成堰高铁新建投入使用,1200 多座震损水库、810 公里震损堤坝除险加固全部完成,电力设施重建工程完成 96.9%,供水设施全部完成。城镇恢复重建方面,以汶川为代表的主要城镇城市基础设施重建全部竣工,青川城区功能结构也已基本成形,以映秀等为代表的自然资源丰富城镇已新建成为旅游名镇,其他 30 个重点镇复建也基本完成。产业复建方面,2400 多个因灾受创大型企业全部恢复经营,完成产业布局及结构调整规划工程 99.9%以上。成功新塑 29 个省级经济增长极,其

---

① 《2009 年四川省人民政府工作报告》,2009 年 1 月 21 日,见 http://www.sc.gov.cn/gdtp/200901/t20090121_570781.shtml。

中包括 5 个省级开发区和 24 个对口援建产业集中发展区,市场服务体系搭建完成,870 多个产品流通项目初步完成,农业产业有效恢复,防灾减灾和生态重建方面,成功排除 2300 多处重大地质灾害隐患点,成功恢复 217.8 万亩灾毁土地复垦能力,完成 148.7 万亩熊猫生态地工程和 448.9 万亩林草工程。①

2. 芦山地震灾后恢复重建基本完成

2013 年在芦山地震发生后,党中央国务院为灾区重建确定了时间表,创新确立了"四川负总责、地方为主体"的灾后恢复重建机制,统筹下达了 460 亿元重建资金,19 项配套支持政策落地。在探索"中央统筹指导、地方作为主体、灾区群众广泛参与"重建新路的指导下,四川省委省政府明确了芦山地震灾区"三年基本完成、五年整体跨越、七年同步小康"的重建目标。2013 年 7 月 20 日,全面启动灾后重建工作,各项激励保障措施激发起灾区群众自力更生、重建家园的动力。② 经过三年紧张有序的恢复重建,"4·20"芦山强烈地震灾区实现了"户户安居有业、民生保障提升、产业创新发展、生态文明进步、同步奔康致富",基本完成三年灾后重建目标。③

芦山地震发生以后,国务院及相关中央机构引领四川政府及时认真贯彻抗震救灾及灾后重建的精神,组织各受灾地方部门进行灾后恢复重建工作。

据国务院批复的《芦山地震灾后恢复重建总体规划》,雅安市纳入震后复建工程总计 2251 个,计划总款额 764.4 亿,力争三年基本完成。2014 年 4 月 20 日前,全面开工建设(援建和经批准推迟开工的项目除外),截至 2013 年 12 月 23 日,雅安市已开工项目 455 项,占规划总数 20.2%,其中,在建 331 项,完成 124 项;完成资金投入 91.4 亿元,占规划总投入的 12%。全市城镇房屋维修加固已完成超过 86%,重建开工超过 41%;农村房屋维修加固基本完成,复建开工近 50%;按重建进度发放农村房屋等重建补助资金 9.96 亿元。12 月 25 日,170 多个震后复建工程集中展开,估算总金额超 300 亿元。与此同时,在天全、宝兴、雨城区等受灾地区,各项灾后恢复重建项目同时启动。

2013 年,雅安 GDP 总值达 417.97 亿元,同比超上年 3.9%。其中,第

---

① 《四川党的建设》编辑部:《同心同德高位求进——政府工作报告摘要》,《四川党的建设(农村版)》2012 年第 2 期。

② 李晓东、危兆盖:《芦山地震灾后恢复重建基本完成:又见芦山的幸福容颜》,《光明日报》2016 年 7 月 21 日。

③ 刘裕国、王明峰:《芦山地震灾后恢复重建基本完成》,《人民日报》2016 年 7 月 20 日。

一产业增长 2.1%;第二产业增长 3.2%;第三产业增长 6.4%。三次产业经济贡献率分别为 7.7%、49.6% 和 42.7%。地区人均 GDP 为 27317 元,上升3.3%。三次产业结构趋于合理化调整,由 2012 年的 15.1∶58.7∶26.2 调整为 15.1∶57.5∶27.4。工业总体增长 4.4%,交通重建完成 17.15 亿元固定资产投资,其中,高速项目完成投资 2 亿元,国省干道项目完成 7.12 亿元投资,农村公路项目完成 8.03 亿元投资,完成 1042.9 公里,分别为,通乡公路建设 249.84 公里,通村公路建设 793.1 公里。

2013 年,雅安城镇人均可支配收入提高 11.0%,达 22254 元。其中工资性收入提高 6.3%。人均消费支出增长 10.2%。城镇居民恩格尔系数为39.5%。农村人均纯收入 8093 元,增 906 元,提高 12.6%。工资收入增加10.2%,达到 3766.62 元,人均生活消费支出 5897.57 元,增长超过 21%。农村居民恩格尔系数为 37.6%。城镇职工基本养老保险参保总数达 27.88万人,比 2012 年增多 2.94 万人。城乡社会养老保险覆盖 46.43 万人,同比上年增多 0.72 万人。失业保险覆盖人数比上年增多 0.15 万,基本医疗保险比上年增多 3.72 万人。纳入城市低保人员 30119 人;农村低保人数83899 人。城镇和农村低保户人均补助水平分别达到 191.95 元和 85.18元。全市五保对象集中赡养率升高为 61.2%。农村贫困农户医疗补贴达170.42 元,城乡低保对象、五保对象的资助实现全覆盖。

截至 2013 年年末,雅安调拨工业企业污染治理资金 1499.13 万元。全市环境趋于良好,城市空气质量达到国家二级标准,水质达到国家三类标准,饮用水水质达标率 100%,城区噪声控制符合功能区标准。建成省级生态型乡镇 5 座,市级生态型村庄 47 座。

2014 年,雅安按照规划要求,进一步加强与巩固基础设施等建设,更加注重教育、卫生医疗(特别注重伤残、伤孤人员的心理治疗)方面的恢复重建工作。2014 年 1 月,中国书协等为雅安援建两所学校,同时,13 名专家赴雅安进行义诊,到 2 月,雅安全市 501 所中小学、幼儿园,21.7 万学生全部正常开课。

截至 2014 年 3 月中旬,雅安市实行班子成员包片负责制、项目负责制、周末例会制、技术力量下沉等工作措施共安排包括雅攀茶叶产业园、芦山思延现代生态有机农业产业园在内的农业项目重建资金总共 11.25 亿元,占《芦山地震灾后恢复重建总体规划》农业工程估算总投资 47.7%,农业复建项目已开工 72 个,占 45.6%,有 8 个项目已完工。截至 2014 年 7 月 20 日,芦山地震灾区已修复震损林地植被 24.1 万亩、大熊猫基因交流走廊带 1 万亩,其中修复大熊猫栖居生态植被 8.9 万亩。芦山灾后重建生态修复工程于 2013 年 7 月开工,一年来,工程规划总投资 23.62 亿元,153 个涉及灾后重建生态环境修复项目于 2014 年 7 月已全部开工,完工 15 个;已累计实现投资 3.83 亿元,占规划总投入 16.2%。计划于 2016 年底全面完工。

　　截至 2014 年年底,雅安市“4·20”芦山震后复建工程完工一共 1096 个、完工率为 50.7%,投资资金共达 411 亿元、投资完成率已达 57.6%,超前完成“双过半”震后复建目标任务;全市农村房屋重建全面完成;城镇房屋复建完工率达 33.7% 以上。204 个产业复建工程已完成 78 个,完成率 38.2%;已实现投入资金 30.3 亿元,投资完成率达 36.1%。并且重点发展雅茶、雅林、雅果、雅药、雅畜(禽)5 大生态特色农业,积极建设猕猴桃产业、茶产业、花果金果产业这 3 个“百里生态文化旅游经济走廊”现代农业基地。通过建设雅安国家农科园、芦山现代生态农业园来加快创建“国家有机环保型农业示范区”。通过以芦天宝飞地产业园为载体,雅安市致力深入探索“产业发展异地支撑,飞地园区飞跃发展”新模式。自灾后恢复重建工作启动以来,雅安市累计签约项目共 135 个、总共投资达 1027 亿元,恒天汽车、建安公司、王老吉基地等一批重大项目落户雅安,尤其是随着恒天汽车项目的进入,和建安、新筑通工等汽车制造业上下游企业的沿链布局,为雅安“四川汽车产业”注入强的发展动力。在第三产业发展布局方面,致力积极推进生态环境和文化旅游融合发展。2014 年国庆,雅安共迎游客 157.3 万人,创收 10.4 亿元,同比分别提高 130% 和 170.6%。基础设施等重大项目相继实施,成雅铁路、雅康高速公路开工建设,国道 351 线、318 线、108 线和 5 条经济干线改造、新建项目有序推进,北外环线即将贯通。重建中,雅安市加快建设城乡一体水电供给网、通信交通网,重点提升道路、水电、暖气、网络通讯等基础设施建设水平,推进城乡基建设施协调发展,同城同享。在地质灾害防治方面,雅安市不间断地组织开展地质灾害隐患排查、监测、防范,对全市 2752 处隐患点逐一落实 3027 名监测员,全市 3330 户避让搬迁户于 2013 年 5 月底前全部完成搬迁安置;76 个地质灾害防治打捆项目已完工 64.5%,累计完成投资 70.7%;235 个治理工程、387 处应急排危除险工程、107 处受损修复工程在 2014 年 5 月底前已全部完工,主汛期期间,地质灾害防治突破“零伤亡”。以改善群众居住环境为目标,雅安市将受破坏生态修复与生态城市建设、产业发展、地质灾害治理等工程相结合,同步推进城乡污染源治理工程和城乡环境综合治理工作。全市恢复地震受损林地植被 29.2 万亩、天然草区 1.5 万亩,改善治理自然草地 9200 亩、人工草区 2800 亩,有效控制水土流失 330 万亩。

　　2015 年是芦山灾区以“民生优先”为核心的重建从举国体制到地方总

负责,细化工作模式的探索年。灾区恢复重建刚开始,国家便明确了"中央统筹指导,地方作为主体,灾区群众广泛参与"的重建思维,经过一年多举国上下的实际行动,"四川负总责,地方为主体"的灾后重建体制最佳时机已经成熟。四川在国家政府的总体统筹下也相继出台了11个专项规划,推动了城乡住房、公共服务、基础设施、产业、生态等重建项目基础工作。截至2015年4月,因灾毁损5个州市的农用地(耕地)整理复垦总规模99868公顷已全部完成修复工作。芦山震灾后重建生态修复工程125个全部开工,完工率达51.2%,实现投资9.9亿元、完成率为56.3%,植被恢复完成40.38万亩、完成率为72.9%,大熊猫基因交流走廊带完成9.5万亩、完成率为63.3%,林区公路完成299.1千米、完成率为75%,林区防火及作业便道完成227公里、完成率为53.6%,大熊猫栖息地完成15.76万亩、完成率为70.8%,基层业务用房完成3.56万平方米、完成率为61.9%。产业重建工作进一步落实,截至2015年3月末,省、市两级金融机构已实现提供产业重建贷款194.16亿元。

（五）四川地震灾区发展进入后重建时期

汶川特大地震与芦山强烈地震对灾区尤其是对极重灾区、重灾区的经济社会与生态环境造成了巨大的系统性破坏,由此决定了灾后重建是一项统筹经济社会与生态环境协调发展的系统性工程。按照党和国家的统一部署,汶川地震灾区恢复重建在2011年5月基本完成,芦山地震灾区恢复重建在2016年7月基本完成。但此时,灾区的重建并没有结束,而是逐渐步入依托自身发展的后重建时期。

1. 后重建时期的界定

有关于"后重建时期"的界定,目前的相关研究中还没有给出较为明确的定义。根据研究的需要,本书根据四川地震灾区灾后重建的过程以及成效,从时间角度出发将四川地震灾区的灾后重建分为两个阶段:即恢复重建时期和后重建两个时期。

恢复重建时期:时间上约为地震灾害发生后3年,这段时间是地震灾区基本恢复重建时期。这段时期的恢复建设的投入主要是国家大规模资金援建、对口帮扶以及社会无偿捐赠援建。建设总体目标是:完成人口住建恢复工程,市基公共服务体系功能恢复工程,使灾区的基本生产生活条件得以恢复甚至优过灾前水平,同时也为后续建设及发展夯实基础。2012年2月24日,国新办就四川省地震后基本恢复重建工作全面完成等情况举行新闻发布会,会上表示,汶川特大地震四川灾区恢复重建工作已胜利完成,全省142个受灾县用于恢复重建和发展重建的资金达到1.7万亿元,灾区百姓的生活已经超过灾前水平。[1] 而就芦山地震灾区来看,恢复重建也已基本完成。截至 2016 年 6 月底,总体规划中由地方承担的 2419 个项目完工 2382 个、完工率达到 98.47%,完成投资 781.99 亿元、投资完成率达到 98.76%。[2]

后重建时期:后重建时期是灾后基本恢复重建结束后的一个有着较长时间维度但又有着阶段性特征与任务的时期。在后重建时期,国家整体规模性重建资金以及社会集中捐助等投入的推动效应基本上消失,震区重建任务留给地方自主完成。后重建时期的主要目标是:生态环境完成修复,至少恢复到灾前水平,生成特色突出、结构稳健的产业体系,建成布局科学、功能齐备的城建体系,完成与经济社会发展和人民生活水平相配套的基础设施体系,人民生活水平显著提高,经济社会创新性发展,为灾区的可持续发展奠定坚实的生态基础、物质基础和精神基础。

从后重建开始到结束,可以划分为后重建近期(初期)、中期和远期三个阶段。根据国内外震灾重建的经验及结合我国实情分析,均在 7 级以上的 1995 年日本阪神大地震及 1999 年我国台湾地区"9·21"地震灾后实现文化、产业、福利、防灾等复兴重建的时间都在 10 年左右。[3] 而相比较我国实情,尤其是在汶川及芦山震灾区域仍直接面临着泥石流、滑坡等诸多次生地质灾害威胁,而且经济发展水平长期较低,产业结构比较单一,教育、医疗、福利保障等公共品仍比较缺失,再加上山林等自然资源丰富构成的生态结构复杂性,更是为后重建时期的发展带来了极大挑战。所以,要实现地震灾区以市场经济为主导的文化、产业、福利、防灾,特别是纳入生态系统等体系的建设目标可能需要更长的时间。

综合考虑,将震灾视为除弊重建的机遇,可将灾区后重建时期大致分为以下几个阶段:

后重建时期的近期,在时间上大约 5 年左右。对汶川地震灾区来说大致是从 2012 年到 2016 年,这段时间为地震灾区后重建时期的开始期。在这一阶段,大规模的物质、人力援助基本结束,灾区经济社会发展基本进入正轨,集中的、以侧重社会与市场恢复为目的的基本建设结束,但与此同时,生态治理与保护仍是一个重要而艰巨的任务。在此阶段,一些次生灾害会不时爆发,甚至会对灾区经济社会发展带来重大影响。譬如,原汶川县草坡

---

[1] 文静:《汶川地震灾区恢复重建全面完成》,《京华时报》2012 年 2 月 25 日。

[2] 刘裕国、王明峰:《芦山地震灾后恢复重建基本完成》,《人民日报》2016 年 7 月 20 日。

[3] 参见张强、余晓敏等:《NGO 参与汶川地震灾后重建研究》,北京大学出版社 2009 年版。

乡因遭受次生地质灾害而被取消行政区划的例子极为典型。2013 年 7 月，汶川县草坡乡多处发生山洪泥石流及山体垮塌等自然灾害，80% 以上的山体垮塌、滑坡，65% 以上的耕地遭受到不同程度的损坏，100% 的农村群众受灾，生态环境遭到极度破坏。新增地质灾害点 286 处，道路受损 140 余公里，大小桥梁损毁 17 座，水、电、通信等基础设施全部损毁。在泥石流灾害中，草坡乡住房、交通、通讯、农田耕地、财产损失高达 10 亿元，灾后恢复重建成果毁于一旦，次生地质灾害严重威胁群众的生命财产安全，并且很多地方，已经不再具备原址重建的条件。为保护群众生命财产安全，汶川县政府决定将草坡乡受灾群众整体迁移到水磨镇郭家坝集中安置。草坡乡异地重建工程总投资近十亿元，涵盖安置房建设以及水、电、路基础设施等 27 个项目，主要是安置房建设，幼儿园、卫生站、农贸市场等配套设施建设，外围交通等建设。2014 年 2 月，经四川省人民政府同意批准汶川县撤销草坡乡并入绵虒镇，将草坡乡所属行政区域划归绵虒镇管辖，镇人民政府驻绵丰村。① 又如 2017 年 6 月 24 日，受强降雨天气影响，茂县叠溪镇新磨村突发山体高位垮塌，垮塌土石方量巨大，约 800 万立方米，最大落差 1600 米，河道平面 2500 至 3000 米，堵塞河道约 2 公里，40 余户 100 余人被掩埋。

后重建的中期，在时间上大约 10 年。对汶川地震灾区来说大致是从 2017 年到 2026 年左右。在此阶段，灾区地质灾害渐趋减少，生态保护的压力有所缓解。

后重建的长期，至少要 15 年左右。在此期间灾区地质灾害发生达到同类型地区的正常值水平，生态与产业实现协调发展，人与自然和谐有序。

这意味着，整个后重建时期要持续 30 年左右以至更长的时间。后重建的中期和长期主要侧重自然生态建设和生态经济的发展，要求在其最终完成时重点突出这样几个特征：自然灾害的负面影响根本消除、生态恢复到或超出自然灾害发生前原有状态、社会经济达到同期同层次区域先进水平、民生福利保障体系优化完善、生态绿色产业结构基本建立、生态同经济协调发展进入正轨。

2. 后重建时期面临的新任务

伴着灾区基本恢复建设任务的胜利，灾区建设工作正式进入后重建时期。在后重建时期，考虑到灾区的长远发展，灾区的重建已经不仅仅是道路、医院、学校、民宅、园区等基础设施和基础设备的简单重建，更是灾区可

① 《汶川县撤销草坡乡并入绵虒镇》，2014 年 3 月 4 日，见 http://www.abazhou.gov.cn/ jrab/zwyw/201403/t20140304_945158.html。

持续发展能力的重建,即在新资源生态环境和经济发展条件下加入了生态恢复与产业发展均衡的内涵。灾区生态修复是指对由于地震、余震及次生灾害导致的生态破坏的恢复,使生态系统恢复到系统良性、稳定、平衡运行状态,使生态系统能为人类健康发展给予安全、持续、可靠的物质支撑。灾区产业发展是区域经济水平提高的主要动力,为保障灾区劳动力就业、推动社会发展奠定基础。生态修复和产业发展之间存在互相影响、互相制约的关系。一方面,生态系统动态平衡能为产业发展提供物质基础和稳定环境,产业发展能为生态修复提供资金支持;另一方面,生态系统破坏切断了产业发展的物质基础,生态系统破坏就是对生产力的破坏,产业的滞后发展导致生态修复资金的匮乏,不利于人类采取行动修复自然生态系统,陷入了生态破坏—产业滞后发展—生态难以修复的恶性循环。因此,在后重建时期,灾区面临着生态修复和产业重建的双重任务,促进生态和产业的协调发展是灾区面临的重要而紧迫的问题。而破解灾区生态建设和产业发展难题的关键在于深入到灾区,全面分析灾区经济社会发展现状,剖析遭受地震灾害和次生灾害的不同区域在生态建设和产业发展中面临的现实问题,寻找灾区差异化生态建设和产业发展协调推进的具体路径,并设计加快生态与产业协调发展的制度安排。[①] 在党的十八大报告中,提出"大力推进生态文明建设,必须树立尊重自然、顺应自然、保护自然的生态文明理念,把生态文明建设放在突出地位,融入经济建设、政治建设、文化建设、社会建设各方面和全过程",在党的十九大报告中,强调"人与自然是生命共同体,人类必须尊重自然、顺应自然、保护自然。人类只有遵循自然规律才能有效防止在开发利用自然上走弯路,人类对大自然的伤害最终会伤及人类自身,这是无法抗拒的规律",从而对后重建时期灾区建设的定位又有了新的目标和要求。

四川地震灾区的后重建任务艰巨,包含经济、生态、文化、政治、法律及技术等方面。外部的对口支援与国家财政规模投入等应急性的制度建立是震区经济社会秩序得以迅速恢复的关键一步,也是基本恢复重建得以胜利完成的根本。但从笔者在灾区实际调研所看所感,后重建时期的四川地震灾区仍面临着一些问题,也就形成了新的任务,特别是以下五个方面非常关键。

一是生态。退化型生态系统是自然生态结构、层次、物种、能量等在外界因素干扰下遭受破坏形成的一种病态型系统,如震后灾区的生态系统。虽然地震对于灾区生活基础设施的破坏已在恢复重建期得到修复以至更

---

① 黄寰:《论灾区重建中的生态重建与经济发展》,《社会科学家》2009 年第 1 期。

优,但灾区生态环境体系本身的破坏在短时间内难以恢复,需要一个长期以自然力恢复为主、人工修复为辅的系统优化过程才能够完全恢复。经试验研究表明,像灾区自然干扰后的退化生态要实现以自然力恢复为主导的森林、土壤等生态系统恢复要 40 年左右,如香港嘉道里植物园森林、土壤等生态系统恢复历经了 45 年时间。①

二是产业。产业是灾区经济发展的关键,部分恢复重建后的产业并不能达到灾前水平,一些区域的自然条件已不再适合原有产业,许多企业在投资选址时有意识地避开地震带;与此同时,本课题组在实际调研中也发现,对口援建时入驻灾区园区的一些工业企业属于产能过剩产业,在经济新常态背景下,面临着新一轮的淘汰与调整,灾区产业发展迎来新的挑战。

三是人才。在决定经济发展诸要素中,人是具有实践能动性的第一位要素。在援建人员撤离后,灾区所获得的人才支援优势迅速丧失,本地人才在短时间内还不可能马上成长起来。特别是灾区不少乡村,山高地远,条件有限,难留人才,教育、卫生等方面的专业人才招考难且极易流失,还缺少年轻能干的基层干部、具有一定技能和发家致富能力的专业人才,并由此形成恶性循环,难以满足后重建时期自主发展的需要。

四是管理。经过政府以及社会组织的对口援建,灾区的学校、医院、卫生院等公共基础设施有了质的飞跃,甚至比震前超前几十年,但是随之而来的管理难度增大、维护及运行成本大幅上升等问题,需要灾区在重建过程中注重管理体制的提升与创新。

五是心理。灾区民众在地震时受到的创伤往往要经历较长时间才能愈合,注重受灾群众的心理健康治疗恢复是顺利完成灾区重建工作的根本需要。在后重建时期,在次生灾害仍然时有发生的情况下,要注重分析灾区群众物质与精神的需要,注重灾区人民的个人心理健康恢复与社区建设的融合,注重心理医疗恢复的方式方法,将灾民的个人心理恢复融入到社区建设当中②。

在以上五大点中,如何实现前两者的协调发展正是本书研究的重点。

3. 后重建时期面对的新情况

由于灾区前期恢复重建已经基本完成,后重建时期必定面临着不同的建设任务和工作重心,这就表明了后重建时期必会拥有一些和恢复重建时期所不同的新情况新特征。

---

① 冯雨峰、孔繁德:《生态恢复与生态工程技术》,中国环境科学出版社 2008 年版。
② 肖旭:《汶川大地震心理与文化重建的实践与思考》,四川大学出版社 2012 年版。

（1）我国防灾减灾能力大幅提升

第一，我国已基本建立起防灾减灾管理的法规体系。据已制定的各法律法规的级别及其之间的关系可以分为防灾减灾的专门立法、防灾减灾相关的法律和条例等（见表0-5）。防灾减灾法律法规的制定不仅大幅提高了防灾减灾实践效率，也提高了其法制化水平，对防灾减灾实践具有很好的指导作用。[①]

表0-5 防灾减灾的法规体系

类别	相关法规
防灾减灾的专门立法	《防震减灾法》《防洪法》《消防法》《传染病防治法》《防沙治沙法》等。以上特定的灾害法规等都说明了针对特定灾害采取特定的救援办法和界定了其适用范围等
防灾减灾相关的法律	《气象法》《城乡规划法》《环境保护法》《水污染防治法》《动物防疫法》《突发事件应对法》等。以上法律多数都是从预防灾害发生的角度规定了具体的灾害发生预防的措施、管理职责以及操作过程中存在争执的适用范围，以最大限度提高防灾减灾的效率
防灾减灾相关的条例	《国家自然灾害救助紧急预案》《自然灾害救助条例》《突发公共卫生事件应急条例》《地质灾害防治条例》《地震预报管理条例》《破坏性地震应急条例》《汶川地震灾后恢复重建条例》等。以上条例在说明特定灾害处于如预防、应急及重建等不同阶段的管理办法同时，也从时间范围上区分出了其普适性与临时性的特征

第二，我国已构建起防灾减灾的管理体制。灾害管理体制是对减灾效果影响较大实施主体、职责功能、机构及其协作关系的具体安排以及运作机制构建的总称。[②] 我国坚持统一领导，以地区政府为主，中央为辅，分级、逐级管理，部门负责的灾害管理体制。我国灾害管理系统结构可以划分为国家级、省级和地方三个层次。国家级减灾管理是高层管理，承担着研究与制定国家级别的防灾减灾相关的法律法规与对于特大灾害问题管理的决策，同时也为保障国家长远的安全发展设计、规划相应的灾害宏观管理路径；省级减灾管理是起承上启下作用的中层管理，主要承担着对于国家减灾管理相关政策的贯彻，以及对地方减灾管理实施的指挥监督职能；地方是防灾减

---

① 邓聪：《我国防灾减灾法制建设的几点思考》，《怀化学院学报》2012年第9期。
② 丁文广、王秀娟、胡莉莉、刘剑：《我国与发达国家灾害管理体制比较研究》，《安徽农业科学》2008年第9期。

灾管理工作的直接实施主体,肩负着工作执行的职能。[1]

第三,我国已构建了防灾减灾管理的应急救援机制。政府时刻关注应急减灾的安全工作。至此,我国已经构建起了从国家到省市再到地方民间,全民范围内的自然灾害应急救援体系。

一是国家层面自然灾害应急系统。国家层面形成的应急系统与其他国家的类似系统大同小异,都是针对如地震、海啸、洪涝、干旱等诸多特定灾害形成相应的预警应急系统。但在我国,具体操作的部门组织则是由国家减灾委员会(由 30 多个部委组成)、国家防汛抗旱总指挥部、水利、民政、农业、国土资源、地震局、气象局、林业局、海洋局等部门单位承担各项特定灾害的防减工作。[2]

二是各省市减灾应急系统。国家坚持"条块结合,以块为主"的属地原则,将各地方政府放在灾害应急管理第一线。[3] 2003 年年底,国务院引领各部委及省市制定灾害应急预案,各省市在灾害应急管理的长期实践中都对应急预案的中心精神形成了各自相匹配的灾害应急救援机制。例如:北京建立了以市长担责为主体,建立市、区二级应急管理机制,具体体现在市级建立一级灾害应急管理专用系统,并结合特定灾害建立相应的如地震、防洪等 10 项垂直分系统[4]。区县级则是根据市级所建的系统相应建立二级管理子系统,并逐渐延伸到基层社区。最终形成市、区二级灾害应急管理系统。

目前各省市也都在根据自身辖属的部门实际职能特点以及管理地区的灾害发生频率与特征,来寻找自身潜在的相对发达的应急管理神经,并以此为中心,通过先进的科学技术来建立起快速、高效、安全的应急管理系统,尽最大可能提高防灾减灾工作效率,保证居民人身财产安全。相信只要不断的实践与探索,各省市一定能够建立起各具特色,高效率的减灾应急管理系统,再通过借鉴与推广进一步促进全国减灾应急管理体系的建立。

三是全民安全减灾和应急队伍建设。经过多年的建设与积淀,我国已培养出千万个左右的安全防灾队伍。比如:地震等自然灾害的防抗工作中

---

[1]　丁文广、王秀娟、胡莉莉、刘剑:《我国与发达国家灾害管理体制比较研究》,《安徽农业科学》2008 年第 9 期。

[2]　王昂生:《从世纪海啸大灾难纵论中国安全减灾应急体系》,全国公共安全与应急体系高层论坛,2005 年 3 月 30 日。

[3]　王昂生:《建立"中国安全减灾及应急体系"势在必行》,《中国科学院院刊》2004 年第 4 期。

[4]　马东辉、贾抒、范继平、李刚、苏经宇:《大城市突发自然灾害应急机制建立情况分析及对策》,《工程抗震与加固改造》2007 年第 1 期。

政府及 NGO(非政府组织)带动的上百万群众;矿难等事故灾难处理过程中的上百万技术和非技术人员;疫情等卫生应急管理中训练出的百万名医生和护士形成的强大救援队伍;打击犯罪等维护社会安全的百万名公安战士和军队等。总之,我国上千万安全减灾应急的专业、非专业队伍,已为国家在各项应急管理实践中夯实了基础①。

(2)我国防灾减灾体系仍存在诸多不足

第一,防灾减灾法制体系存在不足。虽然我国防灾减灾相关法律是在不同部门领导下,不同时期临时应对特定灾害而针对性制定出的,随着长期灾害的频繁发生,也从另一方面体现了广泛性和实践指导性,但是这种临时应对特定灾害而出台的法律体现不出一个国家在防灾减灾工作方面运用整体性、基础性、指导性策略而制定出的综合法律意义②;在防灾减灾过程中更加容易造成各部门、组织之间的治灾方针不一致,管理行动不协调,导致效率低下;对尚未出现或是尚未发生的重大自然灾害和新次生灾害并没有相关应急管理的法律出台;而且部分特定灾害管理文件相关表述也重复不清,操作管理办法混乱,效率低,无系统性。具体表现在:

立法指导思想方面:从我国现有的灾害管理相关法律法规来看,更多的偏向于灾后救援管理内容的制定,虽然这对于专业救灾管理具有实践指导意义,是必不可少的,但是其指导思想过于片面,更偏于注重人民的生命财产安全,缺乏对于灾害综合治理长远规划的持续性和科学系统性指导。若是忽略这一关键点,防灾减灾只会是阶段性胜利,不会是长期的胜利,新的灾害或是次生灾害依然会频繁发生,从而更容易给国家带来突发性的巨大灾难,给人民造成更大的损失。

法律体系方面:一是系统的防灾减灾法有待建立。正如前文指出,我国现有的灾害管理相关法律法规都是不同部门为临时应对某一特定灾害而制定出台的,其具有很强的针对性,对于专业救灾具有实践指导意义,但是这些已经存在的相关救灾法律法规都以单行法为主,如防洪减灾法,防震减灾法等,不具有系统灾害法的普适性,尤其是当下人与自然关系愈加复杂,如多种灾害易接连爆发、各灾害间的关联性、各种因素的耦合性都会给防灾减灾的具体措施带来不同的挑战,这方面应对措施的滞后性、低效性直接突出了综合系统的防灾减灾相关法律法规出台的必要性。二是法律协调机制不

---

① 王昂:《全球重大灾难对中国城市防灾减灾的警示》,《中国公共安全(学术版)》2005 年第 1 期。

② 邓聪:《我国防灾减灾法制建设的几点思考》,《怀化学院学报》2012 年第 9 期。

够灵活。多年间,我国已出台 30 部以上灾害管理方面法律法规,平均约一年一部,但大都以平行法为主,之间的界限性很强,相关性很小,然而对于一区域多灾害、多区域多灾害的同时发生,各法律法规间如何发挥协调性救灾功能尚缺乏探讨,大大影响各防灾减灾主体部门间协调管理的效率。三是现有的平行法律法规灾种覆盖面依然有限。目前我国只出台了应对几种国内常见的灾害相关法律法规,依然具有明显的局限性,而且就"平行"关系看来,也缺乏明显的系统性,对于海啸、飓风、外来物种入侵等自然灾害没有有效的专业性防灾减灾法律法规指导,更未构建起各灾害间协调管理治理的法律体系。

第二,组织管理尚存在不足。应对防灾减灾工作的社会部门、团体、队伍很多,从身份属性可划分为政府和民间两种,从政府内部行政级别又可划分国家减灾委员会、抗震救灾总指挥部等中央部门及省、市、县等地方部门。这些部门间对于防灾减灾工作都存在着一个共性问题,那就是政府与民间、中央与地方、地方各职能部门间在防灾减灾工作方面都存在着协调差、效率低等问题。虽然各部门职能的划分可以凸显分工负责、高效治理的优势,但是现实中部门职能划分界限不清,导致各部门权力交织、混乱现象,易造成各权力主体间因信息不对称导致决策神经系统性紊乱而延误防灾减灾的最佳时机。整体上看,政府防灾减灾的管理体系不完善,各部门间的协调管理效率有待提高,尤其是地方性各防灾减灾部门、各民间团体及其他积极投入防灾减灾事业的力量等之间的信息共享和联动机制等参与制度亟须完善。

第三,防灾减灾基建及维护不足。我国防灾减灾监测设施不先进、不完备,体系不健全,主要表现在监测能力弱,预警面狭窄及反馈时效差,灾情监控、采集、评估和治理体系不完善且严重滞后[①];同时,对于防灾减灾中人民生命财产安全的保障基础设施建设仍有不足,如避灾所、安置区等数量还不够,尤其是偏远地区几乎没有防灾减灾设施,且农民住房抗震性等防灾标准很低,而这些地区往往又易遭受到各类次生灾害。基层缺乏防灾减灾人才,应急预案体系、物资储备体系不够完善,且严重缺乏性能高的应急通信、交通、指挥等硬件装备。

第四,防救灾资金供给及运用监管方面问题突出。虽然国家防救灾储备金整体上逐年增多,但考虑到灾害频发,且破坏性大,通货膨胀等因素,防救灾资金仍然处于供给不足状态,且区域间灾害资金配置不合理。尤其是

---

① 邓聪:《我国防灾减灾法制建设的几点思考》,《怀化学院学报》2012 年第 9 期。

偏远落后地区,灾害频发导致其灾害预警资金储备和灾后救助资金都严重不足,整体角度看,社会上灾后捐款的管理缺乏一定的监管力度和透明度。

第五,区域性防灾减灾人才配置不足。基层专业防灾减灾人才严重缺乏,导致对于灾害的监测、采集、评估以及应急预案制定等工作滞后严重,效率偏低,距横向到边、纵向到底的防灾减灾生态型管理体系的建立仍存在很大差距。①

(3)城乡基础设施达到或超过非灾区同一时期同等水平

在灾区基本恢复重建时期,城镇建设以住房和基本服务设施建设为主,基本目标是实现灾民吃、住、行等生命财产安全保障。新型城镇体系的建设统筹考虑了城镇和乡村因灾而削弱了原有二元结构障碍因素,根据实际的资源环境承载力和工程地质条件进行重新设计建设与发展路径,在此工程中重点是以新型工业化、城乡一体化、科学发展观等作为建设指导思想,花费大概3—5年的时间,首先在灾区建成布局合理、功能完善的新型城镇体系,也为以后真正破除二元结构的新型城乡发展奠定基础。而在后重建时期,灾区将进一步对住房修复建设进行完善,全方位提高灾区居民的居住条件和生活环境;同时,及时调整灾区的各项基本公共服务和基础设施建设,保证尽快达到甚至超过同一时期省内其他地区的生活水平。

(4)基本形成优势突出、特色鲜明、结构合理的产业体系

在灾区基本复建时期,产业恢复工作的重点是恢复受灾区域原有产业的基础设施。因为在强烈地震过后,灾区的自然资源、生态环境等条件已经受到巨大的毁坏,原有的一些产业类型和产业结构不但对灾区生态环境的修复无益,而且不适应灾区的社会经济发展需求,再综合考虑国家建设生态文明的总要求和供给侧结构性改革的具体要求,灾区的产业体系必须进行调整和优化更新。在后重建时期,对原有产业进一步优化调整结构和类型更为重要,产业发展的重点是在充分考量灾区的自然资源条件和生态环境水平的基础上,综合考虑灾区社会经济发展情况,建设具有灾区特色、结构优化、重点突出的现代化产业体系,以期成为带动灾区今后很长一段时期经济社会发展的顶梁柱。

(5)人民生活及社会经济水平显著提高

在灾区恢复重建时期,绝大部分地区的生活生产条件及经济社会发展基础已达到甚至优过原有水平,在汶川地震灾区恢复重建基本完成后,2012—2015年四川省综合经济实力大幅提高,2012年全省GDP为汶川

---

① 邓聪:《我国防灾减灾法制建设的几点思考》,《怀化学院学报》2012年第9期。

地震发生前一年的 2.3 倍,2014 年 GDP 首次超过 3 万亿元,2015 年达到 30103.1 亿元,是 2007 年的 2.85 倍,年均增长 14.19%,经济总量跃至全国第六位(见图 0-3);地方公共财政收入达到 2421.3 亿元,是 2007 年的 2.9 倍,政府公共财政支出 5431.1 亿元,是 2007 年的 3 倍,说明四川省已经进入从"吃饭财政"向"发展财政"转型的轨道;人均 GDP2015 年达到 36836 元,是 2007 年的 2.84 倍(见图 0-4),城镇人均可支配收入 2.31 万元,比灾前提高 83%、农村人均纯收入 7001 元,同比灾前提高了 97.4%,增幅均超过全国平均增速。此外,在惠及民生方面,党的十八届五中全会提出,要以药品价格控制性改革为核心,深化医疗卫生体制改革,实现区域内外的医疗、医保、医药联动机制,建立覆盖城乡的基本医疗卫生制度和现代医院管理制度,这也对灾区后重建时期实现区域经济社会协调发展提出了更高要求。

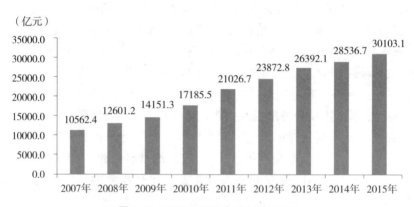

图 0-3　2007—2015 年四川省 GDP

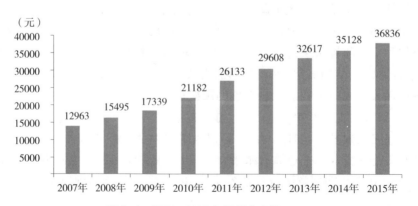

图 0-4　2007—2015 年四川省人均 GDP

但同时也必须看到,由于灾区基本上都是经济基础比较薄弱的地区,在后重建时期,伴随着各项优惠政策的逐渐停止和各援助省市的撤离,有可能重新陷入缓慢发展境地,一些地方已出现了市场不足、投资缺乏、产业不稳、就业不充分等问题。因此,在后重建时期,要在已做好硬件建设的同时,特别注重经济发展中软件方面的建设,例如医务人员、教师、科技队伍人才的培训、城乡居民再就业培训、招商引资、产业园区管理等软件方面要加大融合力度,实现园区软硬件同步提高,真正达到人民生活水平和经济社会发展水平的显著提高。

（6）对灾区扶贫提出更高要求

贫困人口脱贫是全面建成小康社会最艰巨的任务,在 2015 年 11 月召开的中央扶贫开发工作会议上,习近平总书记指出,"我们要清醒认识到,当前我国脱贫攻坚形势依然严峻。截至 2014 年年底,全国仍有 7000 多万农村贫困人口。'十三五'期间脱贫攻坚的目标是,到 2020 年稳定实现农村贫困人口不愁吃、不愁穿,农村贫困人口义务教育、基本医疗、住房安全有保障;同时实现贫困地区农民人均可支配收入增长幅度高于全国平均水平、基本公共服务主要领域指标接近全国平均水平。"①扶贫开发必须进行精准扶贫、精准脱贫,因人因地开展,提升扶贫实际效果。在四川地震灾区的实地调研中可发现,尽管恢复重建已基本完成,但灾区仍有一些群众没有脱贫,由于因病、因残、因学等多种原因,特别是由于遭受次生地质灾害的因灾致贫,使灾区在新时期仍面临较重的精准扶贫、精准脱贫的现实任务,也为灾区在后重建时期实现生态与产业协调发展提出了更高标准,指明了惠及民生的发展新方向。

（7）以"互联网+"为载体推进网络强国建设

在 2015 年第二届乌镇互联网大会上,习近平总书记强调以"互联网+"为载体推进网络强国建设。据中国互联网络信息中心发布的第 39 次《中国互联网络发展状况统计报告》显示,截至 2016 年 12 月,我国网民规模达7.31 亿人,普及率达到 53.2%,超过全球平均水平 3.1 个百分点,超过亚洲平均水平 7.6 个百分点。各地区政府如何以"互联网+"为载体规划发展好区域经济,尤其是后重建时期的灾区农村地区生态与产业融合发展,其同样离不开如电子商务等互联网经济的发展。"互联网+"战略的实施为灾区如何更好、更快地实现生态与产业协调发展提供了快车道。

---

① 《习近平:确保 2020 年所有贫困人口迈入全面小康》,新华网,2015 年 11 月 28 日。

二、研究意义

(一)生态文明是人类文明发展的重大跃迁

在习近平新时代中国特色社会主义思想中,明确中国特色社会主义事业总体布局是"五位一体",必须"坚持人与自然和谐共生。建设生态文明是中华民族永续发展的千年大计。必须树立和践行绿水青山就是金山银山的理念,坚持节约资源和保护环境的基本国策,像对待生命一样对待生态环境,统筹山水林田湖草系统治理,实行最严格的生态环境保护制度,形成绿色发展方式和生活方式,坚定走生产发展、生活富裕、生态良好的文明发展道路,建设美丽中国,为人民创造良好生产生活环境,为全球生态安全作出贡献"。①

自工业革命以来,人类生产力得到极大释放,但在"人类中心主义"的思想指引下,人类对待自然界过多的索取,而不是关爱和维护,人与自然发展的矛盾对立、经济同社会发展的严重失调,直接造成了生态环境的恶化。而生态环境危机反过来阻碍了人类的生存发展。现今,全球森林锐减、水土流失、环境污染、洪水频繁、土地沙漠化、地面塌陷、海水入侵等种种因人类掠夺式开发资源带来的自然灾害,不断吞噬着人类创造的大量文明成果,威胁着人类自身的生命安危。②

生态危机的频发,既有自然灾害的原因,同时也暴露出了工业文明固有的内在缺陷,这便需要另一种文明形态与之进行转换。生态文明的到来,是人类对工业文明行为及对生态危机反思的结果,标志着人类意识在人与自然关系上的真正醒悟,并踏上自觉规避危机和自我拯救的历程。由于"文明涉及价值观、规范、制度和思维方式,涉及连续几代人对社会的重要性的认同"③。因此,工业文明范式向生态文明范式的转换主要体现在以下三个层面:

1. 观念的嬗变

全球性生态危机的爆发,超出了原社会共同体对工业文明所设想的心理预期,也使社会失去了原有的协调与均衡,人们还没来得及完全沉醉于其繁荣中,便不得不开始反思工业发展给生态带来的伤害,以及给人类自己造成的生存发展威胁。工业文明的存在方式是以"付出代价以求得生存与发

---

① 习近平:《决胜全面建成小康社会 夺取新时代中国特色社会主义伟大胜利——在中国共产党第十九次全国代表大会上的报告》,人民出版社2017年版,第23—24页。。
② 黄寰:《保护环境,实现可持续发展》,《科技与管理》2003第5期。
③ 黄寰、张桢:《论工业文明向生态文明范式转换》,《党政研究》2015第6期。

展"，而生态文明的历史使命是要"扬弃和挽救那些被牺牲掉的价值"，因此，生态文明范式的提出是人类对自身现状及行为运作方式自省的结果。

在一个社会大环境中，广泛的社会观念的成形与其作用的发挥，是建立在社会共同体成员达成心理契约后从而秉承共有公约、遵守共有准则基础上的，最终以保证该稳定状态下社会政治、经济、文化、生产力等各方要素的协同增长，最终实现社会价值最大化。在社会文明的转型阶段，观念的嬗变应从建立合理的世界观、自然观、价值观、发展观等心理契约开始。构建一个完整的、有价值的生态文明观念体系，应从人与自然之间的一体性、人与人之间的公平性、人与社会及人与自然的可持续性三个方面来把握，同时，公平性、同一性、可持续性也可看做生态文明观念体系构建的三原则，三个原则彼此互为支撑，相通相融。在公平性上，主要体现在代内公平与代际公平上，避免由资源矛盾演化、延伸至社会矛盾；在考虑同一性时，一方面要扭转工业文明时期人与自然割裂、对立、不对等的地位关系，将自身命运与自然命运连成生命共同体，同呼吸共命运，清醒认识生态健康才是人类可持续发展的前提，另一方面，全球各个国家，不同民族要达成同一共识，既尊重各方利益，又保护全球环境和生态发展体系；从可持续原则角度，要摒弃用狭隘的眼光看待既得利益的思维，要重视理性自觉的精神力量与价值导向作用，在具体的实践中，把对环境的关怀内化到经济活动中，既能在空间上维护生态环境的平衡性，又在效能上保证经济发展的高效性，从而实现真正意义上的可持续性。

就我国而言，党的十八大报告提出"必须树立尊重自然、顺应自然、保护自然的生态文明理念"，十九大报告提出"要牢固树立社会主义生态文明观"，这就是要在全社会范围内倡导一种共有的、健康的心理契约，构建人与自然和谐的世界观与价值观，这是中国传统文化的精髓，也是我国社会主义核心价值体系的重要内涵，更是我国践行生态文明公平性、同一性、可持续性原则的有力体现。

2. 制度的变革

制度即是一种规则要素，它是方法论，是"规则"在社会范畴中的更高级表述。制度是一个集体组织中由实践主体共同制定的、被公认的，具有普适性与普遍约束性的要求、准则、程序、标准、章程等内容，它是以一种可持续可预测的方式运用信息的系统性决策程序，要求个人或团体应如何思考、感觉与信仰，在各种情况与关系当中应如何行动。

生态文明制度的重新制定与变革主要针对工业文明中不合理的理念与行为。其中比较典型的例子是加勒特·哈丁（Garrit Hadin）的"公共地悲剧"，哈丁认为："在共享公有物的社会中，每个人，也就是所有人都追求各自的最大利益，这是悲剧的所在。"

当前社会如城市交通拥堵、空气和水资源污染、人口过度增长等困境是"公共地悲剧"发生的现实版。但这些"悲剧"并不能在自然科学技术中找到解决办法，防止悲剧的办法有两种：一是制度约束，建立中心化的权力机构与完善相应制度，将"权、责、利"三者关系对等起来；第二种是道德约束，需要一个基本的道德延展，要求人类价值或道德观念的转变。在两种方法中，道德约束是"软"性的，制度约束是"硬"性的，相对于工业文明中"利益至上"以及"人类中心主义"思想在人们脑中的深入，短时间用"软"性的道德来转变全民观念，也许所获效果甚微，特别是当全社会进入到生态文明的稳态阶段时，则更需要依靠强有力的规则、制度来扭转工业文明理念中的不合理成分，为生态文明建设扫清障碍。

在保护生态环境、防止"公共地悲剧"方面，总体指导思想是并行激励机制与约束机制两条线，具体制度是要完善资源有偿使用、环境污染责任保险等制度；推动建立跨区域、跨流域生态补偿机制；建立健全行为奖惩、责任追究、损害赔偿等机制，切实落实"谁污染谁治理""谁受益谁治理"的管理办法，加快形成生态损害者赔偿、受益者付费、建设和保护者得到合理补偿的运行机制。

3. 方式的转换

当前是工业文明向生态文明转型的时期，共同体的实践行为直接关系到未来社会文明范式能否顺利发展，如果能建立起全民性的、完整有序的实践行为方式，则说明生态文明范式真正意义上的转型成功。

如何破除"吉登斯悖论"，发动全民参与是取得生态行为转型成功的关键。人们既是环境问题的受害者，同时也是环境问题的制造者，生态危机的现状，就像一个人长期透支体力，积劳成疾，多病缠身，病来如山倒，病去如抽丝。所谓"冰冻三尺非一日之寒"，生态的深度受损并非一日之事，也并非一时之间即可根本扭转。"吉登斯悖论"很尖锐地指出了人的心理认知与具体行为有时是会割裂的（当然这二者之间需要制度的引导与强制规范才能完全实现一致性），"知行"不能"合一"有时是人性共通的弱点，正如南京工业大学王雪峰教授指出："从社会心理学的视角看，民众中多数人对待公共事务的责任心，远低于对待自己的个人事务。"尽管如此，我们每一个人仍然要保持耐性，要对生态之路产生信心，正视自身的行为，从小事做起，从眼前做起，因为归根结底，生态问题是由社会结构、社会过程和社会成员的行为模式共同导致的社会问题，全民参与才是生态转型的关键。

　　除了此之外,还应该从发展方式上着手进行生态转型。一方面是从生产方式上转变:要彻底告别工业文明的单线增长模式,从资源掠夺型向保育再生型转轨,科学技术围绕"生态化"展开,秉持"低能耗、低污染、高产出、高效益,优质、可持续发展"的生产原则,实现生态与经济两个系统的良性循环和经济、生态、社会三大效益的统一。另一方面是从消费模式上转变:从"资源消耗型"向"资源节约型"转变,提倡健康消费、适度消费、节能减排,关注循环与环保,鼓励企业绿色生产,同时对绿色环保产品生产、销售和消费全过程采取税收优惠或财政补贴。[1]

　　因此,灾区的重建不仅仅是修建新的房屋和道路,还要重建新的观念、制度、行为和发展方式,利用重建契机,实现从农耕文明、工业文明到生态文明的转换,从而实现灾区的可持续发展。根据《汶川地震灾后恢复重建条例》,灾区要坚持生态文明和科学重建理念,实现人地关系的系统性恢复。在生态文明建设思想指导下,推进生态与产业的协调发展。在汶川地震后,笔者参加了由恩师四川大学杜肯堂教授主持的教育部哲学社会科学研究重大攻关项目《西部经济发展与生态环境重建研究》和邓玲教授主持的国家社科基金重大招标项目《我国生态文明发展战略及其区域实现研究》组成的联合课题组,参与完成四川省社科联委托课题《龙门山生态文明建设试验区》。课题组认为,在灾区这样的特殊区域和更复杂条件下进行的科学重建,应以"建设生态文明理念为主线,以跨行政区的龙门山自然地理区为空间载体,以中央统筹、地方为主、各方共建为工作机制,以改善民生和提高区域可持续发展能力为目标,创设'龙门山生态文明建设试验区'",这有利于实现灾区生态文明区域化、指导化、规范化发展。[2]　事实证明,这一建议有着很好的前瞻性,2013年4月20日8时发生的芦山"4·20"7.0级强烈地震也位于龙门山前缘构造带南段。在龙门山区域而不是单纯的汶川地震灾区建设生态文明建设试验区,可以更好地推动区域可持续发展。

　　(二) 防灾减灾是区域生态文明建设的重要环节

　　区域经济实现可持续发展的前提不仅是实现经济增长,更是实现发展的质量改善,而影响区域发展质量改善的一个重要因素就是灾害的发生,尤其是自然灾害的发生。高强度、高频度的自然灾害发生不仅会阻碍区域发展质量的提高,更会通过对区域原有的资产资源破坏导致区域发

---

① 黄寰、张桢:《论工业文明向生态文明范式转换》,《党政研究》2015第6期。

② 杜肯堂、邓玲、黄勤、龚勤林、黄寰、王倩:《在灾后重建中创设"龙门山生态文明建设试验区"的建议》,《天府新论》2009第3期。

展质量下滑,所以做好防灾减灾的管理是保证区域实现可持续发展的主要环节。

在工业文明背景下,人与自然矛盾日益突出,准确理清人与自然的关系,在遵循自然规律和科学发展规律的基础上,正确发挥人的主体实践功能是灾区实现防灾减灾的关键,也是实现人与自然和谐发展,实现区域可持续发展的重要前提。通过建立人与自然和谐发展制度,引导人类工业文明向生态文明发展过渡,就是摒弃征服自然的传统人性思维,转变人利用技术手段等对自然的破坏才能实现经济发展的观念,从而从根本上建立一条能够及时控制或疏导灾害载体、削弱或消除灾害源、保护好灾区发展成果的有效途径,最终为区域实现可持续发展提供重要保障。

对于灾区来讲,防灾减灾任重而道远,地震后山区地质构造发生改变,地壳运动活跃,次生灾害接连发生,严重损害了整个生态系统,这不止关系到灾区生态文明建设的成败,也直接关系到农村贫困人口脱贫这一全面建成小康社会最艰巨任务的成败。笔者作为中共四川省委组织部与省委党校组织的第五期递进班高端领军人才班学员,在体验式教学阶段曾主动要求入驻平武县农村实地调研锻炼。从调研结果看,导致平武贫困户致贫的主要原因有:因灾、因病、因残、因学、因分家等。因灾致贫在平武有其特殊情况:该县地处龙门山断裂带,为"5·12"汶川地震的十个极重灾区之一,其中平通、南坝、响岩、水观又为极重灾乡镇,地震导致了大量房屋和基础设施损毁。汶川地震后,在平武县又先后爆发了"2008.9.24"、"2013.7.9"和"2013.8.7"特大山洪泥石流灾害,使部分地区灾后重建房屋和基础设施再次损毁,一些老百姓的房屋不得不二次甚至三次重建。近年来连续多次受灾,已成为平武县部分地区部分农户难以脱贫致富的主要原因。平武的情况也是四川地震灾区的真实反映,只有做好防灾减灾,才能确保灾区重建的成果。

(三) 生态与产业协调发展是灾区生态文明的立足之本

党的十八届五中全会提出了创新、协调、绿色、开放、共享的五大发展理念,创新发展是核心,协调发展是根本,是基调。协调发展将过去提出的"五个统筹"进行"平等协调化",包括城乡协调发展、区域间协调发展、经济社会协调发展、人与自然协调发展、国内发展与对外开放协调发展,新型工业化、信息化、城镇化、农业现代化协调同步发展,国家硬、软实力协调发展等。协调与统筹含义区别重大,统筹是指统一筹划,与兼顾相连,有主次之分,兼顾部分处于易被忽视的地位,而协调指的是正确处理好各种关系,各种关系处于同等重要地位,无主次之分,将各主体进行平等化。协调发展与五个统筹相比,范围更广,要求更高。① 从全国的角度来看,协调发展的一个重要目标就是构建统一大市场,形成信息共享发展平台,更加容易催生出创新发展;有助于减少地方政策保护,促进公平竞争,缓解国内外区域间的发展不平衡,有助于提高国家硬、软实力,更能维护好开发安全发展;同时实现经济社会协调、人与自然协调等生态经济发展,进一步推进绿色发展。所以总的看来,协调发展是五大发展理念的根本和基调。

党中央提出的协调发展理念也直接指导着后重建时期灾区的生态与产业协调发展,这体现在科学协调发展与创新协调发展两个层面。科学协调发展主要体现在:依靠经济学视角通过对灾后各要素进行严格的分析建立灾后恢复重建侧重的经济与生态协调发展的评价体系,在此基础上对地震灾区及相关次生灾害区域进行实践性指导。创新协调发展主要集中体现在:对国内外救灾抗灾的产业协调发展经验的差异性进行比较,更多地借鉴与汲取国外救灾抗灾的产业与生态协调发展的好经验,为实现其"中国化"提供新思路,结合我国灾区实际条件进一步创新出发展路径。为灾后重建的各发展路径的提出及顺利完成提供相应的制度保障。通过创新推动制度发展并提供切实的技术支撑,进一步保障灾区可持续发展目标的顺利完成。

对于一个经济区域来讲,经济发展是关键,可持续发展是核心。② 开展灾区生态与产业协调发展研究是大力推进生态文明发展、实现四川省"三大发展战略"和"两大跨越"的现实需要。一方面,四川政府提出由"工业大省"向"工业强省"转变、由"总体小康"向"全面小康"转变的"两大跨越"目标,就要求四川省各州、市、县按照总体目标,落实"多点多级支撑战略""两化互动、城乡统筹战略"和"创新驱动战略"。灾区生态与产业协调发展研究,是促进四川省内各区域协调发展的重要方面,也是四川"工业强省"的重要内容,既有利于灾区产业的生态化发展,也有利于灾区可持续发展和与其他地区同步实现小康,是四川省实现"全面小康"的必然要求。

生态重建是一个多维度的复杂工程,也是后重建工程的核心内容与基础,生态重建的效果直接影响灾区经济、文化、新农村建设等发展规划,更加直接决定着震灾后重建总体目标能否成功实现,对震区人口、资源、环境的和谐可持续发展具有重大意义。③ 要实现灾区发展的远景目标,必须在生

① 张广昭、陈振凯:《五大理念的内涵和联系(五大发展理念的中国实践)》,《人民日报海外版》2015年11月12日。
② 于洋、杨晓菲:《科学发展观视域下的生态文明建设》,《大连干部学刊》2013年第9期。
③ 胡正明、郑予捷、沈鹏熠:《基于可持续发展的地震灾区生态重建路径与机制研究》,《农村经济》2009年第5期。

态文明理念的指引下,充分考量灾区环境承载能力、容量水平、发展条件及禀赋结构特征,调整区域功能,把生态修复、环境整治、地质灾害防治和毁损地复耕与产业的科学发展结合起来,统筹产业布局,优化产业结构,着力构建现代产业发展新体系,使其达到优势互补,并各具特色,通过资源条件、生态建设、产业布局等因素的有机结合,在全面掌握灾区生态条件和灾前发展特征等信息的基础上,以持续发展的眼光来规划灾区生态与产业的重建与协调发展工作,不仅能够巩固灾后恢复重建已取得的成果,而且也为该区域经济持续发展创新出了新的理念、新的价值。

三大产业作为经济发展的直接载体,产业发展状况直接影响国民经济。地震给灾区原有的产业体系带来了致命伤害,资源环境容量均衡态势被打破,灾区原有的持续发展产业发展战略受到严重阻碍。随着恢复重建基本完成,四川地震灾区的产业重建取得重大成果,在后重建时期,应重新定位、优化生产力布局及调整产业结构和发展战略。产业活动会在一定地域空间内形成不同的分布形态、空间联系和组合方式,这是为获得最大增值空间的产业发展规律使然。灾区在后重建时期为更好促进产业空间有序发展,需要对产业进行空间引导和调控,以达到有利于本地优势产业发展的目的,并可以激发新的有潜力的产业快速形成。充分利用灾后恢复重建奠定良好基础的机遇,以生态文明理念为指导,在新的起点上将灾区打造成可持续发展的生态经济区域。在后重建时期将灾区生态建设同经济发展相协调,寻找创新推进路径,从和谐发展角度研究灾区生态问题,重点是探究出生态重建的合理且高效的发展路径和运行机制,为灾区经济快速步入可持续发展轨道提供重要支撑。

三、研　究　内　容

本研究以区域可持续与生态文明理念、区域经济与产业经济、生态经济和灾害经济等相关理论为基础,以四川地震灾区为对象,以恢复重建基本完成的后重建时期为时间纬度,以生态与产业协调发展为主题,系统展示汶川地震灾区、芦山地震灾区、次生灾害区域生态修复与产业发展的生动实践,剖析震灾活跃区域在后重建时期生态与产业协调发展路径,总结灾区生态与产业协调发展的建设道路、对策及制度保障。

按照上述思路,全书基本结构和内容安排如下:

第一章:分别对生态文明、可持续发展、协同、创新、生态经济等区域生态系统与经济系统协调发展的相关理论进行系统性概述,进一步探索出后重建时期生态与产业协调发展的理论支撑。

第二章：借鉴美国、日本、印尼等地震灾害频发国家在防灾减灾、生态修复、产业重建方面的做法与经验教训，为我国灾后生态与产业重建提供借鉴和启示。

第三章：提出后重建时期灾区生态与产业协调发展的总体思路。阐述灾区在后重建时期的指导思想、基本原则和发展目标，为灾区的发展提供理论指导。

第四章：构建与灾区自身发展相适应的生态与产业协调度评价指标体系和相应的评价模型，以汶川地震灾区10个极重灾区为例，对生态与产业协调度空间差异深入分析，并对生态产业系统尚不协调发展原因进行分析。

第五章：对后重建时期汶川地震灾区生态与产业协调发展进行客观分析，系统描述其生态与产业协调发展面临的优势、劣势、机遇和挑战，总结汶川地震灾区生态修复与产业重建的举措和成效，提炼汶川地震灾区生态与产业协调发展的具体模式，如汶川、北川等区域特色重建发展模式。

第六章：对芦山地震灾区生态本底和产业发展现状进行梳理，探讨其生态与产业协调发展现状与问题，阐述芦山地震重建中生态与产业协调发展实践，并总结其成效和经验。

第七章：对新增次生灾害区域的生态和产业协调发展进行梳理，分析四川地震灾区的次生灾害类型和影响，并以清平泥石流、都江堰大滑坡两个次生灾害区域为例进行研究，提出促进次生灾害区域生态同产业协调发展的对策建议。

第八章：探寻后重建时期灾区生态与产业协调发展的实现路径。从生态功能区建设、生态恢复任务和产业生态化生态产业化等角度提出后重建时期灾区生态与产业协调发展路径。

第九章：从健全生态与产业协调发展法制、出台相关政策、强化科技支撑、深化宣传教育等方面，提出后重建时期灾区生态与产业协调展的长效机制。

第一章　支撑后重建时期灾区生态与产业协调发展的相关理论概述

第一节　可持续发展与生态文明理念

1987 年,以挪威前首相 G.H.布伦特兰为首的世界环境与发展委员会(WCED)向联合国提交了一份题为《我们共同的未来》的研究报告,该报告中将可持续发展定义为:"既能满足当代人的需要,又不对后代人满足其需要构成危害的发展。"这一定义系统阐明了可持续发展理论的思想精髓,并被各界广泛接受而沿用至今。各学者从人与自然关系的角度将可持续发展划分为社会、生态和经济各系统及三者之间复合系统的可持续发展。

生态文明是在工业文明发展的基础上形成的一种更高级的社会发展形态。所谓生态文明,是指人类遵循人与他人、社会以及自然和谐发展的客观规律,全面融入经济、政治、文化以及社会建设的全过程的系统工程,它反映了社会的文明进步状态。①

一、可持续发展理念的提出

当代人类日益深刻地认识到全球性环境生态危机是当今世界"全球性问题"(自然社会综合症与自然社会灾害群)的核心问题;其实质主要是由人类活动引起的地球环境生态大系统结构劣化和功能衰退,以至于地球生命维持系统趋向瓦解,其严重后果就是直接威胁着人类的生存和发展。②

在 20 世纪 70—90 年代,整个国际社会和各国众多精英已开始为解决全球性问题展开了强有力的行动。罗马俱乐部成员 D.L.米都斯(Denncs L. Meadacsandal)等人于 1972 年 3 月 12 日发表了该智囊团成立后的第一篇研究报告——《增长的极限》。这份被西方媒体称为"20 世纪 70 年代爆炸性杰作"的报告,其导向是美国系统科学家 J.W.福雷斯特《世界动力学》

① 《坚定不移沿着中国特色社会主义道路前进　为全面建成小康社会而奋斗》,《人民日报》2012 年 11 月 8 日。

② 黄寰:《保护环境,实现可持续发展》,《科技与管理》2003 年第 5 期。

（1971）的思想和全球系统模拟方法，该报告通过建立非线性数学模型和计算机系统仿真，对世界人口、粮食生产、工业化、环境污染和不可再生资源消耗五个参数间的因果关系与相互作用进行系统分析，把福雷斯特的世界 II 模型发展为世界 III 全球系统模型，直接向旧有的工业文明“无限制增长”的传统观念发起挑战，强调上述五个参数都按指数增长，到 21 世纪中叶的某个时候将达增长极限，从而导致全球性危机加剧，由此提出以“全球性均衡”观念和“零增长”模型作为对策，主张停止地球上的人口增长和经济发展，限制工业生产，大幅度减少地球资源消费，以维持地球上的生态平衡。1983 年，H.西蒙教授同 20 多位非政府专家共同发表了《全球 2000 年修订报告》，提出了同上述悲观见解完全相反的、对世界生态、经济、人口发展趋势保持乐观的见解，并通过人口、资源和环境的各种数据与形势分析加以论证；强调知识是推动世界进步的动力，未来资源枯竭、环境污染等“危机”将刺激人类去寻找新的能源、新的“生存之道”。H.西蒙教授及其预测报告成为未来世界命运预测乐观派的典型代表。

　　经过 20 世纪 70 年代到 80 年代初对于未来世界预测的悲观派与乐观派的反复论证，人们终于找到了逐步解决全球性问题、确保人类长期生存发展的新的“生存之道”——即促进人类与自然协调发展，在全球范围内实施人口、资源、环境与科技、经济、社会可持续发展战略。1981 年，美国学者布朗在《建设一个可持续发展的社会》的著作中首次使用并阐述了“可持续发展”（Sustainable Development）的新观点。1987 年，世界环境与发展委员会在《我们共同的未来》中对可持续发展做出了准确界定，指出人类必须根据地球生态圈的承受能力研究人类需求与地球承载极限间的关系，寻求世界人口需求的平衡和经济增长极限的平衡，该报告把生态、经济、社会视为不可分割的统一整体，认为可持续发展战略至少蕴含“生态的持续性”“经济的持续性”“社会的持续性”这三大基本原则，突破了传统地把社会发展归结为突破某个单项因素的单值还原论模式，引导人们树立将自然界与人类社会视为有机整体的整体意识、由单值还原模式向“格式塔”变换模式转变、追求全球整体可持续发展这一崭新的思维方式，从而使可持续发展观形成为一种新思想体系。

　　1992 年 6 月，号称“地球首脑会议”的联合国世界环境与发展大会在巴西的里约热内卢召开。大会通过了《里约环境与发展宣言》《21 世纪议程》《关于森林问题的原则声明》等重要文件，并签署了联合国《气候变化框架公约》《生物多样性公约》，认同了可持续发展理论，充分体现出人类社会可持续发展新思维，反映了在环境与发展领域合作的全球共识和最高级别的政治承诺;会上,各国政治家慷慨陈辞,表达了世界人民呼唤的共同心声——可持续发展战略应该成为全人类共同的选择,其主要着眼点有三:一是实现人口、资源、生态、环境与经济、科技、社会的可持续协调发展;二是实现世界各国即发达国家和发展中国家的共同发展;三是实现人类世世代代的共同发展。这次大会通过的《21世纪议程》指出:"地球所面临的最严重问题之一,就是不适当的消费物生活模式,导致环境恶化、贫困加剧和各国的发展失衡";它庄严宣告:人类中心主义征服论特别是杰出人物统治自然论已经成为过时的神话。①

可喜的是,当1981—1992年可持续发展理论和持续发展战略逐渐成为世人共识之后,最早提出"全球性均衡"观念和"零增长"模式的罗马俱乐部亦转而采取了热情支持、大力宣传可持续发展道路的科学态度,足可见其异途同归、人心所向。1996年11月24日—12月1日,在波多黎各的孟斯召开了罗马俱乐部年会,会议主题为"世界处于转折点:希望的迹象"。这届年会把可持续发展的基本特征归结为:(1)从时间上看,它是世世代代延续不绝的发展,不是短期行为的发展,绝不能吃祖宗饭、断子孙路。(2)从空间上看,它不是以局部利益牺牲社会整体利益,不是以区域利益牺牲全球利益。(3)从发展类型上看,它是内涵型质量型的发展,是全面提高国民经济整体素质和人民生活质量,保护和改善生存环境,而不是外延型、数量型或粗放型的发展。(4)从发展方式上看,它是多要素系统协调发展,而不是片面的单打一式的发展。② 显然,可持续发展观与传统发展观相比而言,是一种高层次的发展,树立了一种崭新的社会文明观即生态文明观。③

二、我国生态文明理念的发展

生态文明理念是我国结合可持续发展等先进发展理念,富有创新地与治国理念相结合,用以引导新时期我国经济社会建设,以期实现人与自然更加和谐发展的理念。2007年,党的十七大郑重将"建设生态文明"列入议题,并在十八大上明确把生态文明建设列入五位一体总布局,指出:"建设生态文明,是关系人民福祉、关乎民族未来的长远大计……必须树立尊重自然、顺应自然、保护自然的生态文明理念,把生态文明建设放在突出地位,并融入到经济建设、政治建设、文化建设、社会建设的各方面和全过程,努力建

---

① 黄寰:《保护环境,实现可持续发展》,《科技与管理》2003年第3期。
② 高健等:《罗马俱乐部:决断力》,中国城市出版社1998年版。
③ 刘波:《天地人巨系统观》,安徽教育出版社1993年版。

设美丽中国,实现中华民族永续发展。"①党的十九大报告进一步强调:"生态文明建设功在当代、利在千秋。我们要牢固树立社会主义生态文明观,推动形成人与自然和谐发展现代化建设新格局,为保护生态环境作出我们这代人的努力!"

我国生态文明理念有如下几个方面特点:

（一）　生态文明理念内涵更加科学丰富

我国生态文明理念与科学发展观一脉相承,它贯穿于经济、政治、文明与社会的发展过程当中,克服了传统经济增长模式的固有矛盾,形成了在社会主义制度框架下的生态文明观,其理念更加科学,内涵更加丰富,举措更加契合中国国情。而五大发展理念中的绿色发展理念,与低碳发展、循环发展一起,构成了我国生态文明建设的重要路径。②

（二）　生态文明建设从基层做起

我国的生态文明建设,关系到每个人的切身利益,关系到子孙后代的福祉,"良好的生态环境是最公平的公共产品,是最普惠的民生福祉"③。这一理念强调全民参与,树立生态文明意识,所以它不仅需要政府机构努力引导,它更需要从基层做起,把"顺应自然,尊重自然,保护自然"的口号落实,公民及各单位都应转变发展理念,转变当前的生产与生活方式,将生态文明理念付诸于生存与发展的细节中,贯彻落实节约资源、保护环境的生态文明观。

（三）　生态文明建设和经济发展并行

生态文明理念与经济发展并不相悖,正如习近平同志在纳扎尔巴耶夫大学演讲中指出的:"我们既要绿水青山,也要金山银山。宁要绿水青山,不要金山银山,而且绿水青山就是金山银山。"④我们需要贯彻的是实现永续发展新思路,不再是"先污染后治理",以牺牲生态来获得经济增长的错误理念。

经济发展初期,"粗放式""一线式"经济发展方式造成我国资源严重消耗、环境严重污染而产品产量低、质量差。所以生态文明发展并非摒弃经济发展,而是将粗放型的发展方式向集约型发展转变。同时,仅仅把发展与国

---

① 季昆森:《建设生态文明,实现永续发展》,《安徽日报》2012 年 12 月 7 日。

② 古树忠:《走出生态文明建设认识误区》,《人民日报》2015 年 8 月 12 日。

③ 习近平:《绿水青山就是金山银山——关于大力推进生态文明建设》,《人民日报》2014 年 7 月 11 日。

④ 习近平:《绿水青山就是金山银山——关于大力推进生态文明建设》,《人民日报》2014 年 7 月 11 日。

民生产总值这一数值挂钩,是对经济发展这一概念的误读。在生态文明建设中,高效合理利用资源、保护环境、创新科技都是经济发展的一部分。在生产实践过程中,要注重将生态文明践行到区域产业协调等经济可持续发展中。例如,可充分运用生态文明思想指导以四川省天然气为代表的新型能源产业链的开发利用。基本路径是大力发展科技,提高天然气等新兴能源的勘探、开采及利用水平,在做好勘探及开采前后的上游环保产业创新发展的同时,也做好能源利用及废物处理等下游绿色产业培育,最终实现四川省生态文明下的绿色经济发展。①

（四）大力促进循环经济发展

环境保护是生态文明发展的一部分,其中重要一点是改变中国"一线式"经济发展方式。党的十八大报告中多次提到循环利用、循环发展、循环经济:在第三部分"全面建成小康社会和全面深化改革开放的目标"中提出,"资源循环利用体系初步建立",就是要把建立资源循环利用体系纳入全面建成小康社会的目标体系;在第四部分"加快转变经济发展方式"中提出"更多依靠节约资源和循环经济推动经济发展";在第八部分"大力推进生态文明建设"的导语中提出,"着力推进绿色发展、循环发展、低碳发展",在这一部分还提出,"推进水循环利用,建设节水型社会"。② 同时着重强调,"发展循环经济,促进生产、流通、消费过程的减量化、再利用、资源化"。③

这些政策表明,生态文明建设是指生态保护与生态经济建设并行,只有在进行环境保护过程中不忽略循环可持续发展,才不会造成环境与经济发展继续脱轨。④

（五）创新型可持续发展战略

我国生态文明建设在方针、道路、实现途径、目标上都对之前可持续发展战略进行了创新,它并不仅仅是简单的延续或者照搬可持续发展战略。它赋予了环境、经济、社会、生态文化等各个方面建设生态化的内涵。生态文明建设既是推进我国社会主义现代化建设可持续发展的伟大实践,也是

---

① 黄寰、孔令泉、殷雅玉、赵璐、陈燕:《生态文明在区域能源产业协调可持续发展中的践行》,《西南民族大学学报(人文社科版)》2009 年第 6 期。

② 《坚定不移沿着中国特色社会主义道路前进　为全面建成小康社会而奋斗》,《人民日报》2012 年 11 月 9 日。

③ 习近平:《绿水青山就是金山银山——关于大力推进生态文明建设》,《人民日报》2014 年 7 月 11 日。

④ 习近平:《决胜全面建成小康社会　夺取新时代中国特色社会主义伟大胜利——在中国共产党第十九次全国代表大会上的报告》,人民出版社 2017 年版。

对人类和地球可持续发展新道路的重大探索,其意义是深刻、长远、根本性的。[1] 以上观点,可以有效区别当前生态文明建设与早期可持续发展战略,有利于用新方法新眼光促进生态经济发展。

(六) 制度支撑生态文明发展

生态文明建设涉及人民生产生活方式的巨大变革,所以需要相应的制度与法律来提供保障。首先需要建立完善奖惩机制与考核办法,把对生态的评价放在绩效考核的首要位置,彻底改变地方政府重发展轻环境的错误理念。其次要设定完善的责任机制,让该机制约束地方政府决策,并建立资源资产离任审计制和生态环境损害责任终身追究制度。制度经济学强调制度的构建载体是权利。如何发挥权利在特定制度中行使对生态文明建设的作用,是保证生态经济蓬勃发展的关键一招。如我国西部经济发展水平低但水资源丰富,东部经济发展水平高但是水资源匮乏,可以通过财产权的清晰界定和价格机制的确立,来建立片区间及片区内的水权转让制度和生态补偿制度,以此来增强片区居民节约用水的环保意识,提高水资源利用效率,缩小东西部发展差距。[2] 最后是要树立公民的生态文明理念,培养其节约资源、爱护环境意识。生态文明建设是构建"美丽中国"的重要基石,仅靠经济腾飞并不能完成"中国梦"的构筑,生态文明理念下生态产业得到蓬勃发展,宜居环境得到修缮,才能更好推进社会主义和谐社会的建设。

第二节　区域经济发展理论

研究灾区生态建设及产业发展,根本是为实现这一特殊区域经济的可持续发展。在区域经济发展理论中,最典型的有如下几种理论:

一、区 位 论

区位是一项经济活动或经济景观在区域空间中所占据的位置,是地球上某一具体的位置,可以用空间坐标来表示。随着社会、经济快速发展,人类的经济活动空间不断扩展是区位持续演变的直接原因。这些现象相应地催生了区位理论形成。

区位论是将空间因素引入到产业经济研究领域,以研究人类经济活动

---

① 谷树忠:《走出生态文明建设认识误区(人民要论)》,《人民日报》2015 年 8 月 12 日。
② 黄寰:《论西部水权转让与生态文明建设》,《西南民族大学学报(人文社科版)》2010 年第 4 期。

的空间分布与空间中各要素间的相互关系为重点的理论,也是产业经济学和区域经济学的重要内容之一。区位论的基本内涵有两个①,一是研究人类活动的空间选择,二是该空间内人类活动的有机组合与重组问题。可以说空间是经济活动存在以及变动的场所,从而在空间上形成一定的地理分布和移动。空间中只有要素的分布和移动比较合理,才能获得较好的经济效益和社会效益,因此,区位论的产生与社会分工和经济发展紧密相关。

1. 农业区位理论

区位论源于古典经济学,与斯图尔特(J.Steuart,1767)、康提伦(R.Cantilon,1775)、亚当·斯密(Adam Smith,1776)等经济学家对产业分布与原料、运费、地租及劳动力之间的关系的研究紧密相关。这些研究对传统区位理论发展做出了开拓性贡献。19世纪初,西方经济学家杜能(J.H.von Thunen,1826)成功创立农业区位论。这一理论成为将来产生的各种区位理论的基础,并且开创了产业空间的先河。

杜能设想了孤立存在的一国,它是产品的唯一供给者,而城市的食品则完全由四周的土地供给,并且周围地区的自然条件和运输条件无差异。这样得到的结论是生产地与市场的距离产生的成本大小决定了农业生产的最大化利润。农业种植产业的利润受自身的种植条件影响很小,主要受到种植区域与市场即消费中心城市的距离远近影响,距离近的则会因长期的运费成本低,销售价格优惠,容易形成规模生产,也就是说能够充分体现出农业种植区位的优势。

2. 工业区位理论

德国经济学家阿尔弗雷德·韦伯(Alfred Weber)撰写的《工业区位论》(1909)中,给出了区位概念以及决定工业区位的最小成本原理。该理论的核心是通过运输成本、劳力以及集聚因素的分析和计算,寻找配置工业企业的理想区位。他认为区位因素、区位指向、原料指数和运费都对发展有很大影响。②

韦伯以杜能和劳恩哈特(W.Launhardt,1882)的理论为依据,以德国鲁尔工业区为研究对象,从理论与实践结合的角度,甄别了影响工业企业区位选择的各种因素以及他们之间的相互关系,完整地研究了工业区位优质布局的方法与规律。他认为,工业为了自身的发展选择一个生产费最小和节

①　管驰明:《国外商业区位研究的新进展》,《北京工商大学学报(社会科学版)》2006年第6期。

②　参见阿尔弗雷德·韦伯:《工业区位论》,商务印书馆2013年版。

约费用最大的地点就是工业区位选择;区位选择受原料、市场、劳动力、技术、环境等各因素影响。区位因素是影响工业区位选择的多因素耦合结果。可以将其分为区域和集聚两大类因素。其中,区域性因素是影响工业区位选择的基础;集聚因素是由地域条件决定的,影响工业区位选择发生偏移作用的因素。

韦伯工业区位理论解释的是市场经济条件下工业的空间分布规律,试图说明人口的地域间大规模移动以及城市的人口与产业的集聚机制,并研究运输、劳动力、聚集等因素对工业空间区位选择的影响程度。随之,也产生了很多相关的区位理论。

古典区位理论的本质是以成本最小化为导向的成本决定论。其主要以运输成本贯穿于整个理论研究。古典区位理论以某个家庭或企业等经济主体为研究对象,主要研究经济主体选择成本最小化的经营区位问题,是从微观的视角研究要素的空间配置和经济活动的空间布局。近代区位理论本质是以利润最大化为导向的利润决定论。即以追求利润最大化为目标,以某个特定的区域或城市为研究对象,研究城镇体系和市场组织结构之间的关系,反映不同区域或城市之间的相互关系以及空间相互作用。现代区位理论的实质是以成本及利润结合考量为导向的综合决定论。即在前人研究的理论基础上,从国家层面的角度出发,寻求区域经济活动的最优组合。该理论引入了政府的宏观政策干预手段,防止在传统区位理论的作用下导致优势区位的累积强化和劣势区位的越来越衰退以及区域经济发展差距的拉大。

总之,区位论是以区位为突破口,解释人类经济活动空间分布规律,是经济地理学、空间计量学及区域经济学的核心基础理论之一。[①] 该理论从表层来看,是经济活动的空间选择;从内部层来看,是经济活动在空间的有机组合。从该理论的诞生与发展历程来看,区位论是最早把空间因素引入到人类的研究领域中,研究区域经济活动的空间布局和演变机理以及空间结构模式的理论。如,农业区位论揭示了杜能环的形成机理;工业区位论揭示了集聚、扩散因子对经济空间结构演化的基本驱动影响。中心地理论和市场区位论主要研究了不同节点之间的相互关系以及空间相互作用,并从宏观经济角度描述空间网络体系以及现代区位理论对市场运行干预的模式等。这些理论的演进对区域产业空间理论的成熟和进一步发展提供了理论基础。因此,通常认为区位理论是区域产业空间结构理论的基础,对于区域

---

① 金相郁:《20 世纪区位理论的五个发展阶段及其评述》,《经济地理》2004 年第 3 期。

产业空间发展与布局研究具有重要的理论指导意义和提供了理论依据。

二、新经济地理理论

迪克希特和斯蒂格利茨(Dixit 和 Stiglitz,1977)提出了垄断竞争模型,将规模报酬递增和垄断竞争纳入了一般均衡分析框架中,为主流经济学的一般均衡分析框架在空间领域的应用奠定了基础。在此理论的基础上,克鲁格曼(Krugman,1991)首次开创性提出了将空间因素引入一般均衡分析框架之中,形成了以中心—外围模型假设为基础的产业集聚理论。此后,产业集聚成为了近20多年来主流经济学研究的焦点。克鲁格曼认为,由于缺乏严谨的研究工具来探讨不完全竞争和规模报酬递增条件下的经济活动,导致了空间因素在集聚活动中被忽视,空间经济研究一直处在研究视角的边缘。而事实上,规模报酬递增、不完全竞争、经济活动的空间集聚现象均普遍存在于现实之中,并对集聚活动进程起着重要作用。

中心—外围模型假设国家中只有两个地区,即东部和西部,且二者初始条件相同;只有农业部门与制造业两部门,农业部门产品同质,规模报酬不变,无运输成本,而制造部门产品差异化显著,规模报酬递增,存在运输成本;只有一种生产要素劳动力,且劳动力具有专用性,农民从事农业生产,不能流动,工人从事制造业生产,可以流动。根据模型,制造业的空间分布取决于运输成本、需求与报酬递增的相互作用。当规模经济足够大时,每个制造商都会集中在一个地方进行生产,为整个国家的市场供给产品;制造商为了将运输成本最小化,他会选择当地需求大的地方。这一思想中隐含着制造商实现利润最大化不需考虑区位选择问题,即中心区是具有较高区位优势的区域,也是运输成本最低的地区,制造商开始向中心集中,形成以制造业为中心,农业为外围的中心—外围结构。

克鲁格曼还认为,中心—外围结构的形成受历史因素、偶然事件以及累积循环作用的影响。偶然事件可能导致一个新的行业出现在某个地区,而新的行业出现之后,行业内的新企业就可能继续选址于该地区,使得该地区成为集聚中心。

三、区域均衡发展理论

该理论包括推进和恶性两种基本循环理论。推进理论由奥地利经济学家保罗·罗森斯坦·罗丹(1943)提出,认为发展中国家应该选取多个产业,并以一定的速度和资金规模进行长期的持续性的投资,以这种方式来突破发展中遇到的阻力,进而推进国家经济整体性迅速发展。后者由美国经济学家纳克斯(1953)提出,指出发展中国家经济运行机制下存在着:"低收入—低储蓄(或低购买力—低消费)—低投资—低资本—低生产率—低收入"恶性循环链。要切断此恶性循环链,就必须采取平衡且持续增长战略。在此后研究中,区域均衡发展重视区域内各产业保持协调均衡发展。产业均衡发展主张生产力应该均衡的分布在各个区域和产业内,强调各个产业和区域的互补作用,并通过他们之间的互相影响达到各个产业协调发展的结果。这种理论强调了均衡发展的重要性,但是仍存在着一定的局限性。在我国,资金和技术的存量和分配是极不平衡的,但是产业的发展又需要大量的资金,从而缺少资金的欠发达地区所达到的均衡发展的经济效益会大打折扣。因此,坚持均衡发展理论必须有两个条件,一是资金充裕,可以均衡的投入到各个产业当中;二是区域的各个产业联系紧密,不会产生由于分散投资而导致经济效益减少的情况。

四、区域非均衡发展理论

1. 增长极理论

该理论的思想渊源是法国学者弗朗索瓦·佩鲁(Francois Per roux)在20世纪50年代提出的发展增长极思想;他从空间角度首次提出了"增长极"概念。他认为增长极是一种集聚形式,是具有推动性、主导性的工业部门和创新行业及其关联行业在某个地域空间范围形成的集聚形式。他指出,区域经济发展动力机制是依靠区域内部多个动力式增长中心驱动完成的。因此,在制定区域经济发展战略时,应统筹好功能区位、资源、人口等综合条件,最大化发挥增长极的动力机制作用。佩鲁指出推动型部门的主要推动力为内、外部效应以及创新。弗朗索瓦·佩鲁不仅研究了推动型部门的关系,还研究了区域之间经济发展水平的差距问题。他认为增长极就是某个增长点或增长面,达到一定规模之后,通过不同的方式向外扩散,影响到整个区域或辐射到外区域。因此增长极带有积极推动与消极制动两个效应。

增长极理论将抽象的经济空间划分为:均质空间、非均衡发展空间以及计划性政策运用经济空间。佩鲁主要以非均衡发展思路出发,提倡经济应依据不同部门各自情况实现相应的不平衡增长,并且具有相对优势的主导产业部门、创新行业及区位优势较强的大城市应得到优先发展。

2. 核心—边缘理论

核心—边缘理论思想源于拉美学派的依附理论。费里德曼(J.I.Friedman)在《区域发展政策》(1996)中分析了该理论的形成和演变过程。同年,在《极化发展理论》一文中,他进一步将把"核心—边缘"模型引入到空间极化发展思想中,并解释了区域城乡间不平衡发展过程。

核心—边缘理论从空间上解释两个区域之间的关系,也可以在非空间意义上解释社会问题。因此,核心—边缘理论实质是剖析两个区域从孤立无联系状态到依存依赖过程。该理论是探究产业空间结构变化的集聚和扩散机制及经济空间结构演变模式的理论之一。该理论大致由两部分组成:一是空间经济增长阶段性分析,二是不同区域类型分析。该理论试图描绘出一条在某国或区域内多种产业如何达到协调发展的融合路径。

3. 点—轴系统理论

1984 年 10 月在乌鲁木齐召开的"全国经济地理和国土规划学术讨论会"上,著名经济地理学家陆大道首次提出了点—轴系统理论。陆大道在对我国宏观区域发展长期研究与深入实践的基础上,进一步阐述了"点—轴空间结构的形成过程""发展轴的结构与类型""点—轴渐进式扩散""点—轴—聚集区"等多方面内容,发表了一系列研究成果,至 20 世纪 90 年代形成了完整的点—轴系统理论体系。① 该理论论述了经济如何在空间移动和扩散,在重视动力"点"(可以是中心区或经济发展条件较好的区域)增长极作用的同时,还强调动力"点"之间的"轴承"关系,即通过"点"和"轴"形成的动力系统对区域经济发展的影响,重点采取小间距跳跃式的经济转移来实现区域间预计的发展目标。点—轴开发与发展理论和梯度推移理论在思想和方法上近乎相同。② 相似的方面:一是发展因素比较相似,都要整个过程中集聚效应和扩展效应起到的基础作用。二是"点—轴"形成过程比较相似。即区域内少数城镇由于区位优势和资源优势,吸引自然资源、人口、资金的流入,导致"点"逐渐形成;当这些城镇发展到一定阶段,为适应经济发展需要,相互之间开始建立起交通线,导致"轴"的形成。

以"点—轴"系统理论来发展区域经济的思路③如下:在特定的地域空间范围内,首先重点发展较有优势、较有开发潜力、便利的基础设施地带,促进"点"的形成与发展;其次是推动"点"与"点"之间的联合,促进"轴"的形成与发展;再次在发展轴上的中心城镇明确性质、发展方向和功能,强化

---

① 孙东琪、刘卫东、陈明星:《点—轴系统理论的提出与在我国实践中的应用》,《经济地理》2016 年第 3 期。

② 杨斌:《用增长极理论探讨天山北坡经济带的形成及意义》,《经济研究导刊》2008 年第 5 期。

③ 唐超、周宏亮:《点轴开发模式在城镇体系规划中的应用》,《中国科技纵横》2010 年第 6 期。

"轴"的关联度；最后是等级划分方式来确定中心城镇和发展轴的主次关系，逐渐重视开发高级别的中心城市增长极或发展轴，形成一个空间整体动力系统式的发展结构形态。

4.梯度推移理论

该理论是克鲁默（Krumme，1975）、海特（Hayor，1975）等经济学家以区域及产品两种生命周期理论为依据进一步研究而形成的理论。克鲁默（Krumme，1975）认为，产业结构对区域经济的盛衰以及可持续发展起着关键作用。并且产业结构形成历程与演化状态决定区域经济发展主导部门于生命周期特定发展阶段。还认为高梯度地区是正在处在创新和发展阶段的主导部门的创新活动集中在某一个区域而形成的区域；随着时间流逝及主导部门生命周期阶段的变化，区域主导部门的区域梯度等级会因自身创新潜力的释放完成及主导地位的下降而转移，如可从高梯度区域向低梯度区域转移。[1]

梯度推移理论以不平衡发展为基础，主张区域内或者区际间存在非均衡异质发展。梯度推移演变速度和传播强度由极化、扩展和回流三个效应共同决定。即极化效应会促进高梯度产业集中，进一步导致梯度差异拉大；扩展效应会加快低梯度区域发展速度，控制并缩小区域间梯度差异；回流效应的作用主要是遏制低梯度的发展。该理论对我国经济空间发展战略产生了重要影响，但在实践中，梯度推移理论也存在许多局限。比如梯度层次评价体系不健全，评价指标单一，会导致容易忽视其他指标因素聚集或扩散而形成的梯度分布。[2]

夏禹龙和冯之浚（1982）、何钟秀（1983）等学者结合中国区域非平衡发展的国情，用梯度发展战略理论分析了我国东、中、西部经济发展水平存在差距，形成经济技术水平的发展梯度，提出为降低国家经济整体发展的阻力，率先让高梯度位置的东部发展，进行资本累积，创新科技，进而带动中西部发展。

第三节　产业发展相关理论

产业是由参与社会生产劳动过程的技术、物质、资金等要素及其相互联

---

[1]　黄信灶、朱玉福：《西部欠发达地区被"双重极化"问题研究》，《贵州社会科学》2008年第6期。

[2]　李具恒：《区域经济广义梯度理论内在的广义梯度推移机理研究》，《西北人口》2006年第6期。

系所构成的社会生产组织结构体系。① 产业本身就是复杂的系统性概念。某产业的形成必然会引起其他相关产业的演变与发展。产业发展相关理论主要包括产业选择、结构优化、发展演变及空间布局等相关理论。

一、产业选择理论

(一) 比较优势理论

18 世纪,英国古典经济学家亚当·斯密(Adam Smith)最早提出比较优势相关理论。斯密的"绝对优势理论"认为,任何一个国家和地区都具某一种商品生产的绝对优势,每个国家通过生产自己具有绝对优势的产品或者服务来进行国际分工和国际贸易。英国另一位古典经济学家大卫·李嘉图(David Ricardo)发展及修正了"绝对优势理论",提出了依照生产成本的相对差别而实行国际分工和贸易的"相对优势理论",他认为国家根据自身发展程度有选择性的将自己的产业结构重点放在不同的产业上,例如发达国家技术与资本要素充裕,具有比较优势,所以应重点发展技术或资本密集型产业,而不发达的国家在劳动力和原料供给上具有比较优势,所以应将自己的产业发展重点放在原材料等初级产业上。日本经济界将以上论述统称作"静态比较优势理论",进一步提出了"动态比较优势理论",认为政府必须扶持和帮助那些具有发展潜力的产业将目前自身的劣势产业转变成优势产业,最后利用这些优势产业来驱动国家经济快速发展。

(二) 不平衡发展理论

赫希曼(1958)在《经济发展战略》中运用了"战略性产业"概念,认为欠发达国家因资源稀缺,不可能将资源同时投入到国民经济各部门,而是按一定的优先顺序或不同的速度来发展,使有限资源在促进经济增长中发挥最大效用。赫希曼引入其他部门与某一部门的生产与投入的经济活动间存在的"关联效应"来分析不平衡发展机理。认为在产业规划发展中,应先发展后向关联度较高的最终产品产业(后向关联即指一个产业和向它提供投入的产业之间的联系),以此来影响和带动其他产业的发展。这称之为"赫希曼基准";若一个产业与其他产业具较强的前向及后向关联关系,那么率先发展该产业将有利于带动与之相关产业的发展,进而推动整个国民经济的发展。②

---

① 杜静:《产业发展理论探析》,《山西财经大学学报》2009 年第 11 期。
② 王辉:《中国农村居民收入不平等问题研究——经济增长、消费与技术进步的视角》,山东大学博士学位论文,2011 年。

（三）经济发展阶段理论

华尔特·惠特曼·罗斯托（Walt Whitman Rostow）在《经济增长的阶段》（1960）中指出，可根据一定技术标准将人类社会发展划分为几个阶段。如传统阶段、为"经济起飞"准备阶段、"起飞"阶段、向成熟推进阶段和大量消费阶段。[①] 1971 年，罗斯托又补充了一个"追求生活质量"阶段。他认为，从低级到高级经济水平的发展是每个国家必经的过程，所以其不同时期内的主导部门也就存在差别。借鉴罗斯托的经济成长阶段论中主导部门的理论，培育和发展我国战略性新兴产业，对于实现经济起飞有着重要的理论指导意义。

二、产业结构优化理论

产业结构是指各产业在区域经济中所占的比重及地位。产业升级包括产业结构调整及优化，产业整体效率的提高，产业整体层次提升和发展模式转变等。

（一）熊彼特的创新理论

1912 年美国经济学家约瑟夫·阿罗斯·熊彼特（Joseph Alois Sehumpeter，1883—1950）首次于《经济发展理论》中提出创新理论[②]，并在《经济周期》《资本主义、社会主义和民主主义》中加以运用和发挥。[③] 熊彼特从动态发展研究角度，定义"创新"是生产体系下要素同条件以五种方式形成的有机组合，包括：设计出新产品或新质量标准；采用一种新的生产方法；开辟一个新的市场；获得生产资料的新供给源；实行新的企业组织形式等。其最大特征是突出技术与方法的变革性创新对经济发展的作用。

（二）波特的竞争优势理论[④]

1990 年，哈佛著名战略管理学家迈克尔·彼特（Michael Porter）于《国家竞争优势》中提出"国家竞争优势理论"，认为国家产业竞争力决定要素有四个：生产要素条件（包括人力资源、天然资源、知识资源、资本资源、基础设施），需求条件（主要是本国市场需求），相关产业及其支持产业的发展战略（即这些产业与其相关上游产业是否具有国际竞争力），企业的战略、

[①]　参见华尔特·惠特曼·罗斯托：《经济增长的阶段》，中国社会科学出版社 2001 年版。

[②]　创新起源于拉丁语，原意有三层含义：更新、创造新的东西、改变。熊彼特认为创新是经济生产过程中的内生变量，"创新"是经济增长的源泉和驱动力。

[③]　参见吴宇晖、张嘉昕：《外国经济思想史》，高等教育出版社 2007 年版。

[④]　参见迈克尔·波特：《国家竞争优势》，中信出版社 2012 年版。

结构与竞争。① 这种价值体系也被称为"钻石体系"或"钻石模型"（Michael Porter diamond Model）。

（三）贝恩的产业结构优化理论

美经济学家贝恩（J.S.Bain）于《产业结构的国际比较》（1966）中，认为产业结构是指产业经济整个系统的内部构成。产业结构优化实质是产业结构向高级化及高度化演变的过程。高级化过程中包括了结构升级与质量提高、产业间优势交互演替等过程，是一种创新成果。产业结构的高度化是指结构知识化、技术化、加工度化和高附加值化等综合提高的过程，是一种动态优化过程。②

三、产业发展演变理论

随着社会经济发展，产业也会与时俱进地实现进化和演进。从各个国家历史发展经验来看，产业的发展演进是一种长期动态过程，在其发展各个阶段，具有明显的阶段性特征和差别。有很多学者都对产业发展演变规律做出探究，具有代表性的如克拉克、库茨涅茨及霍夫曼等。

（一）配第—克拉克定律

1691 年英国经济学家威廉·配第（William Petty）提出了资源在产业之间的流向问题，初步指出，制造业相对农业、商业相对制造业能够创造更多收入，产业间存在的相对收入差距驱动着劳动力资源在不同产业间流动。

美国经济学家约翰·贝茨·克拉克（John Bates Clark）在配第研究成果基础上，把社会经济活动划分为三大产业，研究了劳动力在三大产业中的流动规律并提出了配第—克拉克定律。该定律认为随着产业发展和劳动力收入提高，劳动力会逐渐按照第一、二、三产业顺次流向性迁移。

（二）库茨涅茨的产业演变理论

西蒙·史密斯·库茨涅茨（Simon Smith Kuznets）继克拉克后，更侧重于产业发展演变的诱因等方面的探讨。他深入探究了劳动力及国民收入在产业间结构化演变的一般规律。他根据劳动力收入及分布两个方面，将三次产业依次称为农、工、服三部门，并发现随着经济发展，三大产业部门实现国民收入占总国民收入比重的增长幅度依次变大，其中农业部门实现国民收入表现为持续性负增长；而劳动力在三大部门的演变规律基本符合克拉

---

① 陈秀山、张可云：《区域经济理论》，商务印书馆 2003 年版。
② 高志文、李莉：《优化产业结构的路径选择》，《首都师范大学学报（社会科学版）》2011 年第 6 期。

克三次产业分布流向规律。但是,农业部门及工业部门各自实现的国民收入同劳动力相对比重变动呈现正相关关系,服务部门实现的国民收入同劳动力相对比重无稳定性变动规律可循。

（三）霍夫曼定律

上述两个学者所研究的实质是一个国家工业化演变的过程及动因,即"工业化"进程。德国经济学家霍夫曼（Waltber Hoffmann）在其《工业化的阶段和类型》（1931）中开拓性地进一步分析了工业结构演变规律。他根据近20个国家的时间序列数据,分析了制造业中消费资料工业的净产值和资本资料工业净产值的比例关系,发现在工业化进程中这一比例关系是递减的,称之为"霍夫曼定律"。

四、产业空间组织理论

空间组织理论是一种致力于城市空间发展研究的理论,主要包括自组织和他组织两种理论。城市的空间组织是城市在某个地域空间上自然生长和人为的他组织的融合作用下形成的城市空间特定发展阶段的一种空间结构形式。

自组织理论是在耗散结构理论基础上发展成的一种系统理论。由耗散结构理论延伸出的协同学、突变论、超循环等相关理论融合成了一个体系比较完善的系统组织理论。德物理学家哈肯（H.Haken,1976）认为系统是他组织及自组织组成;如果一个系统在形成进程中没有受到外部任何干扰性影响,则称系统为自组织系统。

20世纪80年代初,我国著名科学家钱学森对自组织理论有自己的观点,他认为系统自组织就是系统本身可以通过自身内部调节使得内部原来的结构变为新的有序结构。美生物学者冯·贝塔朗菲（L. v. Bhertalanffy,1937）认为,系统是各作用元素的综合体。后来,他在《关于一般系统论》（1945年）论文中,详细论述了系统论的基本概念和一般原理,此后,相继出现了"系统方式"和"系统分析"等有关概念。从系统概念来看,系统具有本身六种特征,即整体性、系统关联性、层次性、开放性、系统的动态性、协调性。[①]

哈肯（Hermann Haken,1982）的"协同学"理论是通过对多学科中的非平衡有序结构形成的现象研究,揭示了系统形成的基本规律。他认为,自组织是系统内的各要素在一定程度上积累的平衡,并演化发展的重要环节中

---

① 胡学军:《一般系统论视角下民事诉讼的系统特征》,《理论月刊》2007年第2期。

经过内在的积累和酝酿而发生变化的动态过程。

1. 产业集群理论

产业集群理论思想源于马歇尔（Alfred Marshall，1890）的外部经济理论和韦伯（Alfred Weber，1909）的工业区位理论。后为了使产业集群研究规范化，迈克尔·波特（Michacle Porter，1998）于《国家竞争优势》中初次将产业集群定义为：特定产业领域相关联的公司和相关组织在同一地域空间集中的现象。

同时，在产业集群内在机理的研究领域，马歇尔、熊彼特的贡献不可忽视。比如，马歇尔给出了"内部规模经济"及"外部规模经济"两大定义以及从产业劳动分工和外部规模经济的角度分析集群创新力、竞争力等，大大充实了产业集群研究。马歇尔认为，外部规模经济是众多性质相似企业集聚于同一片区而形成的。企业集聚在该区域内可以降低劳动力的成本和辅助生产成本，并通过人与人之间的关系促进知识、信息溢出，从而使该区域内的企业生产效率快速提高。[①]

产业集群是基于产业分工基础上的竞争性配套与合作模式，是具有链条与配套功能、分工明确、交易成本低、人才与资本集中、科技创新领先、公共服务便利等优势集中的，较有竞争力的综合体。[②]

2. 产业区理论

国内外学者对新产业区概念及类型的界定与划分都不一致。意大利贝卡提尼（Becattini，1990）指出，新产业区是某一个特定地区内相同环境背景的企业及人员集聚而成的一种新地域生产综合体。到 1996 年，玛库森（Markusen，1996）对新产业区的内涵以及相关理论进行了扩展，并提出了新产业区的类型，他将新产业区分为边界、资源和新贸易导向等类别。一些西方学者同样也以地区网络性及根植性两大特性来甄别新产业区的形成，并总结了其具体特征。总体上，因各新产业区形成历程不同导致各自特征有所不同。

在 20 世纪 80 年代，美国的赛伯（Sabel，1984）、皮埃尔（Piore，1984）、布鲁斯科（Brusco，1989）等学者提出了新产业区生产方式变革的标志性理论——"柔性专业化"概念。从此以后，各国家接二连三的产生了相关的"新产业区"概念。比如：欧洲 GREMI 小组（1985）提出"创新环境"概念；斯科特（Scott，1988）和斯托普（Storper，1997）提出的"新产业空间"和"非贸易

---

① 马歇尔：《经济学原理》，远方出版社 2011 年版。
② 谭炳才：《产业集群发展形态与转型升级机理研究》，《广东科技》2006 年第 8 期。

相互依存"等概念；英国的库克库克（Cooke，1992）等提出的"区域创新系统"概念；斯瑞夫（Thrift，1992）同埃米（Amin，1992）等提出机构密度及制度氛围的"新产业区"概念；美国波特（Porter，1998）提出的"产业集群"概念。这些研究从不同侧面、不同角度对"产业区"现象进行了理论分析。

我国学者王缉慈（2000）以北京中关村为例，以新产业区理论的视角，研究了北京中关村发展模式，并指出新产业区理论对我国经济研究的重要性，应借鉴国外相关研究，结合实际，深入研究产业布局理论。王兴平（2005）总结归纳了新产业区的概念以及相关理论，他认为新产业区理论虽以论资本主义制度为背景，研究对象不同，但也具深层内在联系，该理论对我国新产业空间集群发展研究具很强的指导作用。

3. 区域生产综合体理论

区域生产综合体理论的形成思想起源于前苏联。1926 年 H.H.巴朗斯基在《苏联经济地理》一书中提出了如何构建区域动力生产综合体的思想与方法。还有 H.T.亚历山大罗夫提出制定并实施区域生产综合体方案等。这些均为该理论的产生与发展铺平了道路。1948 年，欧洲地理学家 H.H.科洛索夫斯基首次对"地域生产综合体"给出明确定义：一定地域或经济区、经济亚区上若干生产企业和居民点的相互制约或者从属关系的组合。它们之间联系密切，而且地域生产综合体能够转变为联合体的潜能。地域生产综合体是社会分工下由地理、技术形态和自然资源等形成的组合体。后来他还提出了地域生产综合体的目标、原则和方法，进一步丰富了地域生产综合体理论的内容。

从 20 世纪 50 年代开始，国内外学者广泛关注了地域生产综合体理论，并且进一步完善了该理论，逐渐形成了地域生产综合体理论体系。有些学者认为，地域生产综合体是某区域内以资源优势为依托的专业化部门、配套协作部门、工业部门以及公用工程等组成的生产有机体。还有学者从外部联系和内部联系的角度出发，强调地域生产综合体的专业性和综合性的核心地位。

此外，西方学者也进对"综合体"进行了研究。比如，运用投入产出法和扩产成本法，对产业空间进行研究，得出工业综合体的含义，从而又进一步完善了地域综合体的理论体系。

第四节　生态经济理论

生态经济是以绿色经济活动为中心，经济理论和生态学原理为基础，生态经济二元复合系统为研究对象的一门新兴交叉理论。通过对该系统结构、功能及内部矛盾运行机制的分析,来探究生态与经济二元系统耦合式发展规律,并以此指导二者协调持续发展。生态经济学以美国经济学家肯尼斯·博尔丁的《一门新的科学——生态经济学》的发表为诞生标志,此后,他在《即将到来的宇宙飞船——地球经济学》(博尔丁,1966)中形象指出地球如小型飞船,其空间内人口暴增、资源有限、环境容量趋于饱和,三者发展愈发矛盾,突出了生态经济发展的迫切性,被视作生态经济理论的奠基之作。二十世纪后期,我国著名经济学家许涤新首倡开展中国生态经济研究。四年后,以北京为中心的生态经济学会在全国遍地开花,大批学者投身生态经济学研究事业,众多高价值科研成果逐渐被应用到生态经济发展实践中来。

生态经济学理论将日常经济活动中所涉及要素间的转化、加工、传递等内生化于自然生态系统,二者是整体和部分的关系,也是包含及被包含的关系,时刻相互作用、互依互存。其研究内容主要涉及以下方面:首先是生态经济基本理论。包括经济同资源环境协同发展理论、人的生存条件及需求等生态价值理论,生态经济系统构建和溢出效应理论等。其次是生态经济的布局及结构模型。从协同发展理论可看出,生态的维护或发展同人类社会经济发展存在着对立性矛盾,但是这个矛盾可以在把握二者发展关系的基础上进行调和,尤其是在人工生态系统复杂、人口稠密、生产与消费对原有生态系统作用大的城市,其发展更加需要矛盾调和性的统筹布局、规划发展,最大化发挥生态经济系统功能和效益。当下,农村可以利用地权、林权制改革时机大力发展生态型农业,培育发展新型生态产业链。在保持生态总体平衡的情况下,因地、因时、因要素合理制定规划发展现代生态型农业,为此,创新经济发展模式和研究各种组织、管理及经营经济发展模型是一项重大课题。

生态经济学理论研究具有以下四个特征:一是综合性。即生态经济学是建立在自然科学基础上并结合社会科学来研究经济问题的一门学科,它从生态经济系统的整体角度来研究自然生态与社会经济之间的关系问题。[①] 二是区域性。不同的区域具有不同的生态特征,也就需要不同的生态经济发展模式,所以对于特定的国家或地区要体现出特定指向的生态经济理论研究。三是层次性。从物质条件范畴划分的横向层次来看,主要是

---

① 刘孝成:《广义生态经济学的内涵及其应用》,《北京石油管理干部学院学报》2011 年第2 期。

指不同条件的不同区域有不同的生态经济理论研究。从知识问题范畴划分的纵向层次来看,主要指社会整体生态经济问题研究及各专业领域生态经济问题研究,比如以草原、森林、水域、农田及城市等为研究客体的生态经济理论研究。四是战略性。战略性与发展规划的制定密切相关,发展规划的制定不仅要考虑到人类物质与精神的需求,还要统筹整体与局部、长期与短期的经济效益。因此战略性是生态经济发展规划制定与生态经济实践成功的关键要素。

　　生态系统的循环完整性决定自身始终具备提供消费资源和净化生存环境的两大功能,若无此两大功能,社会经济无法发展,反之,生态系统也不能够得到持续性维护和发展,二者互为存在和发展条件。但是在人类为实现经济发展过程中,严重忽略了生态系统的维护和发展,直接表现为如低效利用、过度浪费和污染等一些不当的行为对生态系统造成严重的破坏。人类只有遵循科学发展观,不违背生态经济规律,在谋求经济发展的同时保护和发展好生态系统,才能够真正实现生态型经济发展。目前,生态系统资源短缺同人们日益增长的需求间矛盾为生态经济发展的主要矛盾,这一矛盾还在不断地加剧。从马克思生态经济视角来看,生态维护与发展同社会经济发展具有矛盾统一性。生态系统作为社会经济发展的基础,它决定着人类发展需求的各种要素供给,特别地如土地、矿产等资源。而人类经济实践又始终离不开自然生态系统的发展,对生态发展具有反作用。所以二者可以将矛盾内部化,在统一要求下进行协调发展。

一、产业生态学

　　随着工业的快速发展,迅速建立了以人类为中心、经济社会为主题的工业文明,最终形成了经济与生态环境复合系统下的工业型子系统。随后,在只关注该子系统的发展同时,忽略了其对整个复合系统的作用,导致自然环境被严重破坏,成为人类乃至自然界生物生存的重大威胁。为了解决因资源短缺、环境污染、生态失衡、产业系统失调而给自然界带来的重大威胁,就必须采用生态产业型的新的经济发展模式,因此产业生态学由此诞生。

　　传统产业生态学以"生命周期评价(LCA)"理论为基础,[①]是将生态学思想应用到工业建设体系,在改善原有工业系统的基础上,创新设计出新的绿色工业系统,主要是通过研究工业主体行为、产品与环境间的关系,为人类创造出绿色环保的产品和服务。现代产业生态学的含义已经从局限于工

---

①　赵秀栩等:《基于产业生态学的产品生态设计》,《机械设计与制造工程》2001年第3期。

业产业与环境的建设延伸到了人类所有产业活动与自然环境间的关系研究,欲把减小产业发展对生态的不良影响转化成产业生态学理论与实践研究的动力。为此,必须研究产品系统与自然生态系统的交互界面。自然生态系统是物质循环的起点和终点,既是产品的原料源,又是产品或残余物的汇,因此需要从不同维度的空间上扩展对自然生态系统动力学的研究,监测和分析片区的自然生态系统环境容量,精确测度自然生态系统的同化能力、恢复时间等其他有关该片区生态系统的真实信息。①

平衡产业系统物质产品输入、输出流是实现生态型产业发展目标的关键。循环论认为当下的环境污染、资源枯竭短缺等问题是产品循环系统中遭遇的物质阻滞或耗竭断流的结果。产品系统是人类与自然间的一个链接式交互界面,是生态系统的核心,其主要分为生产系统和消费系统,主要指为人类提供消费或服务的功能,包括原料采掘及生产,产品制造、使用及使用后处理等全过程。但是,因资源自身更新、流转在时空尺度具有滞后甚至枯竭等因素,造成产品系统在结构和功能上的错位和失调,导致社会行为在经济领域与生态领域产生矛盾性冲突,最终导致来自产品系统的环境污染和生态破坏。②

二、清洁生产理论

1. 清洁生产的概念内涵③

1996 年,联合国环境规划署对清洁生产的界定是:清洁生产就是为提高生态效率及降低人类与环境行为冲突的风险,在产品生产和服务过程中持续运用整体预防的环境战略性行为。它是以低能耗、无污染为核心而设计出的一种新型且具创造性的生产过程。在生产方面,它要求在高效利用能源和原料的基础上,尽量规避有毒物质的产生。产品方面,它要求在产品的生产、使用以及使用后的处置整体生命周期过程中对人类与环境的不良影响尽可能小;服务方面,必须将环境因子融入到所提供的服务设计当中。《中国清洁生产促进法》也从人类具体经济行为方面,详细给出了关于清洁生产的定义:清洁生产是指不断采取改进设计、使用清洁的能源和原料、采用先进的工艺技术与设备、改善管理、综合利用等措施,从源头降低污染的

---

①　杨建新、王如松、刘晶茹:《产业生态学理论框架与主要方法探析》,全国首届产业生态学与循环经济学术研讨会,2003 年 10 月 1 日。

②　杨建新、王如松、刘晶茹:《产业生态学理论框架与主要方法探析》,全国首届产业生态学与循环经济学术研讨会,2003 年 10 月 1 日。

③　陈军伟、张绍乐:《清洁生产理念、技术及管理模式研究》,《企业技术开发(下半月)》2010年第 10 期。

前提下,在提高资源利用效率的基础上,尽可能地减少或者避免生产、服务和产品使用过程中污染物的产生和排放,最大力度减轻或者消除对人类健康和环境的危害。清洁生产内涵广泛,普适性强,其宗旨包括两个方面,一是消除污染引起的后果,二是消除引起污染的本源。清洁生产是提高效益和减少污染的综合性生产方式,二者不能偏颇,其过程也必然涉及生产领域及管理领域,从这个角度来看,清洁生产也可视为清洁管理。具体表现在:第一,清洁生产是一种环境策略,应用于企业的不仅是一种技术,更是一种意识或思想;第二,清洁生产要求企业对自然资源和能源的综合利用要尽量做到科学、合理;第三,清洁生产不仅能为企业带来经济效益,也能带来环境效益和社会效益,并且能够使得综合效益最大化。

2. 清洁生产的主要内容

第一,清洁生产要素的利用。清洁利用燃料能源,加快以节能、清洁替代为主的技术创新速度,提高能源等利用效率,寻找新型清洁替代能源。第二,清洁的生产过程。采用低排清洁的生产方式;采用高新生产设备;尽量避免添加有毒害的原料;排除及净化生产中所产生的各种危害元素;组织物料的再循环;精化生产工艺与管理;以清洁、高效的生产为原则,对于生产后的污染等进行必要的再处理和再循环利用。第三,清洁的产品。产品在具有强功能和长寿命的前提下,应对人类和自然环境无害;产品在丧失原有属性功能时还应具可回收、再利用等附属功能。清洁生产还要有两个过程控制:一是产品生命周期过程控制。即利用运筹学对产品的加工、成形和使用直到废弃再利用的整个生命周期资源和能源消耗过程采取积极措施,使其最小化,达到清洁生产、节能的目的。二是生产全过程控制。即为防止对生态产生破坏,造成污染,必须对产品开发—规划—设计—建设—生产—运营管理的全过程进行严格控制。清洁生产因与传统粗放工艺的生产区别而生,其动态、相对的属性突出了其具有持续不断改进的良好特征。推行普及清洁生产,本身是一个生态产业塑造的过程,随着人民经济生活水平和生产技术应用水平的不断提高,需要适时地提出新的高匹配性目标,力争使清洁生产下的经济效益再上一个台阶。

3. 清洁生产的目标

清洁生产总目标就是在提高各要素利用效率前提下,最大限度地降低或避免环境污染,保护及净化环境,保证人类健康,促进经济社会与生态环境的协调、可持续发展。①

---

①　陈伟立:《企业清洁生产共性分析》,《科技咨询导报》2007 年第 24 期。

第一，高利用，低能耗。即通过资源利用的合理规划与设计、替代型绿色能源的开发、二次能源的再利用，以及采用各种节能、控耗、节水措施，高效利用自然资源，降低能耗量，防止资源过度耗竭。

第二，使经济和环境效益同步，保证经济和环境协调发展。通过降低废料等产品汇的生成，保证产品的生命周期同环境发展过程相容，消除生产对人与自然的危害风险，实现产品生产、消费等全程的经济与环境效益相统一。

以上关于产业生态学方面的理论直接为本书研究的灾区生态与产业协调发展课题提供了有力的理论支撑，从产业生态学的认识，到清洁生产的思想输入，再到循环经济模式的应用性介绍，为本书提供了清晰的灾区后重建时期关于生态与产业重建的协调发展路径。

三、循环经济理论

"循环经济"概念由美国经济学家肯尼思·博尔丁针对宇宙飞船系统的运行及补给机制研究后首次提出。使孤立无援的宇宙飞船延缓寿命的唯一方法就是要尽量减少废物排放实现其内部的资源循环。刚开始，人们只关注污染物净化处理，所以循环经济的提出只是一种概念，并未真正得到有效验证。直到20世纪后期，人们才意识到应将废弃物采用资源化循环再利用的方式进行处理。紧接着，在可持续发展战略风靡全球背景下，循环经济才以环保、绿色生产与消费、废物循环利用等整合成的理论体系以经济战略形式出现，并在实践中得以初步实现。

发展循环经济是转变经济增长模式的重要举措，尤其是我国西部灾区灾后后重建时期的生态与产业协调发展更要重视发展循环经济。循环经济就是强调高效、清洁、节约、再利用等重内涵的集约型发展模式，颠覆了粗放重外延的单纯依赖资源的传统线型发展模式，是一种绿色经济增长方式，已成为经济同环境协调发展的生态经济系统构建的一体化战略。循环经济内涵实质就是生态经济内涵，它要求用科学发展观下的生态学规律来指导人们实践新的经济发展模式，而非机械的只局限于经济学理论。[①] 传统经济是一种由"资源—产品—污染排放"单向流动的线性经济，人们盲目地消耗物质资源，大量制造和排放污染物，但对自然环境的破坏置于不顾，所形成的经济发展模式具有高开采、低效率、高排放等粗放型特征。而循环经济所倡导的则是一种经济与资源环境协调发展的生态经济发展模式，它要求将经济运行成一个"资源—产品—再生资源"的反馈式经济模式，其呈现高创

---

① 李健、顾培亮：《面向循环经济的制造系统运行模式》，《中国机械工程》2011年第11期。

新、低开采、高效率、低排放、再利用等特征;①要把所有的物质资源能够融进经济发展的循环利用当中,把经济发展和资源环境和谐发展的协调度发挥到最大。

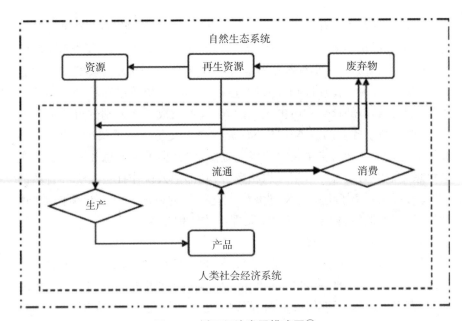

图1-1　循环经济发展模式图②

循环经济遵循减量化(Ruduce)、再利用(Reuse)、再循环(Recycle)的"3R"原则。③

1. 减量化原则

减少进入生产和消费流程的物质,又称减物质化。换言之,对于废弃物的产生必须预防而不是先产生后治理。

2. 再利用原则

尽可能多次地以多种方式使用物品。通过再利用,可以杜绝物品的垃圾性生成。

3. 再循环(资源化)原则

---

① 李玉基:《生态文明:〈循环经济法〉的基本理念》,《甘肃政法学院学报》2008年第3期。

② 黄寰等:《以自主创新优化实现西部农业人地和谐——以四川省为例》,《科技管理研究》2009年第2期。

③ 刘炜、陈景新、张建军:《基于循环经济的城市垃圾资源再生开发利用的思考》,《企业经济》2006年第10期。

尽可能多地通过技术创新对非原料性物质再生利用或资源化。资源化的方式主要有原级资源化和次级资源化。所谓原级资源化是将消费者遗弃的废弃物资源化后形成与原来相同的新产品；而次级资源化是将废弃物变成不同于原来的新产品。

循环经济对于现代社会经济发展意义重大。一方面，循环经济理论对传统经济学提出了挑战。传统经济学理论最基本的假定就是"理性经济人"的假定，其假设一切经济人都是根据自身利益的最大化来安排或实施自己的经济行为。在理性经济人的范式中，不同历史阶段和不同社会阶级中具有十分具体的社会和历史属性的人，被抽象成了无差别的鲁滨逊式的个人，他们基于各自的成本—收益计算的自由交易创造了整个世界。[1] 马克思从整体主义和历史主义视角将人看作是"社会关系的总和"，马克思主义思想无形中与生态经济学思想相契合，其都把人视作社会历史和自然的一部分，将人剥离了个体主义利益最大化行为的束缚，所以，必须松动"理性经济人"的假定，传统经济学发展理论才能促进生态经济学实践的应用与发展。

另一方面，循环经济丰富了主流经济学"效用最大化"的理论内涵。现代经济学通过安排理性经济人的经济行为来以最小的成本获得个体最大的收益，直接表现为个体效用最大化问题或是人类社会效用最大化问题，也进一步推进了对公平和效率的研究。但是循环经济从人与自然和谐发展的整体性角度将效用最大化延伸到了整个生态体系当中，从和谐发展的角度来考量公平与效率问题，打破了传统发展的效率观，将生态效率应用于经济和资源环境和谐发展的考量体系当中，进一步丰富了传统经济学"效用最大化"的内涵。

四、低碳经济理论

近年，低碳经济研究已成为生态经济理论研究的一大热点。英国于2003年便出台了《我们未来的能源——创建低碳经济的国家》发展战略书，规划到二十世纪中叶成为低碳经济国家。由此，"低碳经济"（low carbon economy）概念风靡全球。低碳经济主要是指在社会经济发展建设过程中，能够牢牢抓住能源基础设施更新的时机和低碳高新技术的优势，形成低碳技术产业链及低碳产品市场，进而达到可持续发展的目的。从这一角度来说，低碳经济实质就是一种经济产出，通过高新技术的不断革新，可以创造

---

[1]　林岗、张宇：《产权分析的两种范式》，《中国社会科学》2000年第2期。

出更多的需求,能够形成环保性新型市场,也为居民提供了更多的就业机会,从而提高了人民的生活标准和质量。

关于低碳经济的定义,不同学者持不同观点,其中最具代表性的是英国环境学家鲁宾斯德给出的新型经济发展模式说,其认为低碳经济以市场机制为核心,利用政策、体制创新来推进低碳技术创新,提高能源开发及利用效率,实现能源可再生性,最终促进社会传统经济模式生态化变革。一些学者还将低碳经济当作工业化后期形成的特殊经济形态,属于工业社会发展的一部分,其核心为低化石能源或是低温室气体排放型经济,也是实现科学发展的唯一路径。

中国理论界同样指出低碳经济是一种以能源技术及减排技术的创新为核心形成的高效用、重环保、高创新为特征的经济发展模式。但周生贤认为低碳经济的发展必然触及物质生产、价值观念及国家战略的各方面变革。所以,他在经济发展模式说的基础上对低碳经济的核心进一步概括,认为其核心应是制度创新及发展观的转变从而带动技术创新,本质是达到资源高利用的同时开发并构建清洁资源消费结构。庄贵阳认为低碳经济本质就是一场资源革命,核心就是围绕技术和制度创新,来提高资源利用效率及明晰清洁消费结构问题,以形成温室气体排放少,气候得到改善的环保型经济运行模式。付允等(2008)认为低碳经济是一种围绕低能耗、低污染、低排放目的,以低碳为主攻方向,以节能减排为综合发展方式,以碳中和技术为发展动力的绿色经济发展模式。[1] 刘传江(2010)将低碳经济划分为以下几个理解层面[2]:第一层是在一定时间内温室气体排放增长速度远小于 GDP 增长速度;第二层面是人均碳排放量越来越少;第三层面是碳排放量增量呈现负值,即排放量值绝对下降;第四层面是通过技术创新,新能源的开发与运用,区域内产业结构的优化与转型,实现区域内零碳排放量。以上四个层面理解分别对应着从高碳耗、高排放向低碳耗、低排放,甚至是零碳排放过程转变的四个不同阶段,从这个角度来看,低碳经济是这四个阶段的总括。2009 年,中国环境与发展国际合作委员会的《中国发展低碳经济途径研究》报告指出:"低碳经济"是与传统经济体系相比在生产和消费中能够节省能源、减少温室气体排放,同时还能保持经济和社会发展的势头的一个新的经济、技术和社会体系。

---

[1] 付允、马永欢、刘怡君等:《低碳经济的发展模式研究》,《中国人口资源与环境》2008 年第 3 期。

[2] 刘传江:《低碳经济发展的制约因素与中国低碳道路的选择》,《吉林大学社会科学学报》2010 年第 3 期。

　　纵观国内外各学者与研究机构对低碳经济的界定,可以从广义和狭义两个角度给出低碳经济的精确界定。从广义角度,低碳经济是以能耗、排放及污染三"低"为特征,建立低碳生产体系和消费模式,以低碳技术、制度政策等创新的配套支撑体系为建设途径,以较低甚至零的温室气体排放获得最大产出效益的新型社会经济发展模式。低碳经济最直接和最主要目标就是降低温室气体排放,缓解大气变暖难题。从狭义角度,低碳经济是以清洁替代技术创新前提下改进碳燃料型能源的消耗技术,实现温室气体尤其是二氧化碳最少排放的一种经济运行模式。

　　对低碳经济还可以从其他角度理解。从科学发展观角度,低碳经济是在传统化石燃料形成的工业文明基础上,利用技术与制度的不断变革,改变人类原有的经济活动与发展方式,逐渐步入生态型经济发展模式。从效率角度,低碳经济本质旨在提高及改善传统能源利用效率及结构,形成以低能耗、低污染为特征的经济运行模式。此外,低碳经济发展模式主要包含三个层面内涵[1]:一是宏观层面的低碳发展方向,二是中观层面的节能减排的发展方式,三是微观层面的碳中和技术的开发及利用。

第五节　灾害经济学

　　灾害经济学并不是研究灾害的自然属性,而是研究灾害的社会经济属性,即研究灾前、灾时与灾后的社会经济关系。

一、灾害经济学的定义

　　我国灾害经济学研究的倡导者于光远先生曾对灾害经济学下了一个初步的定义:"关于灾害经济学,无非是研究灾害所造成的经济损失,救灾、防灾的费用和投资,防治灾害的经济效益,历史上灾害损失的计算方法,对灾害的保险等等。"[2]灾害经济学是从经济学角度来研究灾害问题,即在灾害条件下如何配置稀缺资源,如何处理灾害与企业、家庭或个人的经济关系、灾害与各部门的经济发展关系、灾害与整个经济的宏观关系等。简而言之,灾害经济学是一门运用现代经济学原理和方法来研究人类社会与灾害之间经济关系的经济学分支学科。[3]

---

① 段红霞:《低碳经济发展的驱动机制探析》,《当代经济研究》2010 年第 2 期。
② 徐志鸿:《关于建立灾害经济学的若干探讨》,《灾害学》1987 年第 3 期。
③ 唐彦东、于汐:《灾害经济学研究综述》,《灾害学》2013 年第 1 期。

二、灾害经济学的研究内容与框架

灾害经济学的主要内容包括：灾害损失评估、减灾理论、灾害短期经济影响、灾害与长期经济增长、灾害风险管理和灾后恢复重建理论等。

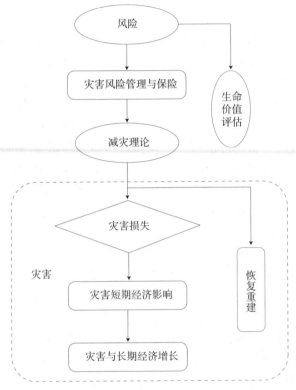

图 1-2　灾害经济学研究内容框架结构图

从图 1-2 可以看出，灾害经济学的核心是灾害经济损失评估理论。该理论分为三部分：一是灾害损失评估理论基础；二是衡量灾害损失对福利变化的影响问题；三是福利衡量的指标。灾害会破坏一些在市场上进行交易的物品，这些物品的价值具有市场价值，包括财产的损失、收入的降低以及产量的下降等；灾害也会带来一些不能在市场中交易物品的损失，这些物品不具有市场价值，或难以在市场中衡量，这些物品是非市场产品，称之为非市场价值评估；短期内，灾害主要对经济变量产生影响；长期内，灾害主要对宏观经济变量产生影响，包括 GDP、失业率、物价水平和财政收支等。生命价值评估理论是研究生命价值评估的人力资本及支付意愿方法。灾害风险管理是研究风险识别、风险估计、风险评价和各种风险管理措施。减灾理论是研究减灾的基本原则及成本收益方法。恢复重建理论是研究最小补偿投资理论和恢复重建的索洛模型。①

三、灾害经济的基本原理

（一）周期性发展原理

自然灾害的发生一般都存在着准周期性的变化规律,伴随这一规律,各项人类经济活动也相对呈现出准周期性变化的过程,并渗透在人类社会生活及社会心理的各个方面,从而形成了"灾害—社会"经济系统的准周期性变化。该变化可以概括为中短周期性振荡与长期性的波动。在中短时间尺度上,自然灾害一般都具有由集聚、爆发、扩展、消散和再集聚等组成的四位相变化,作为影响因素,社会经济活动也呈现出四位相的准周期变化过程,于是形成了灾害与社会经济活动相互强化型和相互抑制型的准周期性振荡。在较长期的尺度上,灾害的变化多表现为灾害群发期和少灾稳定期交替出现的准周期性,作为对这种自然周期的响应,人类社会的发展则呈现出朝代兴衰更替的周期性波动,灾害与社会、政治、经济等因素互为因果、互相强化,是造成这种周期性振荡的根本原因。

（二）连锁反应原理

在灾害学研究中,灾害学家都肯定"灾害链"的客观存在,即一种灾害的发生往往引发其他灾种的发生,最终造成灾害的群发,这在自然灾害中表现得尤为明显。在经济发展过程中,经济链与灾害链一样,也是客观存在的,任一环节发生问题,都必然导致整个经济发展受阻。灾害经济学中的连锁反应原理是指由于灾害或灾害链的原因导致经济链的连锁反应,它是灾害与经济的结合体。灾害与灾害链是经济链失常的原因,而经济链失常则是灾害与灾害链影响的结果,这一客观结果通过具体的受灾对象或受灾体进一步波及其他经济环节。在实践中,灾害经济连锁反应存在着递缩或递扩的现象。所谓递缩,是灾害经济链的最初环节损害大、影响大,越到后来,其损害及影响就越小;所谓递扩,即是灾害经济链的最初环节损害小、影响小,越到后来,其损害与影响就越大。发生递缩现象是最初受灾的链节最关键,余后依次递减;发生递扩现象则是越是后边的链节越关键,其后果就是不断地放大灾害。

（三）标本兼治原理

治标的经济学意义在于,它是通过灾害发生前夕或发生后的经济投入

---

①　唐彦东、于汐:《灾害经济学研究综述》,《灾害学》2013年第1期。

来防止灾害损失的扩大化,并尽可能地以最快的速度恢复受灾地区和受灾人口的正常生产与生活秩序。它的特点是临灾应急之策有投入少、见效快但效果持续性差的特点。治本的经济学意义在于,它是通过灾害发生前的经济投入(包括人力、资金、技术等投入)来建筑各种防灾工程或化解有关致灾因素,将某些灾害与灾害损失消灭在萌芽或潜伏状态,以避免或控制某些具体的灾种与灾害损失的发生。治本的特点是具有预先规范性、持续性好、主动性强但投入大见效慢的特点。治标与治本的关系是短期对策与长期对策最优结合的关系,不存在相互排斥,从长时间来看,治标过程会产生潜在的治本的作用,治本过程也会显示它治标的功能。在实践中应当将两者很好地结合起来,标本兼治,标本并重,协调发展。①

---

① 唐彦东、于汐:《灾害经济学研究综述》,《灾害学》2013 年第 1 期。

第二章 灾区重建中生态与产业协调发展的国际经验借鉴

第一节 日本灾后重建的经验借鉴

日本因自身地理环境以及生态条件,经常受到地震、海啸、强台风以及暴雪等灾害的侵袭,如 1995 年阪神大地震,再如 2011 年日本东北海域爆发里氏 9.0 级大地震并诱发海啸,因地震影响,福岛第一核电站机组发生核泄漏……一次次的灾难(见表 2-1),既给日本带来深重压力但同时也赋予了其灾区发展的动力。多年来,日本对灾后救援与重建建立了较为先进的法律体系和保障机制,形成了较完善的灾害防护系统以及危机管理机制,这些宝贵经验值得我们借鉴学习。

表 2-1 日本近百年部分 6 级以上地震事件简况表

时间	地点	震级	人员伤亡
1923 年 9 月 1 日	东京	7.9 级	142807 人死亡
1927 年 3 月 7 日	日本西部京都地区	7.3 级	2925 人死亡
1933 年 3 月 3 日	本州岛北部三陆	8.1 级	3008 人死亡
1943 年 9 月 10 日	日本西海岸鸟取县	7.2 级	1083 人死亡
1944 年 12 月 7 日	日本中部太平洋海岸	7.9 级	998 人死亡
1945 年 1 月 13 日	日本中部名古屋	6.8 级	2306 人死亡
1946 年 12 月 21 日	日本西部	8.0 级	1443 人死亡
1995 年 1 月 17 日	日本西部神户	7.3 级	6437 人死亡或失踪
2004 年 10 月 23 日	日本中部新潟	6.8 级	67 人死亡
2011 年 03 月 11 日	日本东北部海域	9.0 级	15885 人死亡,2636 人失踪
2015 年 2 月 17 日	日本东北近海	6.9 级	无伤亡
2015 年 5 月 30 日	日本小笠原群岛地区	8.5 级	数人受伤
2016 年 4 月 14 日	日本九州熊本县	6.5 级	9 人死亡,950 多人受伤
2016 年 4 月 16 日	日本九州熊本县	7.3 级	至少 32 人死亡,2000 多人受伤

一、经济社会重建经验

日本在长期灾害重建过程中吸取经验,真正做到让灾区重建不再是复原性修建,并且使之与城市的发展密切联系起来。

（一）完备的法律条例

灾害频发虽让日本损失惨重,但是在灾后重建过程中,日本逐渐推旧建新,确立了相关较为完备的法律系统。1924 年,日本已将抗震基准规定纳入国家建筑法规制定中,1981 年履行的《建筑基准法》修订版施行至今,同期展开了地震灾后建筑应急危险度判定的研究工作。建筑应急危险度判定是极其重要的,由于在地震发生之后,尚未倒塌的建筑在余震等其他外力的作用之下,会发生进一步的损坏,由此,若不及时对这类建筑进行鉴别及标识,就可能引起更多的人员伤亡。所以,灾后建筑应急危险度判定是防止灾后次生灾害的有效手段之一。《日本现行法总览》中关于地震的法规有 132 部,分为四个类别:防灾基本法、地震防灾减灾及应急援助法、灾后重建法和建筑抗震法,上述有关法案与制度的建立,从政府层面为确保灾后重建提供了法律制度与经费的保障。在这些法律规范的监督约束下,确保了日本灾后重建有法可依、高效推行。①

（二）合理的资金支持

由于积累了多年地震灾后重建的经验,日本震区的重建资金已形成了广泛的来源,且各类资金有明确的使用原则。日本重建基金主要有两类:一类是由政府投入的基本基金;另一类是投资基金,来自于企业及社会对产权独立、形象明显性项目的募捐,此类基金无需政府过多支持,所以日本政府重视为民间资金打通渠道,以缓解财政压力。例如,2011 年大地震后日本经济受阻,又由于海外资金大量回流以及投机行为使日元不断走强。在这样内忧外患的情势下,日本政府出手迅速,先制定"量化宽松"货币政策维护金融市场稳定,为灾区重建资金提供保障,然后联合 G7 成员国抛售日元,买入美元,以达到稳定日元升值趋势的目的。在 2011 年地震发生后半年内,日本央行向市场注资超过 60 亿,日本政府通过《复兴基本法案》发行"复兴债",并由央行全部购入,从而稳定日元。从而,这一债务不仅推进了重建工作的实施,并且让日元汇率不至于过大波动造成人民的负担。

（三）科学创新的重建模式

日本与许多国家的重建方案不甚相同,它并不意"恢复"城市原貌,而

---

① 张苏婕:《东日本大地震的灾后救助及对我国灾害救助体系的启示》,《劳动保障世界》2013 年第 7 期。

是借此机会进行产业的结构性调整,在重建的基础上更新产业,更快促进经济复苏。2011 年地震发生之后,"日经联"就此制订了《2011 经济成长战略》提出灾后重建与国家经济成长要一体化发展,并强调新兴技术及"无形投资"的关键地位。日本科技振兴机构研究开发战略中心(CRDS)调查也指出,大地震后的产业重建并不是简单的复旧,而是要结合当前日本面临的其他问题进行科学长效的重建。在把地震等灾害问题放在突出位置解决的同时,充分考虑是否能够解决其他并存问题,如人口老龄化问题、社会福利问题、就业问题。日本政府认为此模式重建才具有科学性与可持续性。其次,在重建过程中,注重利用灾区自身优势项目,因地制宜,发挥本地优势,不仅当地产业被更快地拉动而得到复苏,也防止了其他地区因大量向灾区投入人力、物力及财力造成经济再度滑坡。

(四) 优势产业重建

日本作为后工业化国家,非常善于依托产业进行灾后重建的,如:2011 年日本东北部海域大地震并诱发海啸,受影响的地区多以渔业为主,地震后针对该产业日本政府及企业自身都开展了一系列经济产业恢复工作。水产厅根据 2011 年 6 月出台的《水产复兴总体规划》,及 7 月颁布的《东日本大地震复兴基本方针》,全面推进受灾地区水产业的复兴。[①] 日本自 2011 年 5 月先后 4 次制定,共计投入总额达 8000 亿日元的财政补贴预算,并由国家财政提供支持实施了四个重大项目,其主要目的是保证渔业生产顺利健康的恢复。地震及海啸过后,受灾城市路面遭到不同程度的毁坏,恢复路面设施对开展后续的重建与救援工作十分重要。日本在道路恢复方面累积了大量经验,恢复效率极高,在地震过后 1 个月内使东北车道、常磐车道(核泄露警戒区除外)、国道等基本全线恢复。铁路方面,东北新干道于 2011 年 4 月 29 日全线恢复。航空方面,遭受严重破坏的仙台机场在经历紧张的抢修后,也重新恢复运行;港口方面,从青森县到茨城县的太平洋沿岸 21 个港口,在短时间内大多数也完全恢复。

二、生态重建经验

地震等自然灾害不仅会对人类生活设施造成破坏,也会造成生态环境的非平衡态演化;灾区经济社会在重建后随着各类要素的输入,形成了外在系统的很好沟通,可以在较短的时间内达到新的平衡而得以发展;受创的自

---

① 王国华:《东日本大地震后日本的渔业复兴政策及效果浅析》,《河北渔业》2012 年第 10 期。

然系统复原也是在打破了原有生态平衡态的情况下,需要通过人工干预为生态修复奠定基础,而且生态系统的恢复速度较之人类经济社会重建来说显得更为迟缓。所以要实现灾区的可持续发展,灾后重建将不仅仅是对经济社会的重建,同样还包括了对生态系统的修复。

日本政府历来重视灾后的生态修复工作,拥有了高可行性的生态修复经验。首先,日本重视生态在灾后重建工作中的战略地位,在各项政策中强调,忽略"生态先行"的重建工作是不可持续的。并且顺应自然规律,把生态修复计划列为需长期执行的任务,其规划期长达 10—20 年之久。再次,在进行科学规划后,不吝惜大量的投入,因为日本地震区域多处山区,以治山工程作为生态修复的基础一直是日本灾后重建的准则。除此之外,日本在生态修复上也制定了完备的法律保障,设有《严重灾害特别财政援助法》《保安林整治临时措施法》《滑坡防止法》《特殊地质灾害防止及重建临时措施法》等 10 余部与生态修复密切相关的法律。

三、生态与产业协调发展经验

首先,保证生态系统科学合理发展是日本在灾区重建过程中的重中之重。例如,日本会根据多年的重建经验,分析出在灾区生态系统整体运动中当地社会生产的各种因素所起功能及作用,通过各种合理的规划和安排,排除单一利润最大化和恢复最快性,因地制宜的制定出灾区产业的增减幅度,并考虑其所带来的变化,从而达到灾后重建良性循环这一目的。其次,日本的灾后产业重建中十分重视生态效益的外部性。从经济学的角度看,生态效益也有正、负两种外部性,对灾区生态恢复有利的产业重建呈正外部性,而忽视或者破坏生态的产业重建则呈负外部性,并且他们认为恢复生态环境所形成的正外部性有利于产业重建。[①] 例如,日本在灾后大力促进国有和私有林木业发展,提高灾区林地覆盖率。注重林区内和周边社区群众之间的沟通,认真听取他们对森林资源管理的意见和建议,形成共识,努力营造生态友好的良好氛围。在灾区大力开发和利用低碳能源(水电、沼气、太阳能等),淘汰灾区落后产能,严控高耗能、高排放行业的不合理增长,转变受灾地区能源消费方式。在受灾农区推广太阳能技术,让太阳能普及灾区农村,成为其正常生产与生活的辅助能源,实现灾区产业优化与可持续发展。

---

① 何源:《低碳生态视角下的灾后统筹重建模式——以汶川地震为例》,《灾害学》2013 年第 3 期。

四、对我国灾后重建生态与产业协调发展的启示

（一）制定生态与产业协同恢复法律法规及系统可行的防灾规划

2011年福岛地震发生之后，日本政府部门根据受灾情况和以往经验，迅速颁布了《复兴基本法案》，建立了"国家战略会议"，以保证重建救援工作的高效实施。同时，日本会分析灾后应对措施在实施过程中存在的缺陷，并及时反映在相应的法律法规上。目前，我国虽然大型地震灾害的频率少于日本，但是就近几次灾害应对情况来看，我国首先应该重视相关法律的制定，力求以后遇到此类灾害时能够有法可依，及时进行援救重建工作。其次，到目前为止，我国尚未完全建立系统的灾后建筑应急危险度的判定机制，即我国在这一领域仍有空间需要填补，日本在灾后建筑应急危险度判定的成功经验为我们提供了可供学习的范本。在借鉴日本经验的过程中，我国也可发挥自身人口广袤和幅员辽阔的优势，把该机制的长处充分发挥出来。再次，虽然我国已经通过政府投入、发行国债及募集社会款项建立了强大的重建资金支持体系，但还应规范重建项目招投标的流程管理，拒绝暗箱操作，接受审计部门和社会各界监督，确保在灾区资金使用上的完全公开透明。

（二）制定并不断完善生态修复的长效机制

从灾后生态修复建设来看，地震之后对生态系统所造成的破坏主要可以分为三个方面：一是地震对原生态系统的破坏；二是地震过后所带来的余震、气候异常变化对生态系统的破坏；三是人为的恢复重建工作也会在一定程度上对生态系统造成破坏。所以应当合理规划地震灾区的生态修复，并将其纳入区域经济社会发展的范畴。首先，从日本灾后重建的内容来看，我们在重建过程中也应把生态恢复放在突出位置。立足当前并兼具长远规划，充分考虑生态恢复的长期性，在制订方案时将应急恢复与生态复兴同步推进，系统规划，确保生态修复长期坚持并取得成效。其次，正如日本将治山作为基准，我们也应找准恢复的基本点，在此基础上多举措协同进行。最后，生态修复应按照客观规律分步实施。先消除次生灾害隐患，再执行育林措施恢复植被，从而避免生态修复成果遭受地质灾害的破坏。生态修复目标是全面复苏遭损害的生态系统功能，以期配合及加速产业重建步伐。

（三）从可持续角度合理制定产业恢复规划

首先，摒弃纯粹恢复被破坏产业的思维，创新生产模式，尽量实现产业的升级换代。正如日本政府针对灾后重建的规划已不仅仅是对灾区原有房屋建筑、街道系统进行物理性的修复，而是对这个城市进行新的架构，日本

在《振新规划纲要》中明确提出,在灾害过后要加速产业升级和新产品开发,对生产模式进行改善,以确保产业链的安全,力求超越之前城市水平,为居民提供更为便捷的生活环境,为日本经济社会注入鲜活血液。其次,生态承载力也是日本在重建过程中十分重视的,他们在进行灾区恢复的同时遵循最优比率,这样,就可以在不破坏当地自然条件的情况下,有效恢复经济,并使之比灾前更具优势。我们过去一直仅将生态系统视为经济系统的外生变量,导致了不可持续问题尤为突出;面对地震后的灾后重建,产业发展其实面临着新的契机,可以借此着力发展低碳经济、循环经济和绿色经济,加速深化经济体制与产业结构改革。

第二节　美国灾后重建的经验借鉴

如何解决灾后重建所面临的环境、就业、经济等问题,并让其走上可持续发展道路是各国研究的重点。美国在灾后重建过程中非常重视保持环境的可持续性,在此以新奥尔良的灾后建设为案例,分析美国的灾区生态重建之路。

2005 年 8 月,卡特里娜飓风(Hurricane Katrina)于路易斯安那州东南部登陆,并迅速持续增强,是美国有史以来最激烈的风暴之一。卡特里娜以新奥尔良为中心,迅速扩张成约 460 英里宽的规模,席卷阿拉巴马、佐治亚等州。并持续以暴雨、暴风形式向东北蔓延,高强度破坏持续了几个小时,给人类造成了巨大伤害。[①] 在此次灾害中,密西西比河和庞恰特雷恩湖堤坝坍塌,新奥尔良市遭遇洪水多人受困,致 1783 人遇难,其中路易斯安娜州占遇难总人数近 88%。新奥尔良城 18.8 万栋房屋倒塌,大量人员因飓风遇难,许多居民被迫迁移。根据美国政府估计,飓风过后的新奥尔良市人口缩减超 50%。这造成了新奥尔良市区劳动力供需严重失衡,使当地经济发展变得相当乏力。对此,美国采取了相关积极措施促进新奥尔良灾后重建,以地方政府为主体发挥了很好的指导作用。通过十年灾后重建,新奥尔良已变成了新兴与传统企业都向往驻扎的目标城市,大家希望享受税收优惠政策及其低廉的生活成本,最终将新奥尔良变成了创业中心。据相关资料介绍,新奥尔良都市圈每 10 万成年人中,每一年都会有 427 人进行创业,这一数字远远高于全美平均水平(每 10 万人中 333 人)。

---

① 龚震宇:《飓风疏散中心的监测(路易斯安那州,2005 年 9—10 月)》,《疾病监测》2006 年第 7 期。

一、产业重建经验

在产业重建中,新奥尔良市在灾后重新进行资源配置,富有前瞻性地规划产业发展,立足新奥尔良的现有资源,结合现代科学技术,打造一个具有高端产品的产业链条。

（一）调整产业布局

一是支持旅游产业。新奥尔良有着丰富的文化资源,通过结合美食、文化、风景等旅游资源,打造一个旅游带。十九世纪中期,新奥尔良凭借自身优良的海港及便利的运输一跃成为美国南方最具魅力的大城市。自二十世纪起,大量国外艺术家随着爵士乐等艺术的蓬勃发展涌入了新奥尔良。这也造就了新奥尔良的文化融合了其他国家的优秀文化。在灾后重建中,新奥尔良将文化产业的发展作为了重中之重。

（二）发展现代运输业

新奥尔良一共拥有三个港区,是继纽约港之后的美国第二大港。灾前新奥尔良已经是一个重要的商业中心,繁忙的港口为城市增添了国际色彩,成为美国乃至整个世界重要的粮食港口,同时出口未加工的和加工处理过的农产品、金属制品、化工、纺织、油、石油和石油产品、烟草和纸板。平均每年有 5000 艘远洋货轮在新奥尔良停靠,该区域的东南帕斯渠道是目前海运船只进出密西西比河的主要通道。该市有三座飞机场:位于城市西部的新奥尔良国际机场,位于庞恰特雷恩湖的私人和公司使用的民用新奥尔良机场,为空军各预备役提供运输服务的海军航空站。新奥尔良拥有便利的铁路运输网络,公路运输有客运公共汽车、卡车,以及城市间进行客运和货运的驳船,轮船公司还提供定期定航线的客运、货运服务。

（三）打造重点工业区

新奥尔良作为美国南方主要的工业城市,聚集了 25% 以上的工厂企业,除了纺织、食品、木材加工、炼油、石油化工、黏土、玻璃制品、化学、石材、冶金、金属制品等工业部门以外,这里还是美国造船业及宇航业的重要工业基地。

（四）各级政府为重建储备力量

为有效利用联邦援助,州和地方政府需要具备一定的条件,包括筹措资金的能力和运用技术解决相关问题的能力。一些地方政府运用征税等方式增加财政收入,并投入紧急措施救灾项目、修复损坏房屋项目及聘用专家协助社区制定长期经济复苏计划。[1]

---

[1]   华金秋:《美国的自然灾害重建经验及借鉴》,《中国审计》2010 年第 10 期。

（五）落实振兴企业战略

企业复苏是灾后重建的关键，重大自然灾害改变企业的经营环境，中小企业受灾害损失较大，难以继续发展，它们的迁移会阻碍灾区发展。为了帮助中小企业生存发展，美国针对灾区制定了配套性政策。

例如，以提供税收激励措施为手段大力帮助受灾的企业尽快复苏。2005 年卡特里娜飓风过后，为促进企业复苏，美国国会通过《*Gulf Opportunity Zone Act of* 2005》制定了税收激励措施：灾区内的企业享受税收优惠政策，其中包括企业拥有独立发行 1490 万美元免税债券的权利。免税债券允许企业获取较低利率贷款，投资者不需要为债券利息交税，以支持相关行业发展，如制造业、酒店和零售企业等。

（六）灾后金融体系救助

首先，灾后应急处理。一是多个金融机构在做好现金业务准备的前提下发表联合申明，让企业确信受灾后能得到快速复苏；二是储备银行延长窗口开放时间，保证资金供给；三是美国联邦存款银行迅速与保险公司携手，召回部分或全部员工，保证公司正常运营；四是监管机构以快速恢复营业为目的协调银行共用设备。

其次，金融当局制定出《对卡特里娜飓风影响的机构联合监管指导原则》，主要针对灾区金融机构及同灾区有贷款或投资业务关联的金融机构，从风险评估、资本充足性、资产质量等方面出台相关监管规定，针对突发事件，详细列出人员安全、信息、设备等应对措施，为快速恢复及持续提供金融服务提供保证。并且美国洪水保险计划在灾难损失发生时分担了银行业的信贷风险补偿压力。[①]

最后，制定了风险分散机制。如建议存款人购买一些保护自身利益的保险，风险一旦分散，银行自救能力就会增强。同时制定合作金融内部的行业救助机制，促进合作金融的行业救助，有效帮助金融机构走出灾难困境。

二、生态重建经验

卡特里娜飓风给美国造成了大面积损失，其中新奥尔良市受灾最为严重。灾后所遗留的环境问题有：一是飓风过后导致自然环境改变所引发的次生灾害（如火山爆发、地震及流行病疫等）；二是飓风过后灾后重建过程中人类活动所引发的环境变化（如废气废水废渣污染、草原退化、水土流失等）。

---

① 罗继东：《美国灾后重建中金融支持的启示与借鉴》，《四川省情》2008 年第 11 期。

（一）实施沿海生态保护计划

飓风之前,新奥尔良临海大片的滩涂和湿地遭到破坏。急功近利型城市规划让商业圈建到了海滨,在飓风到来之时,风暴和城市失去了缓冲的地带;湿地是新奥尔良城市建设中被"牺牲"掉的生态区域。这些湿地原本能够大量吸收降水,减轻洪水侵袭的强度,保护城市。大部分湿地被排干,建造高楼,这种结构性破坏加剧了"卡特里娜"飓风的破坏性。[1]

在灾后重建的过程中,沿海生态湿地修复被纳入重建工作,新奥尔良的防洪堤及运河系统经重建后合为一体,畅通了排水渠道,湿地得到了更有效的保护。

（二）推广绿色建筑

修筑新的房屋和基础设施是灾后重建的重要部分,为了减少新建房屋对环境的影响,及推动重建工作的可持续发展,多数新建社区采用了绿色建筑。这不仅对环境大有益处,还节省了房主的建设成本。而且,绿色建筑的使用期通常更为长久,这也意味着不需要对其进行经常性的维护翻修。绿色建筑所带来的成本节约效果是显著的,但更为重要的是生态环境效应的持续性。

（三）积极引导民间参与生态重建

灾后重建也是社会重建的过程之一,公民的参与,直接构成重建社会的一部分。例如,第九区是2005年卡特里娜飓风袭击新奥尔良时受灾最严重的地区,灾难过后有专门的组织机构——第九区可持续发展和参与中心(CSED)在新奥尔良第九区街区激发民众参与重建[2],维持自然生态系统,协助社区组织领导并保护资源。[3]

三、生态与产业协调发展经验

卡特里娜飓风过后,新奥尔良市作为第一个灾后重建城市,打造出全方位生态产业链条,形成了绿色生态环境聚集地。

老工业区改造。以拉菲特绿廊为代表,进行环境建设和经济建设。建设多模式交通要道,通过收集公众意见,整合目标,大规模作业,将老工业区改造成为绿色走廊。拉菲特绿廊占地面积达54英亩,铁路和航运通道将历

---

①　祁红、屯绿:《应对灾难应是城市规划的一部分》,《科学之友》2009年第8期。

②　林闽钢、战建华:《灾害救助中的政府与NGO互动模式研究》,《上海行政学院学报》2011年第5期。

③　王烨:《美国灾后重建走绿色之路　政府NGO公众协同合作》,《公益时报》2010年5月26日。

史上有名的法语区和圣约翰岛海湾、庞恰特雷恩湖连接起来。拉菲特走廊全区面积 375 英亩，其中包括拉菲特绿廊和住宅、零售及工业集中混合用地，该区域融汇不同种族的人，具有一定的社会经济条件，结合多种规划方案，打造成了一个具有丰富层次感的历史与生态长廊。充分结合当地环境和文化，结合卡隆德莱特运河的历史元素，打造柏树林，修建雨之花园；利用锈迹斑斑的火车道，打造具有历史气息的小道；南路易斯安那州的天然植被模式也被设计成一个开放的空间；利用卡隆德莱特步行街，在曾经美国最长运营时间的社区公园——拉菲特社区公园的旧址之上，打造一座新的社区公园。同时发展旅游文化产业。

支持科学发展。面对灾后重建的新奥尔良，艺术家们充分利用现代科学技术，让其重现其生态与历史进程。在已有设施的基础上，经民众同意，很多纲领性的元素运用到公园中，为人们带来健康的居住环境。开放的空间是通风空旷的场所，人们在其中能够感到舒心，同时也一定程度的克服了环境压力这一弱点。建设社区公园和配套完善的雨水疏排系统。倡导大力支持生态保护，实现环境可持续发展，在为人们提供舒适休闲场所的同时，为野生动物创造更多的生存空间，实现人与自然和谐共处。

发展环保产业。吸引外来企业和人口来到新奥尔良市的一大因素是其优越的经营环境。新奥尔良市税收鼓励政策极其优厚，支持人们发展数字媒体、生物科学、可持续产业等多项环保产业。2010 年 10 月，在新奥尔良市举办的第二届中美环保产业论坛圆满落幕，促进了中美环保产业互利共赢合作，实现中美双方能够在水、空气污染防治，有毒有害物质控制，固体废弃物处理处置等多个领域加强技术交流与合作，这也对新奥尔良市的环保产业有着很大的推动作用。

现在，新奥尔良变成了世界著名的创业城市，作为州内最大的零售、批发和金融中心，以低廉的生产成本和优惠的税收政策吸引了大批人才。目前，旅游业的发展在新奥尔良经济中排第二，仅次于运输业。现在的新奥尔良结合海陆空资源，打造了一个四通八达的交通运输网络，有效地促进了经济的发展。并且积极采取以节庆、会议、文体娱乐业等措施带动了旅游业的复苏，推进旅游经济发展。

四、对我国灾后重建生态与产业协调发展的启示

借鉴美国新奥尔良市的灾后重建经验，在我国灾区重建中要特别注意打造一个新型生态区域，实现人与自然和谐相处。

一是采取应急措施，制定灾后预防机制，最大限度恢复灾区基础设施。

整合现有受灾区域的受灾情况,结合现有资源、人力、物力等,制定一个评估计划,借助周边力量和先进科学技术,打造一个适合灾区发展的重建规划,促进灾区灾后发展。

二是坚持可持续发展战略。以人与自然和谐共生为核心,在重建和发展的同时尽全力保护当地绿化、灾区自然环境、生物种类多元化等。在此基础上,结合先进科学力量,加大绿化建设,尽快恢复绿色环保生态环境。

三是借助周边力量,引进人才,实现资金多元化筹集方式。结合重点学校、实验室、科研院校,打造产学研平台,采取引智措施,实现科技研发与实际操作相结合,促进灾区灾后重建。同时拓宽资源投融资方式,如加大财政支出、招商引资、社会民众捐赠、银行贷款、专项发展资金等。

四是借助灾区资源优势,发展支柱产业。灾区具有丰富的文化历史,结合当地美食、文化等发展旅游产业。对于一些过久或者受损的工业园区实施改造,可以打造工业园区旅游业或者在原基础上发展现代工业。同时引进先进科学技术,制造旅游文化产品,促进产业深加工,打造一个绿色旅游产业链条。同时结合当地自然资源,发展现代制造业,进一步促进经济发展。

第三节　印尼灾后重建的借鉴反思

2004 年 12 月 26 日,印尼苏门答腊岛西北近海区域爆发 8.7 级地震,随之并爆发了巨大海啸,波及东南亚和南亚多国,主要包括印尼、印度、泰国、斯里兰卡和马来西亚等国家,造成 30 多万人遇难。印尼作为海洋群岛国家,众多岛屿均处在地震带上,地震海啸灾害频发,受灾情况严重,也是此次地震海啸的最大受灾国,遇难人数高达 20 万,数百万人深受其难,9 万多所房屋损毁,超 50 万人流离失所,道路、水电供给、学校、医院及其他公共建筑等基础设施都遭受严重损坏,造成直接财产损失 49 亿美元。

通过多年重建的实践,印尼力求做到地震灾区经济、社会以及生态三方面协调恢复,平衡发展。虽然作为非发达国家,印尼的防灾救灾系统仍不够完善,但也正因为同为发展中大国,该国亦有一些重建经验或者是教训值得我们思考。

一、产业重建经验

(一) 加大农业支持力度

印尼是一个农业大国,农业是国民经济发展的基础,2004 年地震给印尼农业造成近 1 万亿卢比(1.11 亿美元)的损失。这次自然灾害损毁了农田、基础设施和设备,给印尼农业生产带来巨大损失。在灾后重建方面,印尼政府相继出台扶持农业的政策,同时积极谋求发展生态农业。

第一,逐步加大农业投资,增强农业发展后劲。印尼政府于震灾当年农业投资达 1.9 万亿卢比,2005 年增加了 110%,2006 年达 6.7 万亿卢比,增加 102%,2007 年进一步增加到 8.7 万亿卢比。印尼农业部 2008 年增加 2.5 万亿卢比预算支持农业粮食作物发展,包括提供优良种子、为农业贷款提供利率津贴及对农民进行培训和辅导。印尼政府向全国农户提供的肥料津贴 2008 年为 14.6 万亿卢比,2009 年为 20.6 万亿卢比;稻种津贴 2008 年度预算为 33 万亿卢比,2009 年达到了 35 万亿卢比。此外,近年印尼政府对农民提供的无抵押贷款也不断增加。[①]

第二,实施土地改革,移民开荒,增加耕地面积。土地的高效利用是发展好农业的根本。2004 年地震引发的海啸侵袭了印尼亚齐省境内 3.7 万平方公里土地,波及土地区域 13 万平方公里,破坏了含有养分的大片表层土壤,同时也损毁了大面积房舍及农业物,给农民造成了巨大的财产损失。基于此,印尼政府从两个方面着手:一是给无地农民分配土地,让他们有地可种;二是鼓励农民到边远地区开垦荒地,扩大农业疆域。[②]

第三,引进、推广与普及农作物新品种。近年来,印尼注重从中国等外国引进水稻新品种,如引进中国的杂交水稻种子,先后在爪哇岛、苏门答腊岛、加里曼丹岛试验 3 年种植,都获得全面丰收。即使在印尼轻度盐碱化土地进行种植,产量也高达每公顷 9—10 吨。播种杂交种子后,印尼水稻产量提高到每公顷 8—9 吨,增长 80—100%。此外,印尼也和马来西亚等国签署了备忘录,计划从这些国家购买 4000 万吨优质棕榈种子发展棕榈种植业。[③]

第四,发展生态农业。印尼实行绿色革命,推广高产新品种,大力发展生态农业,对农民购买水泵、拖拉机等无害环保型农业生产工具和资料给予贷款、补贴等优惠,使农田集约化耕作水平有了显著的提高。

(二) 推动旅游经济复苏

为应对海啸造成的损害,印尼政府制订了系统的重建计划,其中依靠旅

---

① 吴崇伯:《四海集萃》,《世界农业》2005 年第 4 期。
② 吴崇伯:《印尼农业发展成就、政府扶助农业的主要政策措施及存在的问题》,《南洋问题研究》2009 年第 1 期。
③ 吴崇伯:《印尼农业发展成就、政府扶助农业的主要政策措施及存在的问题》,《南洋问题研究》2009 年第 1 期。

游业带动经济发展是最重要的内容之一,而开拓中国消费市场在印尼旅游业发展计划中又占据重要地位。

从 2005 年中国内地游客旅游统计中可以发现:赴新加坡旅游人数高达60 万人次,而赴泰国和马来西亚的中国游客也不在少数,然而,作为东南亚地区最大的国家,印尼当年接待的中国内地游客却仅有 8 万人次,海啸灾情发生后,很多中国人认为印尼的旅游景点不安全,所以赴印尼旅游的热情更显不足。为吸引中国游客,印尼官方一方面开展有针对性的宣传,另一方面,在广州和上海增设签证处,以缓解中国内地仅有北京可办赴印尼签证的压力。通过一系列举措,2006 年赴印尼消费的中国游客攀升至 50 万人次。

二、生态重建经验

珊瑚礁是世界上最多产的生态系统之一,印尼有成千上万人的食物来源于这些珊瑚礁,没有了它们,当地人就无法生存。此外,对一般的海啸而言,珊瑚礁是一层天然的防护网,对海浪的冲击力有一定的缓解作用。因此,印尼在重建海岸地区时,恢复珊瑚礁的功能成为重中之重。

自然界中,除珊瑚礁有着天然的防护作用外,红树林对海啸的防御有着显著的功劳。如果说珊瑚礁是天然的防波堤,那么红树林则是天然的减震器,它的功劳不只是体现在海啸中,与洪水和龙卷风亦是宿敌。专家明确指出,假若红树林的密集度达到 70%,那么数千人可以幸免于难,还能为当地人供给足够的食物和木材资源。

各国环境科学家指出,在海边培育红树林并恢复珊瑚礁的生态功能可以有效抵御海啸,将损失降到最低。因此,2004 年印度尼西亚地震海啸后在重建中重视栽植红树林。印度尼西亚政府重建蓝图规定,沿苏门答腊岛的亚齐西海岸划出 100 米长的"缓冲地带",在该地带不允许有建筑物,而是栽植红树林来减轻未来可能发生的海啸影响。海滩一线将构筑宽 500 米、以森林为主的绿带,作为应对海啸的第一道屏障。

三、生态与产业协调发展经验

(一) 助推绿色工业发展

印尼政府重视灾区绿色工业的重建与发展,该国对绿色工业的现有激励措施主要体现在设备补贴上。政府规定,纺织、鞋履、制糖企业购买符合环保标准的制造设备时可享受 10%的折扣。印尼工业部统计称,自 2007 年推行以来,这一政策已令相关领域企业能耗降低 25%、产量上升 17%。

由于环境友好型产品每个生产环节的成本都高于普通产品,从而零售价格偏高,而国内消费者大多数都倾向于购买价格低廉的产品,购买绿色产品的消费习惯还没有养成,而并非从环保角度选择绿色产品,从而影响了绿色企业的发展。印尼政府通过减税政策,一定程度上解决了成本较高的问题,印尼工商会与政府积极合作,确保奖励措施顺利实施。

同时,印尼工业部与财政部制定《低成本高效能汽车鼓励草案》,遵循草案,切合低碳排放标准的汽油、电力驱动车将会获得奢侈品销售税减免,以汽油为动力的低成本绿色汽车生产商更能享受零销售税待遇。如此一来,汽车就获得了降价空间,消费者自然会选择既廉价又环保的产品。只有工业生产、环保标准和成品价格三者之间达到平衡,绿色工业才能健康可持续发展。[1]

（二）林业可持续发展规划

印度洋海啸对印尼沿海树木和森林,都造成了巨大破坏。林业是印尼国家经济发展的支柱型产业。因此如何制定出一套适应本国国民经济发展所处的阶段以及适应国际形势变化的林业发展政策是印尼政府所需要考虑的关键问题。现阶段,印尼政府林业政策主要涵盖这样几个方面:加强森林等资源保护;合理利用森林资源;开采培育相结合,着重发展人工林业;积极推进森林工业及木材加工业发展;创新高附加值产品,合理开拓国外市场;贯彻多种经营理念,开发新型非木材林业产品;积极创造就业机会;搭建国际林业发展合作平台。印尼林业部门也提出了未来的愿景,使林业到2025年成为"可持续发展的支柱"。印尼政府根据国际形势及自身发展阶段制定了以下目标:为林业发展创造一个强有力的体制框架,提高森林资源的价值和可持续生产力,发展环保、有竞争力和具有高附加值的林业产品和服务,营造有利的林业投资环境;提高林业产品和服务的出口水平,创建负责而公正的林业管理体系,增加社会福利并发挥社会的积极作用。[2]

四、对我国灾后重建生态与产业协调发展的启示

我国应当结合国情,从印尼的灾后重建实践中取长补短,从科技开发、市场导向、政策保障三方面下手,将各个灾区不同的生态资源优势发挥出来,推行适合本地区的工、农、林、旅游业等生态型产业重建与发展,从中不断调整完善适合我国不同灾区的后重建发展之道。

（一）利用差异化优势,发展区域特色经济

印尼拥有丰富的旅游资源、林业资源、农业资源,在重建过程中,印尼政

---

①　庄雪雅:《印尼助推绿色工业发展》,《人民日报》2013 年 5 月 13 日。
②　徐斌、付博:《"千岛之国"出招布好林业"棋局"》,《中国绿色时报》2013 年第 6 期。

府充分发挥这些方面的优势,并取得了成功。实践证明,只有走具有民族、地域、资源等特色的生态重建差异化道路,实现灾区生态重建的个性化定位,将灾区生态保护与产业发展有机结合,才能避免灾区重建过程的重复性和趋同性,从而有效塑造震区灾后重建的新面貌,从经济、生态以及社会三方面为震区带来巨大的效益。

（二）走市场化道路,最大化实现重建效益

印尼在灾后重建过程中有一个非常严重的问题浮现出来:即由于官场的腐败,大量国际援助款项被官员所贪污,而非用于重建。

印尼重建中的教训说明,如果灾区重建完全由政府包揽,不走市场化道路,有可能会带来重建资源浪费、重建项目规划不合理、管理混乱、保护不力,甚至还会出现典型的"政绩工程"等问题。因此,新形势下必须发挥社会主义市场经济调节功能引导灾后重建的创新与发展,坚持走市场化道路。市场化的要求是将震区优势资源商品化,将生态环境有价化,打造适应在当地销售且拥有大量购买需求的特色产品。以市场化运作机制及模式为基础,建立完善的特色产品交易市场及高效管理体制为目的,有效进行灾后市场的重建。在灾后重建的市场化道路上,还应充分发挥政府部门的服务功能,提高重建的效率和效益。

（三）加快生态产业化步伐,培育特色支柱产业

所谓生态产业化就是以创新技术为基础,一方面促进可再生资源增值,另一方面创新不可再生资源的清洁替代品。唯有将产业、经济与生态融合发展,才能够实现生态产业化、产业生态化,形成适合自身发展的特色产业,并在改善生态环境的同时发展经济。[①]

在生态产业化进程中,生态型产业链功能及作用必须得到持续的完善与加强。从各方面加强生态经济产业链的打造:在垂直供应链上端须充分利用以及恢复生态经济资源,并使其得到科学管理。中端强调对企业的管控,调研其是否运用自然资源生产出了优质有特色的经济产品。末端为推广工作,须着力做好中端产品的营销工作,提升品牌效应。在横向协作链中,应健全相应法规,做好配套服务,加大支持力度。综上所述,若是要在灾后重建后培育出既能推进区域发展又不破坏生态结构的产业,必须加强细节管理,强制关闭技术落后、资源消耗大、产品质量低的非环保型企业,增加旅游、康养等具有地方特色又不影响环境承载力的环保型产业。

①　胡正明、郑予捷、沈鹏熠:《基于可持续发展的地震灾区生态重建路径与机制研究》,《农村经济》2009年第5期。

第三章 后重建时期四川地震灾区生态与产业协调的总体思路

第一节 后重建时期灾区发展要遵从灾后重建的政策法规

在国家多项政策法规中,有对灾后重建的相关要求;在汶川地震和芦山地震后,国家和四川省也出台了不少相关政策措施来支持灾区重建,保证重建工作能顺利展开。后重建时期灾区发展也需要遵从国家和地方对灾区重建制定的相关政策法规(见表3-1)。

表3-1 灾区重建相关政策法规体系

灾区重建相关的国家政策法规	
国家防灾减灾相关法律	《防震减灾法》《突发事件应对法》《防洪法》《森林法》《草原法》《环境保护法》《水污染防治法》《农业法》《公益事业捐赠法》《动物防疫法》等
国家防灾减灾相关条例	《自然灾害救助条例》《国家突发公共事件总体应急预案》《国家自然灾害救助应急预案》等
四川地震灾区重建的有关政策法规	
《汶川地震灾后恢复重建条例》《汶川地震灾后恢复重建对口支援方案》《国务院关于支持汶川地震灾后恢复重建政策措施的意见》《芦山地震灾后恢复重建总体规划》《四川省人民政府关于支持汶川地震灾后恢复重建政策措施的意见》等	

一、有关灾区重建的国家政策法规

(一)国家防灾减灾相关法律

国家制定的与灾后重建工作直接或间接相关的法律有:《防震减灾法》《防洪法》《森林法》《草原法》《环境保护法》《水污染防治法》《农业法》《公益事业捐赠法》《动物防疫法》《突发事件应对法》等。[1] 这些法律对灾后重建提供了保障,也规定了具体的工作原则和大政方针,尤其是《防震减灾

---

[1] 邓聪:《我国防灾减灾法制建设的几点思考》,《怀化学院学报》2012年第9期。

法》的第六章中第五十八条至七十四条对灾后重建的原则方针有明确规定,归纳如下:

第一,灾后重建规划编制职责划分。特别重大灾害恢复重建规划方案应由国务院经济综合宏观调控部门带领辖属相关部门及灾区人民政府共同组织编制;重大、较大、一般地震灾害发生后,由灾区人民政府根据实际需要组织编制重建规划。[①]

第二,灾区重建的选址布局要科学合理。灾区重建主体应依据片区的地质条件和生态承载力规划选址及功能区布局,充分将重建成果保证控制在二次灾害破坏的最小风险范围内。

第三,合理把握灾后重建节奏。灾区各级政府应根据当地的社会、自然、市场等综合资源禀赋条件,循序渐进地组织开展重建工作。

第四,对于因灾害损失毁的财产等要组织调研评估,尤其是对于文物等要制定详细的清理及修复方案。

第五,公共基础设施等建设规模和时序的确定。灾后恢复重建,应当统筹安排交通、水电等基础设施,学校环保等公共服务设施和市政公用设施,以及住房和无障碍设施的建设,合理确定其建设规模和时序。

第六,恢复重建应充分考虑人民意愿,并调动其参与重建积极性。在灾后重建过程中,应该充分尊重和考虑当地人民对于重建的意见,尤其是对于农村群众和少数民族群众,应该更多地考虑与其利益、习俗等相关的涉及重建的因素,并充分发挥其重建的自组织作用。

第七,价值高的档案资料要规范且妥善保管。对于因灾害损毁的档案以及在重建过程中生成的有价值、有意义的档案资料要将其妥善的规范性保管。

第八,恢复重建必须坚持政府、社会和市场三者协调运作原则。重建工作必须依靠政府主导,组织人民生产性自救,尽快恢复生产。同时政府给予资金、技术等支持,重点扶持当地支柱性企业尽快恢复效益。同时创新合理的市场秩序,保证其高效运行。

第九,物质与精神帮助相结合。灾区重建过程中不仅注重灾民的基本生活物质保障性救助,更要注重对其因灾受伤的心理上的治疗性帮助,这也要求重建过程中要注重灾区文化、信心恢复的宣传工作等。

第十,简化行政审批手续。对灾后重建中需要办理行政审批手续的事

---

① 方印、兰美海、李庆锋、王凯、褚洪光:《论我国〈防灾减灾法〉的立法起草》,《人口·社会·法制研究》2011年。

项,政府应本着方便、简化、高效的原则,依法为申请人快速办理。

第十一,在灾后重建工作中除了注重人民生命财产安全的救援,还要注重经济的长远发展与环境保护与修复等问题。

(二)《国家自然灾害救助应急预案》

2007年国家依据《突发事件应对法》《防震减灾法》《自然灾害救助条例》《国家突发公共事件总体应急预案》等编制出台了《国家自然灾害救助应急预案》,后在2011年10月16日进行了修订,其主要指导原则如下:

第一,坚持以人为本,保障受灾人员基本生活。

第二,坚持统一领导、综合协调、分级负责、属地管理为主。

第三,坚持政府主导、社会互助、灾民自救,充分发挥基层群众自治组织和公益性社会组织的作用。

其内容主要包括:以国家减灾委员会为中心组成的各防灾减灾委员会组织指挥体系,将应急过程划分为应急准备、信息管理、预警响应、应急响应、灾后救助及恢复重建五个部分。其中灾后救助与恢复重建过程又基本分为过渡性生活救助、冬春救助和灾后倒损住房复建三个部分。该内容虽然主要涉及个人的短期物质恢复重建工作如何安排与指导,但是对于灾后的整体恢复重建工作具有重要指导意义。可以总结出其主要方针就是以"救人"为核心,通过对灾区人民的具体帮扶与重建,来达到灾区整体恢复与重建的目的。

(三)《自然灾害救助条例》

2010年7月,国家为确保灾区人民基本生活及规范救灾工作,出台了《自然灾害救助条例》。主要包含总则及救助准备、应急救助、灾后救助、救助物款项管理、总的法律与责任等分则。

其中灾后救助分则包括的第十八条至二十一条明确规定:

受灾区应以安全为前提,以尽量不占用或少占用耕地为原则,实行本安置和异地安置、政府安置和自行安置相结合的方式,对受灾群众进行过渡性安置。长期安置主要要求灾区人民政府制订好民房复建规划及优惠政策,因地制宜与科学设计组织重建或修缮因灾毁坏的民房,对恢复重建工作予以一定的资金补助和技术支持等。在此过程中要把控好补助资金发放的标准,居民住房恢复重建补助对象必须采取公正公开透明的原则有提名过程通过民主评议产生。

受灾地区县级民政部门应在每年10月底前统计、评估本行政区域受灾人员当年冬季、次年春季的基本生活困难和需求,核实救助对象,编制工作台账,制定救助工作方案,经本级人民政府批准后组织实施,并报上一级人民政府民政部门备案。

（四）《全国综合减灾示范社区标准》的通知

为更好地指导各地开展社区综合减灾工作，国家减灾委员会于2010年对原《"减灾示范社区"标准》（民函〔2007〕270号）进行了修缮，制定了《全国综合减灾示范社区标准》（国减办发〔2010〕6号）。除了受灾居民对灾区综合减灾状况满意率超70%且三年内无较大事故发生和经常开展演练等基本条件外，新标准内容主要包括：灾害风险评估效率、制定综合灾害应急救助预案情况、减灾宣传教育与培训力度、社区防灾减灾基础设施的配置、居民减灾意识与避灾自救技能的高低、社区减灾动员参与度、管理考核制度的健全性、档案管理的规范性、社区综合减灾特色的鲜明性。

二、四川地震灾区重建的有关政策法规

（一）《汶川地震灾后恢复重建条例》

2008年6月4日国务院第11次常务会议温家宝总理签署通过第526号中华人民共和国国务院令《汶川地震灾后恢复重建条例》。在条例中用九章内容明确规定了在震后恢复重建的原则与要求。第一章的总则里明确指出了"地震灾后恢复重建应当坚持以人为本、科学规划、统筹兼顾、分步实施、自力更生、国家支持、社会帮扶的方针"。灾后恢复重建应当遵循以下原则：第一，受灾地区实行自力更生、生产自救与国家支持、重点扶持、对口支援相结合；第二，政府主导和社会参与相结合；第三，就地重建与异地新建相结合；第四，保证质量与提高效率相结合；第五，短期效益与长远效益相结合；第六、经济社会发展与生态恢复及环境资源保护等相统筹。

同时还对重建工作的领导组织做出了安排，倡导灾区各政府要自力更生、艰苦奋斗、勤俭节约，通过多种渠道筹集资金、物资，开展灾后复建工作，另外国家也对震灾复建给予财政支持、税收优惠和金融扶持，并积极提供物资、技术和人力等各种形式的援助。

《汶川地震灾后恢复重建条例》对受灾群众的过渡性安置、震灾调查评估、灾区复建规划以及实施、资金筹集与相关政策支持、灾后复建工作的监督管理、重建中违反相关规定明确法律责任等方面都做出了具体要求。在以人为本要求下，确保政府把受灾群众的妥善安置问题放在首位。在"科学规划、统筹兼顾"的复建思想指导下，具体地对各个部门要承担的重建恢复工作进行了安排。

（二）《汶川地震灾后恢复重建对口支援方案》

在《汶川地震灾后恢复重建条例》指导下，国务院随后又出台了《汶川

地震灾后恢复重建对口支援方案》,印发至各省、自治区、直辖市人民政府以及国务院各部委、各直属机构。

地震灾区的恢复重建在"受灾地区自力更生、生产自救与国家支持、对口支援相结合"这项原则指导下进行。然而对于灾区人民来说,面对一片废墟的家园,重建对他们来说可谓是无从下手。对口支援复建对尽快恢复灾区正常生产生活秩序起到了非常重要的作用。《汶川地震灾后恢复重建对口支援方案》中指出"灾后恢复重建是一项十分艰巨的任务",要举国之力,加快地震灾区复建工作。因而要建立灾后复建对口援建机制,保证各地对口援助工作及时有序地开展。

灾后复建对口支援的基本原则为:

第一,坚持艰苦奋斗,自力更生,一方有难,八方支援的方针。各灾区地方政府应发扬艰苦奋斗、自力更生的自救主体精神开展灾后恢复重建工作。同时,国家也鼓励相邻或富足的省市对口支援特定灾害区域的建设,为其提供技术、资金等各种形式的帮扶。第二,根据当地的实际经济水平和区域发展规划战略,制定科学的恢复重建方案,中央负责统筹协调,鼓励并组织东中部等相对富足省市对灾区重建进行必要的支援。第三,按照"一省帮一重灾县"的原则,综合考虑援助方经济能力及受助方灾情程度,科学配置救助资源,建立对口援助帮扶联动机制。在作援助具体安排时,尽量与不同阶段的受灾群众实现良好的对口支援关系。第四,对口支援期限为3年左右。在国家的鼓励与支持下,集各方之力,基本能够以最快速度实现灾后恢复重建规划的目标。

在兼顾安置灾民阶段已显露出的对口支援格局下,共安排了19个东中部的省市对四川18个重灾县以及陕西、甘肃两省重灾区进行对口援建。坚持硬、软件相结合,输、造血相结合,当前及长远相结合,集中人、物、财、智等多种力量,优先解决灾民基本生活条件。对于援建工作的开展也做出了统一的要求。

(三)《国务院关于支持汶川地震灾后恢复重建政策措施的意见》①

2008年6月30日国务院办公厅进一步将汶川地震灾后重建工作落到实处,颁布《关于支持汶川地震灾后恢复重建政策措施的意见》,鼓励并引导全国各界参与灾区复建工作,使灾区早日能够回归正常的生活秩序。

《国务院关于支持汶川地震灾后恢复重建政策措施的意见》中具体提

---

① 国务院办公厅:《国务院关于支持汶川地震灾后恢复重建政策措施的意见》,国办发〔2008〕21号,2008年6月29日。

出了重建的指导思想和基本原则。

指导思想是以"邓小平理论和'三个代表'核心思想为指导,深入贯彻落实科学发展观,坚持以人为本,充分发挥我国集体民主制优势,集全国之力参与震区灾后恢复重建,统筹规划、精心组织,明确政策、加强保障,突出重点、分类指导,努力取得灾后重建的最大效益和最好效果,让灾区人民满意,让全国人民满意"。

基本原则涵盖如下几个方面:

第一,全面支持,突出重点。务必将政策支持范围落实到灾区复建的各方面,同时重点支持加快城乡住房、公共服务等基础设施及文物单位等恢复重建。

第二,统筹协调,形成合力。有效运用财政税收、产业金融、创业就业等各类政策,打通多种融资渠道,统筹调活各级政府财政、对口支援、银行贷款等资金,监督使用好各界捐赠物资,使得政策制定与安排、资金运用和灾区重建规划有机衔接,形成合力。

第三,因地制宜,分类指导。根据灾区的受灾程度、恢复重建的相对难易程度不同,实行量体支援。对受灾严重地区及复建相对较难地区给予重点支持;对公共服务设施和公益性基础设施、文物单位等的复建,以政府投入为主,社会帮扶为辅;对工商等企业恢复生产性重建,以企业运用市场机制生产自救为主,同时,政府给予财税等政策支持,推动银行金融资金投入。

第四,立足自救,各方帮扶。贯彻一方有难、八方支援,自力更生、艰苦奋斗的方针,把国家支持、对口支援和生产自救结合起来,充分调动受灾地区干部群众等各方面参与重建的积极性,发扬自力更生,艰苦奋斗的精神,加快灾区恢复重建。

第五,加大力度,简便易行。根据受灾地区损失严重、恢复重建任务艰巨等特殊情况,依法加大政策措施支持的力度和针对性,同时做到科学简明,便于操作,容易执行。

基于上述指导思想和基本原则,对以下九个方面的政策措施的主要内容提出了具体明确的要求:中央设置灾后恢复重建基金;财政支出政策;税收政策;政府性基金和行政事业性收费政策;金融政策;产业扶持政策;土地和矿产资源政策;就业援助和社会保险政策;粮食政策。同时也对重建恢复工作提出了"统一思想,加强领导;明确责任,密切配合;细化政策,完善办法"的总要求。

(四)《芦山地震灾后恢复重建总体规划》

2013 年 7 月 6 日,国务院印发《芦山地震灾后恢复重建总体规划》,对芦山震区科学重建提供指导意见,明确3年时间内完成基础设施等的复建任务,使灾区生活恢复到甚至超过震前水平,为在2020年实现与全国同步全面建成小康阶段性目标奠定坚实基础。

芦山地震灾后重建的指导思想必须高举中国特色社会主义伟大旗帜,以邓小平理论、"三个代表"重要思想、科学发展观为指导,充分借鉴汶川、玉树地震灾后恢复重建的成功经验,坚持以人为本、尊重自然、统筹兼顾、立足当前、着眼长远的基本要求,突出绿色发展、可持续发展理念,创新体制机制,发扬自力更生、艰苦奋斗精神,着力加快城乡居民住房恢复重建,提高群众生活质量;着力加强学校、医院等公共服务设施恢复重建,提升基本公共服务水平;着力加强基础设施恢复重建,强化支撑保障能力;着力加强生态修复和环境保护,促进人与自然和谐发展;着力发展特色优势产业,增强自我发展能力,重建天蓝地绿水净的美好新家园。

应遵循以下五个重建原则完成重建任务:

第一,科学重建。立足灾区经济发展水平低,资源环境承载力弱,区位地质结构复杂以及生态功能多样等实际,遵循自然规律和经济规律,全面准确科学评估,优化布局、科学规划,统筹当前与长远、生产与生活、经济发展与生态保护,结合新型工业化、城镇化和新农村建设,促进灾区经济社会全面协调发展。科学性具体体现在要把灾民永久安置选址与城乡居民点布局优化结合;把恢复重建工作与次生灾害等的防范相结合;把劳动力人口分布格局同产业结构重塑结合;把灾区恢复重建的当务之急与生态文明建设的长远需求结合;因地制宜地把资源环境承载力与经济发展的张力结合;把生态功能区的建设同新型城镇化建设探索路径相结合。

其中对灾区的资源环境承载力评价至关重要,从地质条件及灾害危险性、自然地理条件、人口与经济基础、产业发展导向、灾害损失评估五类指标入手,必须遵循这样几个准则:一是自上而下调控与自下而上分析相结合。既要考虑灾区环境容量构成要素的复杂性与开放性特征,也要考虑土地利用总体结构、区域间相互作用、城镇体系空间结构等区域发展的客观规律,进行分区方案的总量控制与区域调控;还要考虑区域资源环境要素禀赋条件,充分把握分区结论的可行性与合理性。二是刚性约束与柔性指导相结合。遵循国家级和省级主体功能区划方案与相关规定,严格执行国家关于防灾减灾、生态保护、粮食安全等各项法律法规。同时,考虑灾后恢复重建现实需要,在产业重建、人口安置等方面给予一定弹性空间。三是整体评价与精细评价相结合。围绕灾区重建规划的需求及灾区实际,在全域评价资源环境承载力的基础上,对极重灾区和重灾区增加次生地质灾害评价的内容。四是灾前状态分析与灾后影响评估相结合。在考虑灾前水土资源状态、生态环境特征等要素的同时,结合灾害损失分析,对灾后影响进行评估。①

第二,民生优先。准确掌握保障改善民生的基本立足点,把受灾群众的需求和安危冷暖体现在每一项工作中,将城乡居民受损房屋恢复重建摆在突出和优先位置,加速恢复完善公共服务体系,优化群众生产生活水平。通过当地的纺织工业、茶、林竹和中药等传统优势产业发展以及东部省份提供的灾民技能培训及迁移等对口援建措施保证灾民劳动力充分就业以及稳定收入。

第三,安全第一。充分考虑资源环境承载能力,合理规划,科学选址,有效避让地震断裂带活动所引发的难以预防的地质灾害隐患点、泄洪通道,保证选址安全。严格执行国家建设标准规定和技术规范,对农村居民房屋实行强制性抗震防灾标准,保障重建工程质量。

第四,保护生态。树立尊重自然、顺应自然、保护自然的生态文明理念,强化世界自然遗产、自然保护区、风景名胜区、森林公园保护力度,持续推进生态修复,加强环境治理,发展生态经济,构建长江上游生态安全屏障。

第五,创新机制。以改革创新促进恢复重建,积极探索灾后恢复重建新思路、新机制、新办法,重点坚持生态型产业经济发展和各地区间对口援建的路径创新和机制创新,加强中央企业对灾区的支持,建立四川省内对口支援机制,充分发挥灾区干部群众主体作用,调动市场和社会力量,全方位、多层次参与灾后复建工作。

此外,该规划对芦山灾区重建的基础条件、空间布局、居民住房和城乡建设、公共服务、基础设施、特色产业、政策措施等多个方面做出了指导性说明,为全面做好复建工作奠定了基础。

(五)《四川省人民政府关于支持汶川地震灾后恢复重建政策措施的意见》

在认真贯彻落实《国务院关于支持汶川地震灾后恢复重建政策措施的意见》(国发〔2008〕21号)基础上,四川省结合自身的实际情况出台了《四川省人民政府关于支持汶川地震灾后恢复重建政策措施的意见》(川府发〔2008〕20号),具体提出了以下意见:

第一,在财政政策方面努力筹措灾后恢复重建资金、给予重灾区过渡期财力补助、统筹预算内投资安排、整合省级现有贴息资金、减免灾区部分行

---

　　①　樊杰:《芦山重建走的是可持续发展之路》,《人民日报》2015年4月30日。

政事业收费。

第二,在税收政策方面落实国家已出台政策、支持企业吸纳就业、调整重灾县营业税起征点、减免因灾害损失毁房屋有关税收、允许延期申报纳税、实行出口货物退(免)税应急管理。

第三,在金融政策方面开启绿色授信通道、增加重灾区再贷款、创新信贷产品、放宽机构准入条件、支持中小企业担保机构建设、扶持地方金融机构、推动企业利用资本市场融资。

第四,在国土资源政策方面确保恢复重建用地、调整耕地占补平衡方法、提高用地审批效率、妥善解决农民住宅用地、维护城镇居民、土地权益、调整灾毁耕地复垦项目实施方式、加强地质灾害监测预防、办理四川省煤炭探矿权审批发证工作。

第五,在产业扶持政策方面恢复特色优势产业生产能力、促进产业结构调整、优化产业布局、改善产业发展环境。

第六,在工商管理政策方面放宽市场准入、实施商标战略。

第七,在就业援助方面扩大就业援助范围、积极创新公益性岗位、鼓励使用灾区劳动者、组织免费职业技能培训、支持灾区外派劳务工作、促进原籍灾区的高校毕业生就业。

第八,在社会保障方面实施失业援助、扩大养老保险支付范围、缓缴核销社会保险费、保障受灾困难人员基本生活。

第九,在粮食政策方面稳定灾区粮食市场、支持灾区受损粮库维修重建、促进灾区种粮农民增收。在其他方面鼓励社会资金涌入恢复重建。

第二节　后重建时期灾区生态与产业协调发展的指导思想

当前,汶川地震灾区与芦山地震灾区均已进入后重建时期。芦山地震灾区的恢复重建工作在 2016 年 7 月基本结束;而汶川地震灾区受灾时间早近五年,进入后重建时期亦早一些。从汶川地震灾区来看,灾后复建对口支援陆续结束,对口支援的各个省市逐步退出灾区,完全无偿的支援也随之基本结束。正是因为如此,灾区许多地方都对援建方的离开呈现出一些"不良反应"。比如餐饮业就业以及营收大幅度下跌;依靠重建基础设施、房屋等取得收入的农民工就业人数减少,收入降低;灾区的第二、三产业发展减速,动力不足,明显低于援建时期。在后重建时期,必须有正确的指导思想和原则才能促使灾区持续健康稳定地发展。

　　以习近平新时代中国特色社会主义思想为指导,在认真学习党的十八大以来党中央和国务院的多次重要会议报告的基础上,结合国家和省市各级政府出台的相关重建政策与规划,也根据四川省近年来所提出的全面实行多点多极支撑、"两化"互动、城乡统筹和创新驱动"三大发展战略",全力推进四川由经济大省向经济强省、由总体小康向全面小康实行"两个跨越",通过归纳总结,本书提出后重建时期灾区生态与产业协调发展的指导思想如下:

　　在生态文明和创新、协调、绿色、开放、共享的发展理念指导下,着力巩固和发展灾后恢复重建的成果。坚持以人为本、尊重自然,充分发挥社会主义制度优越性,在着力保障及改善民生的同时加强生态环境治理与保护,提高民众的可持续发展意识。在依托恢复重建时期取得成果的基础上,以改革创新为驱动力,以绿色循环为主方向,以产业升级为着力点,以开放合作为突破口,推进生态产业化与产业生态化,增强自我发展能力,实现生态与经济的协调发展,让民众在生命财产有保障的情况下分享到发展的红利,努力开创灾区发展新局面。

第三节　后重建时期灾区生态与产业　协调发展的基本原则

一、科学规划,协调推进

　　后重建时期灾区的发展必须是规划先行,只有立足各区域差异化的具体实际,依据自然条件、资源禀赋和产业基础制定发展规划,用规划引领发展,做到有序发展,才会少走弯路,降低发展成本,提高经济发展质量。灾区要统筹经济社会发展规划、城镇规划、土地规划、产业规划、旅游规划、环境保护规划等,做到"多规合一"。其次,要从战略高度认识到灾区重建不止是三五年的时间即可完成,更加注重恢复重建结束后的长期发展,以灾区市场的产业结构重建与调整为主线,重点在于生态经济的构建。在后重建时期对于生态的恢复保护以及产业发展都应该在科学的规划指导下循序推进,严格按照主体功能区、生态功能区等要求,坚持统筹兼顾,不求高速增长,而是确保同当地环境经济基础、人文教育、人口素质等各方面条件相协调,因地制宜,合理规划,发挥地区优势,开辟富有特色的区域发展道路。

二、以人为本,完善民生

在灾区居民的基本生产生活设施已恢复的基础之上,现阶段要继续坚持以人为本,完善各项民生设施以及惠民的制度体系,尤其是在教育、医疗等公共服务设施方面应进一步完善。同时要注重生活区经济市场建设,增加就业,提高收入。此外,在面临次生灾害威胁的区域,通过适度的移民政策,既保证灾区人民的生命财产安全,也减少人们的生产生活对环境的破坏。

三、创新驱动,自力更生

在后重建时期要积极引进创新机制,以科技创新为根本,推动在产业发展、社会建设、文化教育等各个方面的改革创新,创新优化工作激励制度,发扬自力更生、艰苦奋斗精神,提高灾区干群积极性、主动性、创造性,进一步实现灾区经济社会的创新驱动发展。

四、市场主导,合作开发

运用市场机制,创新投融资方式,吸引社会资本,充分发挥与援建方建立的长效合作机制的优势,切实抓好对口合作园区建设,积极承接产业转移,引进适合当地发展的项目,推动灾区快速发展。

五、尊重自然,保护生态

保护灾区生态是减少灾区次生灾害发生、实现经济社会可持续发展的重要支撑,一方面要尽量保护好现在的生态环境,确保现有生态存量不受损失;另一方面要通过对区域生态、产业结构、排污、气象及地理等现状调查,分析灾区生态环境的变化趋势,科学准确地制定区域生态环境建设方案,积极进行生态修复与建设,努力提升灾区生态增量。同时,积极创新生态产业化与产业生态化的双向演进,推进灾区在后重建时期的绿色发展。

六、厉行节约,保护耕地

现阶段,我国耕地缩减,耕地状况趋于紧张。灾区的重建不能铺张浪费,需要在耕地流转与使用上建立严格审批制度,严厉杜绝浪费、粗放经营耕地、误用耕地。严格遵守可持续发展要求,节约且集约利用土地资源,严格保护耕地,为灾区三次产业的协调发展做好铺垫。

七、传承文化，凸显特色

灾区的发展要稳定持续必须保护和传承当地的特色民族文化，结合生态保护，维护和修复当地独有建筑风格的特色城镇和特色乡村风貌，对其进行挖掘开发，使其成为带动当地经济持续增长的推动力。

八、上下联动，防灾减灾

我国制定的减灾方针是在"除害兴利并举"的经济原则下，"以防为主、防、抗、救相结合"，以保障国家经济与社会可持续稳定发展，保证人民生活安逸富裕。[①] 为此，在后重建时期，灾区要推动人同自然和谐发展，把防灾减灾纳入区域社会经济发展规划体系，增强系统协调的综合防灾减灾战略观念；加快非工程防灾减灾建设进度，建立完善防灾减灾法律法规体系，加强防灾减灾的监测、评估，提高民众防灾减灾意识，强化社会承灾能力；把卫生、健康等建设纳入防灾减灾体系建设中来，严防灾后次生灾害尤其是传染性疾病等灾害的爆发；同时排除区域污染等危害，将肝炎、结核等传染病源彻底消除；在防灾减灾体系建设中保持开放合作的姿态，吸收国内外防灾减灾的先进技术与管理经验，促进灾区防灾减灾体系的建设完善。

第四节　后重建时期灾区生态与产业协调发展的发展目标

一、生态优先，实现绿色低碳发展

绿色发展是党的十八届五中全会提出的指导我国"十三五"时期以至更长远发展的科学发展理念和方式。绿色发展是要发展环境友好型产业，降低能耗物耗，保护和修复生态环境，发展循环经济和低碳技术，使经济社会发展与自然相协调。[②] 2016 年 7 月 28 日中国共产党四川省第十届委员会第八次全体会议通过《关于推进绿色发展建设美丽四川的决定》，指出四川省生态环境状况仍面临严峻形势，大气、水、土壤等环境污染问题突出，部分地区生态脆弱，自然灾害频发，资源环境约束趋紧，节能减排降碳任务艰

---

①　赵玉光、肖林萍：《防灾减灾建设在我国可持续发展战略中的地位和作用》，《西南交通大学学报（社会科学版）》2000 年第 4 期。

②　张云飞：《全面把握"绿色发展"》，《学习时报》，2015 年 11 月 9 日。

巨,生态文明体制机制不够完善,全社会生态、环保、节约意识还不够强,树立和落实绿色发展理念、推动发展方式转变已成为刻不容缓的重大历史任务……要牢固树立"保护生态环境就是保护生产力,改善生态环境就是发展生产力"的理念,坚持尊重自然、顺应自然、保护自然,以对脚下这片土地负责、对人民和历史负责的态度,坚定走生态优先、绿色发展之路,努力开创人与自然和谐发展的社会主义生态文明建设新局面。[①]

在恢复重建时期,灾区经济恢复发展主要得益于重建投资拉动、政策扶持和对口支援帮扶。随着灾后复建任务基本完成,灾区进入后重建发展时期,经济的发展必须首先考虑资源环境的有限承载能力。按照党的十九大关于"加快生态文明体制改革"的部署,灾区在后重建时期发展中必须做到经济发展与社会、生态、文化、政治相适应。作为灾后重建工作的核心内容和基础,生态建设与保护具有不可替代的作用,生态优先有利于保护灾区的经济发展成果,有利于特色文化的保护和弘扬,有利于灾区新农村的建设,有利于灾区重建总体目标的实现,有利于灾区人同自然、人同社会的和谐共处。

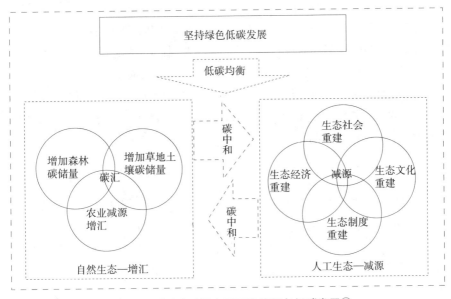

图3-1　后重建时期灾区要注重绿色低碳发展[②]

①　《中共四川省委十届八次全会举行　全会审议通过《中共四川省委关于推进绿色发展建设美丽四川的决定》》,《四川党的建设(农村版)》2016年第8期。
②　参见徐玖平、何源:《四川地震灾后生态低碳均衡的统筹重建模式》,《中国人口·资源与环境》2010年第7期。

灾区在后重建时期必须牢固树立"绿水青山就是金山银山"的理念,充分发挥生态优势,重视社会经济同自然生态协调发展,遵循或创造人与自然和谐共生法则,不以损失生态利益来谋求经济利益,经济发展不但要符合自然规律发展,也要符合后代子孙发展需求。科学规划,优化布局,尊重自然及社会经济运行规律,统筹灾区人民生产生活。选择人口聚居点,要充分认识区域生态环境的脆弱性和严峻性,进行生态环境承载能力考察,最大程度保护当地生态环境,并统筹好区域社会经济发展、人同自然关系、人口和资源、民族文化的空间布局。建立生态环境补偿机制、实施生态建设长效机制,构建具有综合性及层次性的特色发展体系、走生态重建政府支持与市场化相结合的道路。①

坚持生态优先,实现产业的绿色低碳化发展。按照《关于推进绿色发展建设美丽四川的决定》中提出的要求,灾区也要构建绿色低碳产业体系,加快产业转型升级,②围绕推进绿色、循环、低碳发展,深入实施创新驱动发展战略,大力推进供给侧结构性改革,全力做好增强新动能加法和淘汰落后产能减法,建设先进制造业。

灾区的产业在发展中也必须遵循自然规律,实现产业的绿色低碳化发展,特别注意第一产业的发展。通过增加农业、林业、草地等碳汇储量,利用碳中和技术将原始生产资料进行产品加工与生产,发展低碳均衡产业,提高低碳环保意识,以生态补偿机制为支持,建立完善的低碳产业发展制度,推进生态、经济、文化与制度重建进程,最终实现自然生态"增汇",人工生态"减源"的生态发展机制。

二、因地制宜,实现科学适度发展

在后重建时期,灾区的产业发展应综合考虑生态承载能力、主体功能区建设及新兴产业发展等劳动力需求,建立相应的项目准入机制,不能只顾眼前,在产业和项目上囫囵吞枣不加选择,而是要有所为有所不为,重视对区域经济发展质量的优化。不能贪大求快、不能搞无原则的拿来主义,特别要防止资源消耗型和重污染型企业及其落后产能向灾区迁移;必须立足于当地的生态环境和特色资源,根据当地的产业基础、市场条件和发展规划,充分发挥当地的资源优势而又不囿于资源启动项目,利用全社会的力量,实现

---

① 陈万象:《后重建时期灾区资源环境承载力评价研究》,成都理工大学硕士学位论文,2013 年。
② 《中共四川省委十届八次全会举行　全会审议通过《中共四川省委关于推进绿色发展建设美丽四川的决定》》,《四川党的建设(农村版)》2016 年第 8 期。

人才、技术、管理等优势要素的流入，因地制宜、分类指导、突出重点、远近结合，合理安排原地恢复、原地重建和异地新建，着力优化生产力布局，大力推进产业结构调整，培育特色优势产业，在多个方面进行统筹，实现适度发展：

一是科学规划同产业选择相结合。规划区产业体系恢复重建必须科学规划，结合地质条件及环境承载能力，科学布局，稳步实施。要统筹协调农业、工业、旅游业、文化业等不同产业间关系，处理好产业发展与生态环境保护关系，尊重各民族文化传统，促进人与自然和谐发展。

二是因地制宜同推进重点相结合。要认真执行全国主体功能区建设规划要求，根据资源环境承载条件和产业政策，注重发挥比较优势，合理确定不同区域的重建强度和产业发展方向。要注重农业基础地位，突出旅游先导地位，发挥工业支撑作用，下力气培育与发展特色优势产业。

三是产业集聚同优化提升相结合。在恢复重建实现高标准、高起点的基础上，灾区应在后重建时期进一步优化生产力布局，引导产业集聚发展。用先进技术升级传统产业，做强优势产业，坚决停止高耗能、高污染、产能低下与过剩的产业发展，按照循环经济理念，推动发展转变，推进灾区生态型经济社会建设。

四是产业发展同增加就业相结合。要高度重视并优先恢复重建与解决灾区人民就业和恢复生产生活秩序密切相关的产业，立足当前、着眼长远，处理好灾区群众最现实、最迫切的就业和生计问题，维护社会稳定。

五是市场主导和扩大开放相结合。继续推动市场化改革，开拓创新，理清政府同市场功能。建立以企业为主体、市场调节、政府引导、社会参与的重建机制，在坚持自力更生前提下，扩大对内对外开放，积极承接产业转移，重视发挥国内外大企业集团在恢复重建中的作用。[①]

三、优化布局，实现空间均衡发展

生态同产业空间协调发展的核心是产业发展要服从生态建设需要。生态建设分成两个方面：一方面是有针对性地进行地质灾害勘察和生态恢复治理；另一方面是间接治理，即在产业发展中协同完成生态恢复。单纯地进行生态治理，难以从根源上使生态得到长期保护，需要从源头入手，通过产业同生态的协调发展，构建实现生态的长效保护机制。产业的空间布局，直接影响到生态的空间格局，将会对产业周围的土壤、河流及大气产生最直接

① 国家发展改革委、工业和信息化部等编：《汶川地震灾后恢复重建生产力布局和产业调整专项规划》，2008 年 11 月 1 日。

的影响。因此,产业的空间布局上必须要以生态保护为前提。

一是以环评工作为基础,充分考虑生态空间。在灾区生态环境保护性发展的前提下,做好灾区的环评工作,将环评指标作为灾区生产发展的依据,在掌握灾区生态承载力的基础上,合理规划产业发展,科学布局,尽可能将灾区的经济产业发展同地方的生态环境发展融合为协调性发展,实现灾区的生态产业化、产业生态化双向互动。在灾区这样的人与自然矛盾凸显以致激化的区域,产业发展必须在空间上、内容上服从于生态建设。尽管地震已过去多年,但汶川地震灾区至今仍面临着泥石流、滑坡、塌方等严重的次生地质灾害威胁。为避免人民的生命财产遭受重大损失,应该减少人为因素对植被、耕地、河流、高山的破坏,在项目选址、产业建设、企业引进和技术创新时要深度考虑是否会避开新生灾害的发生,以保证重建成果长期有效。

二是以生态保护要求来调整产业空间布局。在产业发展中,要考虑生态的保护,边发展边保护,其造成的影响必须在环境资源承载力之下,这就要优化生态和产业发展的空间布局。对环境资源造成严重破坏的企业,责令迁址重建,重点是让其远离水源及地质脆弱区域,应选择相对封闭区域,建立带有重污染处理机制的产业园区,实行"集中生产、集中管理、集中治理污染",解决好排污产业重建问题,促进产业绿色发展。对一批虽具有一定的规模和技术优势,但环境敏感的企业进行取缔,保留规模大、技术先进、节能环保的企业,从而促进当地工业企业转型升级、做大做强。旅游业、林业、特色生态产业等环境友好型产业则是灾后重建过程必须重点发展的产业。如北川是2008年5·12地震极重灾区,是中国唯一的羌族自治县,大禹诞辰地;青城山是道教文化的重要发源地;还有都江堰、熊猫之乡、九寨沟等著名旅游胜地,拥有民族特色及悠久历史文化底蕴,在重建中当充分考虑其天然优势,打造特色产业,形成具有发展潜力的支柱产业。

三是合理打造产业格局,优化产业结构。灾区的产业结构不宜选择重化工和大规模资源开发项目,可以通过优化产业结构,实现产业转型,全力发展生态型工、农、旅游等产业,特别是结合政府有关用地的安排,统筹安排原地重建与异地新建用地,合理安排各重建任务建设用地的规模、结构、布局和时序;适度扩大位于适宜重建区的城镇特别是接纳人口较多城镇的建设用地规模。控制适度重建区和生态重建区的城镇建设用地,结合工业园区撤并和企业外迁;优先保证异地新建城镇、村庄的建设用地,以及重点重建任务、项目的新增用地;增加循环经济产业集聚区的用地,适度扩大少数国家级和省级开发区的用地,①特别

---

① 《汶川地震灾后恢复重建总体规划》(国发〔2008〕31号),2008年9月19日。

注意优先布局生态友好、适宜当地发展的农产品和农业项目,实现灾区经济可持续的良性循环发展。

四、包容合作,实现开放共赢发展

在汶川地震灾区的恢复重建阶段,对口支援采取了"全国一盘棋"的模式,创造性地构建了具有中国特色的灾后重建及援建模式,取得了巨大的成功。但是,对口支援毕竟是一种应急状态下特殊形态的制度安排。当前,灾区发展已进入振兴的新阶段,这个阶段,既需要自立自强,也需要巧借外力、扩大开放。① 需要共同开放合作,打造包容、均衡、共赢的区域经济合作架构,并以此为提托提高灾区经济的自生能力。

当前,因援建而受益巨大的灾区人民有着一个共同的愿望:继续深化与援建省(市)的区域合作,推动建立合作共赢的长效机制。这种新的机制,不应再有"时间刻度",而应立足"长期久远"。应通过政府、市场等各种平台和渠道,利用援建过程中形成的项目工程、产业链条、智力资源、技术力量、情感因素等,进一步推动支援方与受援方长期互动、长效合作,进而实现互惠互利、共同发展。②

在此基础上,灾区在后重建时期要进一步扩大对内对外开放,要积极参与四川的全方位开放合作工作,努力融入到"一带一路"和"长江经济带"战略,使当地特色产品和特色资源走向全国走向世界。同时,在后重建时期,灾区产业仍面临着艰巨的提档升级要求,需努力寻求合作契机,利用国内外资金来实现灾区经济的持续发展。但同时也要提高招商引资针对性,把承接产业转移与发展壮大本地特色优势产业有机结合起来,鼓励招大引强,积极引进关联度高、带动力强的重大产业项目,支持外来企业与四川省大企业大集团开展战略合作,支持各地承接产业(品)链薄弱环节、缺失环节的转移项目,努力增强经济内生动力。

五、全面改革,实现创新转型发展

2015年9月,中共中央办公厅、国务院办公厅印发了《关于在部分区域系统推进全面创新改革试验的总体方案》,并发出通知,要求各地区各部门结合实际认真贯彻执行,四川成为四个试验省域之一。全面创新改革被认

---

① 向军、杨洁、高云君、尹志力:《以深化区域合作实现互利共赢(1)》,《四川日报》2012年1月4日。

② 向军、杨洁、高云君、尹志力:《以深化区域合作实现互利共赢(1)》,《四川日报》2012年1月4日。

为是继自贸区后中国经济发展新引擎。全面坚持以实现创新驱动发展转型为目标，以推动科技创新为核心，以破除体制机制障碍为主攻方向，通过选择一些区域，开展系统性、整体性、协同性改革的先行先试，统筹推进经济社会和科技领域改革，统筹推进科技、管理、品牌、组织、商业模式创新，统筹推进军民融合创新，统筹推进引进来和走出去合作创新，探索营造大众创业、万众创新的政策和制度环境，从而提升劳动、信息、知识、技术、管理、资本的效率和效益，进一步促进生产力发展，加快形成我国经济社会发展的新引擎，为建设创新型国家提供强有力支撑。试验区结合东部、中部、西部和东北等区域发展情况选择 1 个跨省级行政区域（京津冀）、4 个省级行政区域（上海、广东、安徽、四川）和 3 个省级行政区域的核心区（武汉、西安、沈阳）进行系统部署，重点促进经济社会和科技等领域改革的相互衔接和协调，探索系统改革的有效机制、模式和经验。①

　　四川作为西部唯一入选试验区的省级行政区域，积极落实中央部署决定，2015 年 11 月发布了《中共四川省委关于全面创新改革驱动转型发展的决定》，该决定指出要大力实施创新驱动发展战略，加快转方式调结构，积极培育发展新动能，为全省经济社会持续较快发展提供有力支撑。② 2016年 7 月 4 日，国务院批复《四川省系统推进全面创新改革试验方案》，指出要围绕加速军民深度融合发展，以实现创新驱动转型发展为目标，以推动科技创新为核心，以破除体制机制障碍为主攻方向……形成引领经济发展新常态的体制机制和发展方式，为推动四川省转型发展、长远发展、可持续发展奠定坚实基础。

　　灾区在后重建阶段应以全面创新改革为契机，加快推动灾区的转型发展，充分激发其创新活力和创造潜能，加快形成灾区经济社会发展新引擎，以"因地制宜、灵活多样"原则创新发展模式。尽管同为地震灾区，且发生的空间有所重叠，汶川地震灾区与芦山地震灾区仍有诸多差异；而在同一次地震灾区来看，也有着区域的差异，如汶川地震灾区受灾面积大、地震破坏程度不同，对口支援差异大，重建的要求与基础不一。因此，应具体根据灾区各地的受灾情况，以实事求是的态度，因地制宜，立足当前，着眼长远，总体规划，分步实施，提高资源利用效率促进经济发展方式转变。

　　在后重建时期这样的特殊阶段，急需进一步研究如何创新推进四川地震

① 《关于在部分区域系统推进全面创新改革试验的总体方案》，《中华人民共和国国务院公报》2015 年第 27 期。

② 《中共四川省委关于全面创新改革驱动转型发展的决定》，《四川日报》2015 年 12 月 2 日。

灾区生态与产业协调发展,实现生态系统与经济社会系统的空间协调。注意通过引进消化再创新和自主创新加快区域生产等技术变迁速度,通过创新技术变迁提高各类资源使用效率,降低人类经济活动对灾区环境的影响;特别重视创新农业发展技术,在灾区积极推动避灾高效的生态农业建设。通过灾区产业的创新选择、创新集聚,以政府为引导、以市场为导向、以企业为主体、以科研机构和高校为创新源泉和后盾、以中介机构和科技园区为纽带、以各类科技创新组织为支撑,最终形成区域创新网络,加快创新扩散。

必须看到,灾后恢复重建实现了灾区硬件上的跨越式发展,但现在灾区出现一个带有共性的问题,就是教育、人才、管理等软实力与硬件的提升还无法完全配套。在后重建时期发展灾区产业,必须以创新的思维,实现创新的集聚,既要充分利用现有的创新因素和企业人才支撑,更要加紧对口援建机制建立,努力将其发展成长期对口合作机制。变单向的被援助到建立双向的利益共同体,积极探索对口地区的创新扩散,确保对口合作的可持续性,做到在横坐标上,向深度和广度拓展;在纵坐标上,向长期性、可持续性延伸。以互利互惠为根本,探索建立长期合作机制,走出一条全方面、多层次、宽领域的经济合作道路,创新推进生态与产业的互融互促,真正实现灾区的绿色协调创新发展。

六、民生为本,实现共享和谐发展

共享型发展强调经济机会的创造并保证这些机会的平等利用,其发展战略包含两大支柱:一是高速可持续的经济增长,以创造生产性和体面的就业机会;二是实现社会包容,以保证机会被所有人平等利用,也就是说共享型发展要求通过减少与消除机会不平等来促进社会的公平与增长的共享性。[①]

在地震中,灾区的工农业都受到了极大的影响,农田被大量淹没,土壤遭到严重破坏,农产品大量减产,人民生活十分艰难。经过灾后恢复性重建灾区现已恢复到灾前的"常态"轨道。在后重建阶段,基本目标就是要在恢复性重建的基础上,实现灾区经济社会的全面发展,灾区居民收入的可持续增长和灾区抗灾能力、区域发展能力的提升。要实现可持续发展,提高受灾地区发展能力的一个关键是在创造经济机会的基础上,保证这些机会的平等利用,特别是要为那些受灾民众充分利用,也就是说要实现共享型发展。从政策选择看,在灾后恢复性重建和发展中,必须充分尊重受灾地区政府、企业和民众的重建主体地位,把由政府强势主导的重建模式转变为政府主

---

① 郑长德:《论灾后恢复重建与共享型发展》,《阿坝师范高等专科学校学报》2010年第1期。

导、受灾群众为主体、市场互动的重建模式。① 从而使灾区的重建工程成为脱贫致富的民生工程。

综上，后重建时期灾区生态与产业协调发展的指导思想、基本原则、发展目标互为一体，形成了后重建时期灾区生态与产业协调发展的思路体系（见图 3-2）。

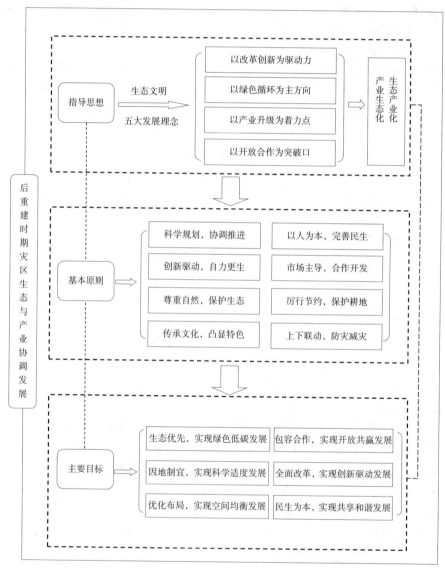

图 3-2   后重建时期灾区生态与产业协调发展基本思路构架图

① 郑长德：《论灾后恢复重建与共享型发展》，《阿坝师范高等专科学校学报》2010 年第 1 期。

第四章 后重建时期灾区生态与产业协调度评价研究

第一节 灾区生态与产业协调度评价指标体系的构建

对后重建时期灾区的产业与生态协调度进行评价研究,有助于进一步了解灾区生态环境的实际情况,能够为灾区后重建时期的产业选择和产业创新的推进路径研究提供借鉴和决策依据,对实现灾区可持续发展起着重要的推动作用。[①]

区域生态与产业复合系统内部因子都在质量及数量组合成的结构里呈现出指标变量作用的有序性特征。根据区域生态与产业复合系统协调发展的实质,可识别出特征性指标,依据自身共性将其分类整合,从整体角度建立起考量此复合系统协调发展的指标体系并对之进行评价。区域复合系统协调发展指标体系为区域生态协调健康发展的科学量度,是利用分级效率指标对此复合系统发展协调性的综合评估,识别出协调发展的促进和制约因子,利于探究区域生态与产业健康发展的对策与路径。[②]

以可持续发展为目标,为平衡区域内社会、经济、生态系统发展,保障生态经济健康、协调、持续发展,构建起一套易操作、应用性强的生态—产业协调发展综合评价指标体系显得至关重要。

一、灾区生态与产业协调度评价指标的选取原则

要对灾区生态与产业协调度的状况进行尽可能准确地反映,选取科学、合理的指标至关重要。所以,我们识别、选取相关评价指标的前提是必须保证所选指标的科学性和可操作性等;另外,由于灾区地域面积广、地形复杂及灾区内部不同区域间的产业发展水平和生态环境状况之间的差异性共同构成了一个复杂的系统,这个系统表现出明显的动态、开放、多变等特点。因此,为了构建的评价指标体系既能够较为准确地反映灾区特征,又能够反

---

① 陈万象:《后重建时期灾区资源环境承载力评价研究》,成都理工大学硕士学位论文,2013 年。

② 黄寰:《论灾区重建中的生态重建与经济发展》,《社会科学家》2009 年第 1 期。

映出整个灾区生态环境系统和产业发展的状态,同时又有强可操作性及实用性,指标项的选取应当遵循以下原则:

（一）科学性原则

灾区生态经济协调度评价指标选取必须遵循既定经济发展规律与生态规律,要采用科学工具及方法来识别并选取指标,确保所用指标是可通过论证评估、验证预测等方式得出明确结论的变量指标;同时,所选的指标要能从不同角度及侧面对生态与产业协调状况进行衡量。

（二）协调性原则

这一原则要求各指标之间要保持良好的协调性,既要保持各个指标的独特性,以防出现过度相似性指标,又要保证整个指标体系的系统性及完整性,尽可能完整地反映生态经济复合系统是否高效健康、协调发展等。

（三）可比性原则

此原则主要要求是:在时间方面,要求选取的指标要具有历史可比性,即目前的指标可以和过去的指标进行很好地对比;在空间方面,要求指标具有区域可比性,即要求所选的指标要在灾区内部不同区域间具有可比性。

（四）区域性原则

任何区域系统的系统结构都具有一定的一致性,在选取不同区域间的指标时要注意保持同类数据结构的一致性,尽量选取一些有共性的、能说明普遍问题的指标。不同区域又有不同于其他区域的特殊性,因为不同区域之间产业水平和生态环境状况在不同空间与时间上具有较大的差异,这种差异很大程度上决定了区域生态与产业协调发展状况。因此,在相同指标体系构架中,指标项的选取要尽可能反映出区域间的差异,尽量选取一些包含这种区域特色的指标。

（五）可操作性原则

指标项选取的难易程度、可定量化水平等应成为指标选取过程中的关键性原则。就汶川地震灾区而言,绝大部分受灾地区经济发展水平落后,在基础数据资料的收集统计、基本经济社会发展信息的披露方面都比较迟缓,而且很多信息资料可靠性尚有待考察。因此,在选取灾区生态与产业协调度的相关评价指标时,要特别注意数据资料的可靠性和获取的难易程度,对于那些不够可靠、不易获取的指标进行适当的规避,竭力确保最终所选指标的可操作性。

二、灾区生态与产业调度评价指标体系的构建

区域生态与产业协调发展指标体系是一个目标层次分明,指标平行健

全的系统整体,不同指标因反映生态与产业复合系统协调发展不同侧面,又具不同类别性质。

从纵向上看,区域生态同产业协调发展的指标体系应划分4个层级构建:(1)指数层。指数层是区域生态与产业协调指数。它通过分析方法获得,是反映区域生态与产业协调发展的总体状况及区域生态与产业协调程度的指标。指数层是指标体系的最高一层,下有两个子系统产业发展层与生态环境层。(2)系统层。系统层是通过一定的方法或技术处理获得的指标,这些指标不能直接从统计资料中获得,不同的分析方法会得到不同的系统值。(3)指标层。指标层使系统层的涵义和范围更加明确化和清晰化。指标层下设变量层,是对指数层的综合,是系统层和变量层的媒介。每个指标层又有几个变量层。(4)变量层。变量层是指定义清晰,能直接从统计资料中查到的指标。这些指标较为规范,为分析指标层提供有力的依据。

从横向上看,可将其划为产业发展和生态环境两类指标,每一类又包含下级小类,每小类又包含若干次级指标,它们有机组合成一个四级网状指标体系。

(一) 产业发展指标

产业发展指标为生态与产业复合系统评价体系的核心类指标。生态与产业协调发展本质是满足人类生存需求,产业发展是核心,生态环境是保障。产业发展是生产的方式、工具及规模的变革,结果体现在产业结构、效率及其带来经济水平的提升、人民生活质量的改善,其目标是为社会创造更多的需求性产品。产业发展指标主要反映经济发展总水平,产业协调程度,具体体现在产业发展规模与产业质量两类次级指标的度量上。

(二) 生态环境指标

生态环境指标是生态与产业复合系统发展的保障性指标。生态环境是指经济产业系统以外同经济发展有关的因素总和。该指标主要包括反映环境质量、污染治理状况的指标,及为人类生产和生活提供物质资源的利用性指标。

建立一套科学的指标评价体系对震灾区生生态与产业协调度评价至关重要。为了使灾区生态与产业协调度评价结果更加精确,在遵循科学协调、区域可比及可操作等基本原则前提下,参考国内外有关生态与产业协调度评价指标,最后筛选出18个指标,构建了后重建时期汶川地震灾区生态与产业协调度评价指标体系。[①]

---

① 陈万象:《后重建时期灾区资源环境承载力评价研究》,成都理工大学硕士学位论文,2013年。

表 4-1　灾区生态与产业动态协调度评价指标体系

灾区生态与产业协调度评价	产业系统	x1 人均 GDP(元)
		x2 地方财政一般预算收入(万元)
		x3 社会消费品零售总额(万元)
		x4 全社会固定资产投资总额(亿元)
		x5 第二产比重(%)
		x6 第三产比重(%)
		x7 第二产业从业人员比重(%)
		x8 第三产业从业人员比重(%)
		x9 出口总额(万美元)
	生态系统	y1 人均耕地面积(公顷/人)
		y2 农业机械总动力(万千瓦)
		y3 年末化肥施用量(吨)
		y4 城市人均绿地面积(平方公里/人)
		y5 工业废水排放达标率(%)
		y6 工业烟尘达标率(%)
		y7 工业固体废物综合利用率(%)
		y8 城镇生活污水处理率(%)
		y9 森林覆盖率(%)

在表 4-1 的 18 个指标中,人均 GDP、地方财政一般预算收入、社会消费品零售总额及固定资产投资总额状况反映了灾区各地总体经济发展水平和对产业的整体推动力;第二、三产业比重代表经济结构状况;第二、三产业就业人员反映产业对就业的吸纳能力;出口总额反映了灾区各地开放贸易水平;人均耕地面积可用来评价灾区可利用国土资源的数量和质量上的结构性特征,也在一定程度上反映出对人口、经济发展等承载能力;农业机械总动力反映了灾区农业技术化水平;城镇人均绿地面积用来评价灾区城市绿化水平;工业废水排放达标率、工业烟尘达标率、工业固体废弃物综合利用率以及城镇生活污水处理率反映地区发展在环境保护方面的举措;森林覆盖率反映了灾区森林资源稀缺度和绿化度。

第二节　案例分析:汶川地震极重灾区
生态与产业协调度评价

一、汶川地震十个极重灾区概况

2008 年国土资源部、地震局、国家汶川地震专家委员会等部门机构,在实地调查核定和综合分析评估汶川特大地震致灾强度、灾情严重程度和地质灾害影响等因素的基础上,对汶川地震灾害范围进行了全面客观的评估,共同发布了《汶川地震灾害范围评估结果》。灾害范围共三个等级,其中,极重灾区 10 个县(市),重灾区 41 个县(市、区),一般灾区 186 个县(市、区)。

表4-2　汶川地震极重灾区、重灾区分布

等级	分布范围
极重灾区	四川省汶川县、北川县、绵竹市、什邡市、青川县、茂县、安县①、都江堰市、平武县、彭州市
重灾区	四川省(29 个):理县、江油市、广元市利州区、广元市朝天区、旺苍县、梓潼县、绵阳市游仙区、德阳市旌阳区、小金县、绵阳市涪城区、罗江县、黑水县、崇州市、剑阁县、三台县、阆中市、盐亭县、松潘县、苍溪县、芦山县、中江县、广元市元坝区、大邑县、宝兴县、南江县、广汉市、汉源县、石棉县、九寨沟县 甘肃省(8 个):文县、陇南市武都区、康县、成县、徽县、西和县、两当县、舟曲县。 陕西省(4 个):宁强县、略阳县、勉县、宝鸡市陈仓区

本章以十个极重灾区为例,对灾区生态产业协调度进行分析。根据官方的《汶川地震灾害评估报告》,此次地震灾害波及四川、甘肃和陕西三省,造成极重灾区 10 个县(市)。10 个极重灾区均位于四川省,分别是汶川、安县、茂县、北川、平武、青川六县和都江堰、彭州、什邡、绵竹四县级市。具体地理分布如图 4-2 所示:

①　2016 年 4 月,经国务院批准,同意撤销安县,设立绵阳市安州区,以原安县的行政区域为绵阳市安州区的行政区域;2009 年,安县的安昌镇、永安镇、黄土镇的常乐、红岩、顺义、红旗、温泉、东鱼 6 个村划归北川羌族自治县管辖。由于这 6 个村的历年数据难以获得,为研究方便,本书在相关的量化分析中并没有考虑这一变化,而是直接以当年对外公布的统计数据为准。

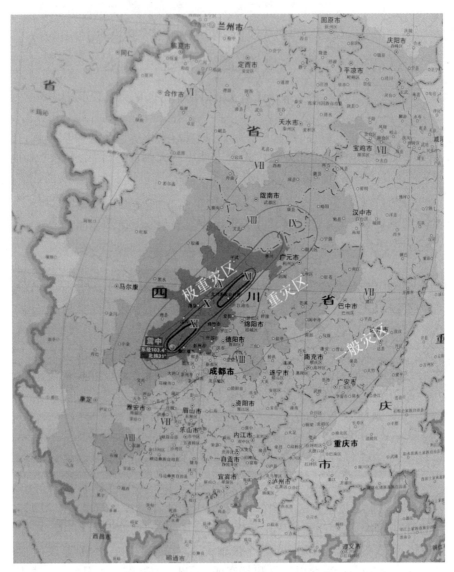

图 4-1　汶川地震灾区范围分布示意图①

地震不仅给这些地区经济社会发展造成重创,还大大破坏了生态系统,大片森林被毁、珍稀动物适宜栖息环境丧失或受损,余震频繁等次生灾害危险增加。经几年时间的恢复,灾区的耕地、林地和草地面积有所扩大,生态

---

① 汶川地震灾害地图集编委会:《汶川地震灾害地图集》,成都地图出版社 2008 年版。

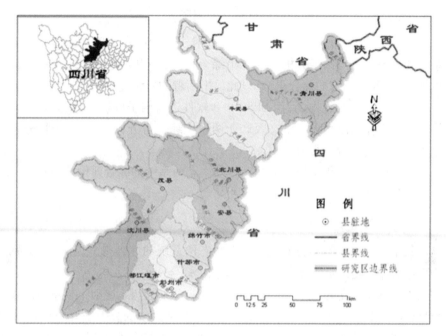

图4-2　汶川地震十个极重灾区分布示意图

系统得到一定程度恢复的同时经济发展水平也在逐步提高。2015年,四川人均GDP 37135元,极重灾区如汶川县、什邡市、绵竹市、彭州市、都江堰市人均GDP高于全省平均水平,其中汶川由于灾后重建力度较大,且人口相对较少,其人均GDP最高,超过全省平均水平的40%。茂县、安县、平武县、北川县、青川县均低于省均水平,其中青川县人均GDP为13455元,不及省均水平50%。产业发展方面,地震后,彭州、什邡、绵竹通过震后重建,依托震前工业强市基础及资源优势,大力发展医药、酒类、机械等产业,大大提高了经济发展速度。都江堰市则大力重建发展第三产业。青川、平武、北川等县因交通不便,生产方式落后,主要是以重建发展农业为主,所以其经济发展水平依然相对较低。

二、数据的收集

为了确保计算结果的准确性,本次指标体系中涉及的原始数据主要来自四川省及各县(市)所在的市(州)的统计年鉴,部分资料选自各县(市)政府年度统计公报及年度工作报告。因各评价指标单位及量纲不一致,所以,在收集完所有指标数据后,需要先将所收集的数据进行标准化处理。

三、研究方法与模型

对原始数据进行无量纲化处理之后,对汶川地震十个极重灾区的产业系统和生态系统用因子分析法计算出综合得分,并引入各系统内变量累计贡献率,以及两系统的综合得分,以此得出两者的协调度。

以对象地区为样本,利用 SPSS19.0 软件进行因子分析,采用方差最大旋转法将方差贡献率作为生态及产业两系统综合得分权重,公因子得分系数为两系统内公因子得分权重。

建立汶川地震十个极重灾区产业及生态两系统的综合评价函数:

$$f(X) = \sum a_i x_i^*$$

$$f(y) = \sum b_n y_n^*$$

其中,$f(X)$、$f(y)$ 分别为产业及生态两系统的综合得分,a_i、b_n 分别为两系统第 i 或第 n 公因子的方差贡献率;$x_i^* = x_k \theta_k$,$y_n^* = y_j \theta_j$,x_i^*、y_n^* 分别为两系统第 i 或第 n 公因子得分值;x_k、y_j 分别为两系统因子变量标准化数据($k = 1,2,3\cdots9$;$j = 1,2,3\cdots9$);θ_k、θ_j 为两系统的公因子得分系数。

为研究十个地区震灾前后的生态和产业两系统复合发展协调度,在考虑两系统综合发展水平的前提下,构建协调度模型。协调度是多系统或要素在"协调度"约束和规定之下的综合效应,能避免当两个系统发展水平都较低时,却可以得到两个系统高度协调的结果。[1]

$$C \left[\dfrac{f(x) * f(y)}{\left(\dfrac{f(x) + f(y)}{2} \right)^2} \right]^k$$

$$T = af(x) + bf(y)$$

$$D = \sqrt{C \times T}$$

式中:D 为两系统的协调度,D 值在 0—1 之间。D 值越大,表明生态与产业的关系越和谐;C 为两系统协调度;k 为调节系数($2 \leqslant k \leqslant 5$),这里取 $k = 2$;T 为两系统综合指数,体现十个极重灾区生态与产业两系统整体发展水平对协调度的贡献;a 和 b 为待定系数,分别取生态及产业两系统公因子的累积贡献率。[2]

---

[1] 宫少燕:《山东省土地利用与经济发展耦合协调度及时空差异研究》,《国土资源科技管理》2013 年第 3 期。

[2] 宫少燕:《山东省土地利用与经济发展耦合协调度及时空差异研究》,《国土资源科技管理》2013 年第 3 期。

四、评价标准

目前,关于生态与产业协调度等级划分还没有一个公认的标准。参照刘耀彬[1]等人的研究成果,结合极重灾区自身状况,将汶川地震十个极重灾区生态与产业协调度等级划分为五大类:Ⅰ优质协调(0.8000—1.0000),Ⅱ良好协调(0.6000—0.7999),Ⅲ中等协调(0.4000—0.5999),Ⅳ初级协调(0.2000—0.3999),Ⅴ失调(0—0.1999)。

第三节　评价结果分析

一、汶川地震十个极重灾区生态与产业协调度综合评价

根据上述研究方法,取十个地区 2005—2015 年协调度的均值得出十个极重灾区生态和产业协调度综合评价得分(如表 4-3 所示),基于得分结果得出汶川地震十个极重灾区生态与产业协调发展排序为:绵竹>都江堰>彭州>什邡>安县>汶川>平武>北川>茂县>青川。其中,绵竹协调度得分大于0.8,属于优质协调类,综合得分为 0.848,为十个极重灾区之首,说明绵竹市生态与产业协调发展能力最强;都江堰、彭州、什邡协调度在 0.7—0.8 之间并且靠近 0.8,属于良好协调类;安县、汶川、平武、北川、茂县的协调度得分位于 0.2—0.4 之间,属于初级协调类;而青川的协调度得分排在最后,且小于 0.2,说明青川的生态与产业的协调发展能力非常弱,属于失调类。

表 4-3　十个极重灾区生态和产业协调度综合评价得分

地区	汶川	都江堰	彭州	什邡	绵竹	安县	茂县	北川	平武	青川
综合得分	0.318	0.797	0.776	0.771	0.848	0.389	0.229	0.295	0.300	0.138
等级	Ⅳ	Ⅱ	Ⅱ	Ⅱ	Ⅰ	Ⅳ	Ⅳ	Ⅳ	Ⅳ	Ⅴ

二、汶川地震前后极重灾区生态与产业协调度空间差异分析

本书将灾后重建期划分为了恢复重建期(2009—2011 年),后重建初期(2012—2016 年),为对比汶川地震前后十个极重灾区生态同产业协调度的

---

① 刘耀彬、李仁东、宋学锋:《中国城市化与生态环境耦合度分析》,《自然资源学报》2005 年第 1 期。

空间分布差异,现以 2005—2007 年协调度得分均值作为地震前该市(县)的协调度得分,2009—2011 年协调度得分均值作为恢复重建期该市(县)的协调度得分,2012—2015 年协调度得分均值作为后重建时期协调度得分,如表4-4 所示。

表 4-4　汶川地震十个极重灾区地震前后协调度得分及等级情况

县域	震前得分	震前等级	恢复重建期得分	恢复重建期等级	后重建初期得分	后重建初期等级
汶川县	0.150	失调	0.477	中等	0.428	中等
都江堰市	0.815	优质	0.764	良好	0.739	良好
彭州市	0.756	良好	0.783	良好	0.772	良好
什邡市	0.793	良好	0.766	良好	0.798	良好
绵竹市	0.917	优质	0.795	中等	0.800	优质
安县(现安州区)	0.290	初级	0.499	中等	0.570	中等
茂县	0.111	失调	0.274	初级	0.363	初级
北川县	0.199	失调	0.425	中等	0.410	中等
平武县	0.292	初级	0.291	初级	0.319	初级
青川县	0.045	失调	0.230	初级	0.252	初级

根据以上十个极重灾区的协调度得分,参照协调度划分等级,得到十个区县地震前后生态和产业两系统协调度的空间等级图。

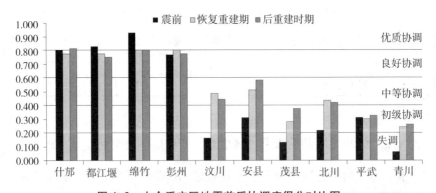

图 4-3　十个重灾区地震前后协调度得分对比图

总体来看,恢复重建期和后重建初期各区县的生态与产业协调度相对震前要高。结合表4-4 和图4-3 可以看出来,地震后十个区县生态与产业的协调度总体水平高于地震前,三个时期的平均协调度大小关系为震前(0.37)<恢复重建期(0.53)<后重建初期(0.545)。

从表4-4和图4-3中可以看出,地震前协调度达到优质协调的有都江堰市和绵竹市,彭州市和什邡市为良好协调类,安县和平武为初级协调类,而汶川、北川、茂县和青川四个区县协调度得分低于0.2,为失调类。

在恢复重建期,都江堰和绵竹市下降为良好协调,优质协调县(市)数为0,彭州市和什邡市依然为良好协调类,良好协调县(市)数为4个;北川和汶川由失调上升为中等协调,安县也由初级协调上升为中等协调,中等协调县(市)数为3个;茂县、青川两县也从失调类上升到初级协调类,平武等级保持不变,初级协调县(市)数为3个;失调县(市)数减少到0个。

恢复重建期到后重建初期,除绵竹由中等协调上升为优质协调,其他地区等级保持不变。

地震前后,尽管十个区县的生态与产业协调度等级的空间分布差异显著,但地震后,经过恢复重建和后重建时期的发展,十个地区协调度等级空间差距相对震前有所减小。地震前,都江堰、彭州、什邡、绵竹四个县(市)因距四川省省会城市成都距离较近,具有明显的地理区位优越性,加之政策优势及科技资源优势,在注重保护生态环境的同时,服务业、医药、酒类、机械等特色产业也协调发展。这使得该地区产业发展的综合实力较强,生态与产业协调发展较好。而汶川、茂县、安县、北川、平武、青川县等地区地处偏远山区,经济发展较为滞后,生态与产业协调度比较低,地震前,仅安县和平武县达到初级协调,其他四个县的生态与产业皆处于失调状态。但地震后,十个灾区的生态与产业都遭到了不同程度的重创。随着灾后重建工作的不断推进,灾区生态环境逐步恢复,社会经济水平不断提高,生态与产业协调度逐渐增大,十个极重灾区协调度的空间差异也逐渐变小,重建后,距离成都较近的大部分地区都处于中等协调以上水平,茂县由震前的失调状态上升至初级协调水平,汶川和北川更是从失调类型上升为中等协调,但其产业仍待于进一步的优化和发展。

产业经济水平的提高是灾区协调度变化的主要原因。由于汶川、茂县等地在震前经济发展水平较低,但生态环境处于较好状态,从而导致其产业发展水平和生态没有处于协调状态。在恢复重建和后重建期,灾区的经济水平不断提高,产业实力逐渐提升,并同其优良的生态环境相匹配,从而使其协调度得到提高。

三、协调度评价结果启示

通过对汶川地震十个极重灾区生态系统与产业系统的协调度的分析,可以看出,要实现灾区生态与产业良性耦合,必须在保护环境及提高产业发展水平前提下,确保生态及产业两系统内在互动,实现系统间良性循环,采取一系列措施来促进复合系统协调发展。

第一,建立并完善灾区的生态补偿机制,为灾区的生态重建及生态系统健康发展提供制度保障。

第二,因地制宜,合理发展灾区特色产业,促进生态及经济融合发展。在灾区恢复重建过程中,应根据各个灾区的生态承载能力、现有开发状况及发展潜力来明确灾区的功能定位及战略方向,因地制宜培育当地优势特色产业,发展生产、生活、生态三位一体的新型产业化道路,推动生态型经济形成与发展。例如彭州、什邡、绵竹三市的工业基础雄厚,应立足其自身优势,积极发展酒类、医药、机械等特色实体产业。都江堰市注重服务业发展,汶川、北川、茂县、安县(现安州区)、青川等要积极挖掘其独特的生态资源,在利于保护资源的前提下大力发展生态农业和生态旅游等产业,促进地区经济发展。

第三,实施灾区创新驱动发展,为实现灾区生态与产业的耦合协调提供科技支撑。在恢复重建的过程中,加大对灾区的科技创新投入力度,逐步建立以生态工业和生态农业为基础的循环产业体系,优化产业结构。在保护生态环境的基础上,不断加强技术创新,实施灾区企业重建,增强灾区企业活力,促进灾区企业可持续发展。①

---

① 黄褰:《汶川地震灾区生态经济系统耦合协调度评价研究——以十个极重灾区为例》,《西南民族大学学报(人文社会科学版)》2014年第12期。

第五章 后重建时期汶川地震灾区生态与产业协调发展

第一节 后重建时期汶川地震灾区发展的优势与机遇

独特的自然生态系统和显著的灾后恢复重建成果是汶川地震灾区未来发展的优势,为后重建时期灾区生态与产业的协调发展提供了良好的先决条件。灾区复杂多样的地形、气候、高差及地貌,呈现出了其生态系统的多样性。独特的地理条件为其带来了丰富的自然资源,是生态优势的重要体现,为当地农业、工业和旅游业发展提供了物质基础。同时,在汶川地震灾后重建工作中,各级政府积极投入,基础设施得到显著改善,人民生活水平得到有效提高,产业发展动力明显增强。

一、区域自然资源禀赋丰厚

(一)生物资源存量丰富

汶川地震的中心灾区位于岷山—横断山一带,是川西高原以及秦岭南端向四川盆地的过渡地带。该区域地域辽阔,地势西北高、东南低,地貌以龙门山及秦岭西侧南坡中高山为主,同时还有盆地、山前平原和低山丘陵。该区域内,海拔大于1200米的山地和高原面积占60%左右,其中海拔在1200—3000米的峡谷区及峡谷与山前平原过渡地带占25%,海拔大于3000米的高原、山峰及峡谷区覆盖超34%。汶川地震灾区蕴藏了非常丰厚的资源存量。

汶川地震灾区作为整个东洋界植物区系最为丰富的区域,保存着大量古老种及特有种,是动植物的"庇护所"与南北生物的过渡区。从生态系统多样性角度看,灾区复杂多样的地形、气候、高差及地貌,形成了陆生生态系统、高山生态系统、盆周山地生态系统、水生生态系统等复杂的生态系统;从景观多样性角度看,该区植被类型繁多,景观多样性丰富,具有以地带性森林景观、特有物种森林景观、湿地景观、稀濒兽类种群景观、森林季相景观、稀濒鸟类种群景观为主体的珍稀特有物种生境景观、以原始森林与湖泊或雪山冰川等为主体的复合景观。①

　　汶川地震灾区地形地貌变化多端,地质构造独特,是适合生物多样性繁衍的重要地区,也是长江上游一块不可缺少的天然屏障;同时生物种类繁多,生态环境敏感脆弱,是国际认定的 25 个全球生物多样性保护热点地区之一。该地区位于四川省西北部,川西高原向盆地过渡地带,由于地势变化明显,立体气候显著,生物种类极为丰富,森林覆盖率高达 40% 以上。据不完全统计,该区域仅高等植物多达 5000 种,各类资源植物 2000 多种,其中国家二级保护以上植物 39 种,动物 83 种。特别是这里是举世瞩目的大熊猫野外栖息地,数量较多且分布集中,主要生活在海拔 1700—3000 米以针阔叶混交林为主,跨阔叶混交林及亚高山针叶林地段。这些地带箭竹资源丰富,是大熊猫等珍稀动物的食物来源地及生存环境,第二个大熊猫野外定位观察站——白熊坪生态观察站就设在这里。

　　(二) 水源涵养功能突出

　　所谓的水源涵养,是指养护水资源举措,一般以恢复植被、建设水源涵养区达到控制土壤沙化、降低水土流失的目的。汶川地震灾区覆盖岷江、嘉陵江、沱江源头等重要水源涵养区及水土保持区,是白龙江、涪江、青衣江等水系独特的水源补给区,更是区域生态安全的重要结点。此地为生态环境提供了栖息地保护、水土保持、水源涵养等多重功能。② 在维持区域生态安全和功能方面,灾区植被生态系统发挥了重要作用。水电产业发展也直接受植被涵养水源、保持水土的功能大小的影响,因此,提高植被的防护功能是促进水电产业可持续发展的基础。③

　　处于多条河流水源涵养区的汶川地震灾区人均水资源量大于 3000m³,约是全国人均拥有量 1.4 倍,水资源相对丰富。西北部高原山区和山区年降水量相对丰富,人口数量少,经济发展水平低,人均水资源占有量远高于其他地区,许多县(市、区)人均水资源量超过 10000m³。东南部平原区和丘陵区人口稠密,经济较发达,人均水资源量偏低,是水资源相对贫乏区,大部分县(市)人均水资源量低于 1700m³ 警戒线。从区域分布来看,西部高山高原地区和盆地边缘山区水资源充裕,需求较小,开发难度较大;成都平原

①　陈广仁、苏青、吴晓丽、朱宇、代丽:《加强震后生态评价,促进灾区生态修复》,《科技导报》2008 年第 15 期。

②　钱骏、叶宏、邓晓钦、佟洪金、方自立:《四川省汶川地震灾区环境承载力评估》,中国环境科学学会环境规划专业委员会 2008 年学术年会,2008 年 12 月 1 日。

③　陈广仁、苏青、吴晓丽、朱宇、代丽:《加强震后生态评价,促进灾区生态修复》,《科技导报》2008 年第 15 期。

地区当地水资源不足,工农业耗水巨大,需求量大,用水以利用过境水为主,开发利用条件优越,但潜力不大。总体而言,整个汶川地震灾区水资源丰富,但因分布不均,造成供需与利用存在一定的矛盾。

（三）自然生态景观多样

四川省旅游资源丰富,自然景观主要集中在龙门山脉一带,包括峨眉山、青城山、乐山大佛、都江堰、九寨沟及黄龙六大世界自然与文化遗产。其中"九寨沟—黄龙景区环线"（九环线）是四川省内的黄金旅游线,同时也是著名的世界自然遗产旅游地。汶川地震区正处在九环线上,虽然对众多景点造成不同程度的损坏,同时也形成了许多与众不同的自然景观。据本课题组不完全统计,当前汶川地震灾区有5A级景区7个,其中震后新增汶川特别旅游区（震中映秀—水磨古镇—三江生态旅游区）、绵阳市羌城旅游区、南充阆中古城景区、剑门关风景区4个；4A级景区30个,震后新增平武县报恩寺、汶川县水磨古镇景区、阿坝州茂县羌乡古寨旅游景区3个；国家级风景名胜区14个,国家森林公园11个；国家重点文物保护单位26处,中国优秀旅游城市8个,国家历史文化名城（镇）6个,非物质文化遗产有汶川、茂县、北川、羌族村寨等15处。

（四）矿产资源存量可观

汶川地震灾区位于龙门山脉,地层发育比较完整,矿产资源非常丰富。无论是平武、安县,还是什邡、绵竹,这些极重灾区都拥有多样价值很高的矿产资源。以极重灾区青川为例,其县境内已发现20多种矿类资源,矿点超70处,主要有:砂金矿、岩金矿；初步估算银矿储量约为20万吨；铜金属储量7604吨；已探明铁锰矿184.89万吨,白云岩8730万吨；此外,还有丰富的煤、铝土矿、天然沥青、重晶石等矿产资源。在北川,赤铁矿C级储量283万吨、D级储量339万吨,黄金（包括砂金和岩金）储量11.82吨,石灰石10亿吨、重晶石37万吨、机砖页岩255万吨、板岩1亿立方米、白云岩1亿吨、硅石数千万吨,煤C级储量81.7万吨、D级储量83.3万吨。在汶川,已探明矿产50余种,目前已探明磁铁矿储量2545万吨,硫铁矿储量89万吨,水泥用石灰岩4081万吨,其中金刚砂的储量、品质均是全国之最。

这些自然资源条件组成了汶川地震灾区优良的生态发展本底,也成为后重建时期灾区实现生态与产业协调发展的重要基础。

二、灾后重建政策强力支撑

"5·12"汶川特大地震让四川经济遭受到巨大破坏,给受灾地区人民生命和财产安全带来严重影响,呈现受灾面宽、影响面广的特点。党中央、国务院对灾后恢复重建做了重要部署和总体要求,并对四川(39 个县市区)、甘肃(8 个县)、陕西(4 个县区)极重灾区和重灾区进行了总体规划。灾区各级地方政府在党中央、国务院的统一部署和领导之下,纷纷制定了灾后工业企业恢复重建规划。① 兄弟省市对口支援,给予了有力支持。从资金的投入量来看,来自中央、援建地方的巨大投资和国内外的大量捐款涌入,灾后重建一个月的投资额即相当于 10 年前全年的投资额②,重建一年多有些地区的投入甚至超过了此前几十年的总和。大幅度增加的灾后恢复重建投资加快了灾区的住房重建、基础设施、服务设施和民生工程建设,使硬件建设整整提前了五十年。巨量投入成为灾区扩大内需、拉动经济增长的引擎。③

国家还出台了不少相关政策措施来支持灾区重建,保证重建工作能顺利展开。2008 年,国务院出台《汶川地震灾后恢复重建条例》,用九章内容明确规定了震后恢复重建的准则与要求。第一章的总则里明确指出了"地震灾后恢复重建应当坚持以人为本、科学规划、统筹兼顾、分步实施、自力更生、国家支持、社会帮扶的方针"。2008 年 6 月底,国务院办公厅再一次出台《关于支持汶川地震灾后恢复重建政策措施的意见》,力争让灾区的生产、生活秩序早日恢复,积极引导灾后恢复重建工作,鼓励社会各方面力量参与到重建当中。

在认真贯彻落实《国务院关于支持汶川地震灾后恢复重建政策措施的意见》(国发〔2008〕21 号)基础上,四川省结合自身实际情况再提出了一些相关意见:一、在财政政策方面,努力筹措重建资金、对重灾区过渡期给予财政补助、统筹预算内投资方案安排、整合省级贴息资金、减免灾区部分行政事业收费。二、在税收政策方面落实国家已出台政策、支持企业吸纳就业、调整重灾县营业税起征点、减免因灾损毁房屋有关税收、允许延期申报纳税、实行出口退(免)税应急管理。三、在金融政策方面,开启绿色授信通道、增加重灾区再贷款、创新信贷产品、放宽机构准入条件、支持中小企业担保机构建设、扶持地方金融机构、推动企业利用资本市场融资。四、在国土资源政策方面,确保恢复重建用地、调整耕地占补平衡方法、提高用地审批效率、妥善解决农民住宅用地、维护城镇居民土地权益、

① 黄寰、罗子欣、冯茜颖:《灾区重建的技术创新模式研究——汶川地震工业企业实证分析》,《西南民族大学学报(人文社会科学版)》2013 年第 9 期。
② 盛毅:《2009 年四川经济形势分析与 2010 年走势预测》,《四川日报》,2010 年 1 月 6 日。
③ 黄寰、罗子欣、冯茜颖:《灾区重建的技术创新模式研究——汶川地震工业企业实证分析》,《西南民族大学学报(人文社会科学版)》2013 年第 9 期。

调整灾毁耕地复垦项目实施方式、加强地质灾害监测预防、做好省内煤炭探矿权审批工作。五、在产业扶持政策方面,恢复特色产业生产能力、促进产业结构调整、优化产业布局、改善产业发展环境。六、在就业援助方面,增大就业援助范围、多设公益性岗位、鼓励使用灾区劳动者、组织免费培训、支持灾区外派劳务工作、保障原籍灾区毕业生顺利就业。七、在社会保障方面,实施失业援助、扩大养老保险支付范围、缓缴核销社会保险费、保障受灾困难人员基本生活。

2010 年 8 月,在灾后重建"三年目标任务两年基本完成"胜利在望之时,为了维护重建成果,提升灾区可持续发展能力,实现灾区全面振兴,四川省发布了《关于促进汶川地震重灾区群众就业的意见》和《关于促进汶川地震灾区产业发展的意见》,其目的在于增强灾区持续发展能力,推动灾区在后重建时期的持续发展。2011 年 8 月 5 日,《汶川地震灾区发展振兴规划(2011—2015 年)》提出:把产业发展作为增强自我发展能力、扩大就业、保障灾区人民安居乐业的根本举措,坚持走新型工业化道路,培育壮大特色优势产业,有选择地发展战略性新兴产业,推进产业结构升级,着力构建比较优势突出、适应未来发展需求的产业体系,推动工业向城镇地域的空间集聚,以工业化带动城镇化,以城镇化促进工业化,联动推进新型工业化新型城镇化,优化生产力布局。①

以上系列政策措施,给灾区的恢复重建期工作提供了巨大的支撑,同时也给灾区后重建时期的发展提供了重要的引导,为灾区长远发展奠定了重要基础。

三、经济发展远超震前水平

国家出台的一系列政策支持,为后重建时期灾区生态与产业协调发展提供了新的发展机遇和动力。在国家政策的大力支持下,汶川地震灾区经过几年的重建发展,经济社会总体发展迅速,经济发展速度和人民生活质量远超震前水平。

(一)　灾区投资得到爆发式增长

灾区得到了党中央、国务院的关怀和全国人民的支持,投资前所未有地增长。仅 2008 年一年,庞大的灾后重建投资便驱动四川 GDP 增长率提高了 5 个百分点,而 2008 年后,四川连续五年实现投资超万亿元,2013 年已

---

① 《四川省人民政府关于印发汶川地震灾区发展振兴规划(2011—2015 年)的通知》,川府发(2011)26 号,2011 年 8 月 5 日。

突破两万亿元,达到 21049.2 亿元。① 投资对于灾区的经济发展有着明显的杠杆效应,对于推动四川 GDP 突破三万亿元人民币起到了直接作用。通过大规模资金注入,灾区的 GDP 得到高速增长,人均 GDP 稳步提高;财政收入稳步提升,人均财政收入增幅显著。

(二) 灾区基础设施建设得到飞跃式提升

2008 年后,国家发改委牵头印发了《汶川地震灾后恢复重建基础设施专项规划》。该规划包括交通(高速公路、干线公路、铁路、民航)、通信(通信、邮政)、能源(电网、电源、煤矿、油气)和水利四个方面内容,涉及川、甘、陕三省 51 个重灾区,规划恢复重建期为三年,预估总投资 1670 亿元。截至 2014 年 5 月 13 日,已基本完成基础设施恢复建设,仅少数跨区域的重大基建项目,因工程量大、完成周期长,规划工期延后。都江堰、汶川、什邡等多个地震重灾区政府均表示通过地震后的重建,使得当地基础设施向前推进了 20 年。

(三) 灾区产业高速发展且结构不断优化

伴着发展方式的转变,汶川地震灾区一、二、三产业产值稳步增长,各区县第一产业比重连续下降,第二、三产业的比重稳步提高,产业结构继续优化。改革深入推进,社会事业全面发展;投资环境不断改善,融资渠道获得巨大突破;区域合作迈出新步伐,开放型经济发展水平持续提高。

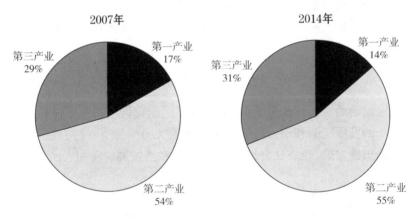

图 5-1　汶川地震十个重灾区 2007 年和 2014 年产业结构对比图

① 邓晨曦编:《灾区变成景区　家园变成花园——汶川地震六周年记》,2014 年 5 月 20 日,见 http://gb.cri.cn/42071/2014/05/20/7371s4547787_1.htm。

（四）公共服务设施加快完备

从社会民生的配套设施发展来看，相较于震前的居住水平，新建的住房使灾区居民的生活条件得到了明显的改善，布局更加合理，功能更加完备，配套服务更加齐全。在住房条件大幅改善的同时，与民生有关的公共服务设施的水平也大幅提升，灾区的学校和医院在硬件设施和软件配套上都有了质的提高。2011 年 10 月 14 日汶川地震灾后恢复重建总结表彰大会上指出，在恢复重建工作中共解决 540 多万户、1200 多万人的住房修建问题；规划重建的 3002 所学校、1362 个医疗卫生机构已建成交付使用，同时还新布局建成了一批社会福利院、社区服务中心、文化中心等民生设施。已完成干线公路重建 4605 公里、农村公路重建 27160 公里，灾区 6 条高速公路全部开工建设，2069 座震损水库除险加固全部完成。38 个重建城镇基本完成规划项目，城镇道路、供水、配气等市政设施基本完成。[①]

四、西部大开发战略新机遇

西部大开发是中国现代化发展的重大战略决策，是全面推进社会主义现代化建设的一个重大战略部署。[②] 实施西部大开发不仅是西部解决就业、改善人民生活、提高经济水平等问题的现实发展需求，更是国家扩大内需、实现共同富裕的战略发展需求。西部大开发总体规划可按 50 年划分为三个阶段：从 2001 年到 2010 年是奠定基础阶段；从 2010 年到 2030 年是加速发展阶段，这一阶段是西部大开发的冲刺阶段，目标是巩固提高基础，发展特色产业，实施经济产业化、市场化、生态化和专业区域布局的全面升级，实现经济增长的跃进；从 2031 年到 2050 年则是全面推进现代化阶段。[③]

现在正处于西部大开发战略的加速发展阶段，也是开发西部、建设西部、繁荣西部、发展西部的大好时机，灾区要深刻分析当前面临的新形势和西部大开发蕴含的新机遇，力争在西部大开发新形势下顺势借助各方的积极助力，准确出击，抓住机遇，实现腾飞。在这一时期，要与灾区后重建的要求相结合，用前面所确立的思路、重点和目标，遵循发展规律、顺应时代潮流、加快推动灾区跨越发展。

---

① 刘奇葆：《在汶川地震灾后恢复重建总结表彰大会上的发言》，《四川日报》2011 年 10 月 29 日。

② 王雪纯、邵彩红：《关于西部大开发发展战略的国内研究综述》，《时代经贸》2011 年第 29 期。

③ 《国家计委、国务院西部开发办关于印发"十五"西部开发总体规划的通知》，《中华人民共和国国务院公报》2003 年第 3 期。

要切实把握新一轮西部大开发的历史机遇,把政府决策部署与灾区经济发展实际更为紧密地结合,解放思想、创新举措、攻坚克难,加快汶川地震灾区建设。要扎实做好大开发各方面工作,奋力实现灾区经济社会跨越发展。要大力实施项目推动,进一步注入跨越发展动力;重点支持优势产业,强化跨越发展支撑;加快城乡建设,拓展跨越发展空间;着力改善民生,凝聚跨越发展合力。要切实强化工作保障,为西部大开发顺利推进创造有利环境。要推动思想大解放,认真研究和用好政策,抢抓主动有所作为,改进作风狠抓落实,努力使西部大开发的新成果更多地惠及广大群众。要加快项目建设,抓好工农业生产,打好节能减排攻坚战,加快民生工程建设,抓好城乡环境综合治理,实现生态与产业协调发展的协同共进。

第二节　后重建时期汶川地震灾区发展的劣势与挑战

经历了三年恢复重建及其后数年建设,汶川地震灾区得到了全面振兴发展,重建工作也取得了重大的阶段性成果。灾区群众生产生活水平、产业发展水平较震前有了大幅提高,生态修复工程也持续推进。但是在后重建时期想要实现灾区生态与产业的协调发展,仍面临着来自各个方面的威胁与困难。首先,震前灾区发展条件差,经济基础薄弱,第一、二产业发展的不合理性与生产技术的落后给生态环境造成了一定的破坏,从而使生态环境变得脆弱。而地震之后泥石流、滑坡等次生灾害所带来的影响也不容忽视,这对灾区环境治理有很强的破坏与制约。其次,在后重建时期,生态可能面临多次破坏,进一步加剧了其脆弱性及难恢复性。同时,灾区长期以来存在企业技术水平不高、产业结构不甚合理,尽管灾后恢复重建得到了根本改观,但客观上存在产业面临新常态调整、农民非农产业技能水平较低、援建合作机制没有长期保留、自身科技发展水平不足、市场培育仍待进一步完善等诸多问题,阻碍着灾区的长期可持续发展。

一、生态功能修复任重道远

在恢复重建过程中,汶川地震灾区将生态修复作为重要内容,震区走出了一条"先固山,后造林"的林业治山新路子,现已取得阶段性成果:截至2015年10月,已建成4个林业治山示范区、15个示范点,林业治山工程设施总长度达3.3万米,植树造林3.7万株,完成植树造林植被恢复21公顷,推动自主治山99公顷。大地震毁坏的山体如今重新披上绿装,植被密度、水土流失量等均已恢复到震前水准。① 但由于汶川灾区生态脆弱,加之次生灾害频发,使得生态修复工作仍面临较大挑战与困难。

(一) 灾区震后次生地质灾害不断

汶川地震对人民生命财产和生态系统都造成了巨大破坏。生态环境重建工作是重中之重,应该对灾区生态环境建设影响进行评估。但对地震诱发的滑坡、泥石流等以灾害链形式引发的次生灾害造成的水土流失、生态功能退化等间接影响难以评估。这种继发性、严重性的链式作用容易被忽视,且难以精确评估,这不仅制约着灾后重建顺利开展,而且阻碍着灾后生态恢复、环境管制。因此,全面、正确地掌握地震对灾区生态系统的影响是实现可持续重建目标的关键。汶川地震发源于龙门山断裂带,此断裂带地质结构复杂,地壳不稳定,且坡陡,沟深,多峡谷。此次震灾引发诸多次生地质灾害,如山体滑坡、崩塌、泥石流等造成大量民居伤亡、道路受损、河道堵塞。其中大范围的崩塌滑坡发生在四川盆地北部山区,而最严重的发生在地震中心区,地表崩塌滑坡产生的剥离面积高 15% 以上,同时在各个河段生成了规模不等的滑坡堰塞坝,其数量多达 34 个。

本课题组在对灾区的多次实地调研中明显看到,尽管灾区生态保护与修复已取得了重大进展,但灾区的生态环境仍比较脆弱,地震造成山体不稳,形成了大量松散的堆积物,特别是沿江沿河区域,很容易受到滑坡、泥石流等次生灾害的威胁。比如,北川陈家坝乡青林沟极为典型,这里的泥石流治理工程可谓是一波几折:在 2008 年地震后发生了较大的泥石流,为保证沟下的集中安置点安全,2010 年进行了治理,但随后即遭受山洪冲毁;2011 年第二次修复;2012 年又一次遭受暴雨与泥石流,当年第三次修复;2013 年“7·9”洪灾,不得以第四次修复;2014 年又被破坏,当年进行了第五次修复。2015 年 12 月,我们现场调研时,还可以看到当地政府所立的钢制“陈家坝乡青林沟泥石流治理工程简介”;但到 2016 年 5 月,笔者随成都理工大学地质灾害防治与地质环境保护国家重点实验室与英国卡迪夫大学组成的联合课题组②重返此地调研时,发现这个钢架都已倒塌。

(二) 灾区生态功能恢复缓慢

首先,生态系统受损。其表现为:原生植被遭到破坏、珍稀动植物死伤

① 王成栋:《先固山后造林震区植被恢复少用 15 年》,《四川日报》2015 年 10 月 13 日。
② 这次调研得到国家自然科学基金国际(地区)合作与交流项目“汶川地震诱发地质灾害时空演化规律及风险评价研究”(编号:4151101239)支持,项目负责人:黄润秋。

图 5-2   陈家坝乡青林沟的泥石填满坝体,直接威胁到下方的集中安置点
(2015.12.5 黄寰摄)

严重;森林、草地水田等组成的生态系统损害严重,导致珍稀动物栖息地损毁严重;水土保持等主要生态功能遭受巨大破坏,导致水源涵养功能急剧减弱;山体滑坡、泥石流、山崩等次生灾害又进一步造成耕地的大量缩减,表土严重流失,农田土壤遭受污染,造成土壤肥力下降,水土流失加重,也加剧了土壤侵蚀潜在风险。

其次,地震使化工企业遭到破坏,直接威胁当地发展,如什邡市化工厂因震坍塌,大量液氨泄漏,演变为典型次生环境灾害。同时,因地震和次生地质灾害扭曲了原有地貌,致道路毁坏、大片房屋倒塌;土地损失,农作物受灾;农业基础设施遭受损毁、水资源系统紊乱,阻碍了当地工农业生产发展及城乡统筹建设进程。

再者,西南区域水能源丰富,但地震致使岷江干流河段的9个电站均受到损害,其他区域很多水电站也遭到了严重破坏,更加大了灾区生态和经济恢复重建的难度。

最后,短期内灾区生态环境恶化趋势显著。一方面,灾区土壤生态系统遭到破坏;另一方面,灾区水能体系安全性受到威胁。如地震使企业污染物外泄、垃圾处理系统瘫痪等，易对灾区土壤造成严重污染。大量植物残体、腐烂性动物尸体、生活垃圾及污水进入水系严重威胁灾区河流生态与饮用水安全。防疫过程中大量使用灭菌剂、消毒剂、杀虫剂，化学试剂通过雨水淋洗进入土壤，对灾区的水环境、土壤生态系统造成严重影响。[①] 不仅会对当地水土造成不同程度的污染，而且在较长时期内威胁灾区居民用水安全及水生环境系统安全。此外，灾区工业企业及生活废弃物处理设施的严重损毁，治污能力大大下降，从而使当地环境的恢复与治理难度加大。[②]

（三）环境保护还要进一步加强

汶川地震发生后，不断爆发出不同程度的生态难题，这些难题为灾区的可持续发展增加了障碍。制约灾区可持续发展的主要有以下几点：一是经济增长方式相对落后。虽然经过恢复重建，灾区产业结构不断优化，但仍是以第二产业为主，其占比高达 50%，且其中不乏高耗能、高污染、低效益特征的"粗放型"的工业企业。工业"三废"排放过高会使汶川地震灾区环境恶化，使生态环境的自动净化能力和环境承载量弱化。因此，灾区的产业结构仍需不断优化，利用科技创新改造第二产业，走新型工业化道理。二是生态保护意识仍有待提高。汶川地震发生后，该地区生态系统遭受破坏，由于原本经济水平与教育水平偏低，群众对于维护生态平衡的重要性认识不够。在后重建时期可以使用现代科学技术宣传生态保护，利用微博、多媒体、广播、电视等方式宣传生态保护，开展有助于提高居民生态保护意识相关工作，增强群众参与度。三是生态系统平衡打破。汶川地震发生后，引发各种滑坡、泥石流、塌方、洪水等次生灾害，生态植被遭受破坏，多种植被灭亡，引发多种疾病，气候变化大，严重影响了人们的生活质量。地震及次生灾害对生态环境造成严重毁坏，对人民生活在成巨大损失，生态平衡已经被打破，环境防护系统差，人工恢复和维护相对困难。四是自我重建能力较弱。地震发生后，社会各界对灾区进行援助，使灾区经济逐步恢复正常。但是由于自我发展能力不足，当地高端人才较为缺乏，科技力量薄弱，灾区管理体系还不够完善，致使出现了一些"空壳"的援建项目。目前，灾区还存在一些经济、社会与环境的认识矛盾问题，部分地区仍以牺牲生态为代价来实现经济发展，要实现可持续发展目标仍需长期努力。

① 陈广仁、苏青、吴晓丽、朱宇：《加强震后生态评价，促进灾区生态修复》，《科技导报》2008年第 15 期。

② 邓玲、李晓燕：《汶川地震灾区生态环境重建及对策》，《西南民族大学学报（人文社科版）》2009 年第 3 期。

二、产业发展有待优化升级

从现状看,汶川地震重灾区(县)出现第二、三产业发展滞后现象,而其他地区的传统工业占比大,第三产业发展远滞后于第二产业。目前,39 个重灾县工业增加总值约占四川省的 25%,规模以上工业增加值缩水近 300 亿元。灾区工业企业入库税金下降,促进经济增长作用减弱,工业反哺农业能力下降,大大减弱了就业问题解决能力。一是在某些土地资源比较丰富的地区,着力发展传统农业,并占据主导地位,服务业发展非常滞后。近年来,这些区域第一产业增加值总值超地区生产总值的 38%。但灾区有知识有技能有资金的农村带头人少,那些地区长期从事传统的农业生产,从事服务业的经验少,以第三产业促进当地经济发展的意识薄弱,没有形成依靠本地资源,促进多产业共同发展的思想概念。这将成为灾区壮大第三产业、旅游市场开发和生态旅游发展的一大障碍。二是在工业基础相对较好的县(市、区),传统工业经济比重依然很大,第三产业发展过于滞后,在生产总值中占比偏低。灾区经济恢复发展主要得益于重建投资拉动、政策扶持和对口支援帮扶,内生发展动力不足,抗风险能力弱,发展基础不稳固;部分地区经济尚未恢复到震前水平,债务压力重,结构调整慢,转型发展依然需要较长的过程;面对淘汰落后产能的艰巨任务,中小企业发展困难重重。[1] 如果再继续发展传统工业,发展速度也会相当缓慢,环境问题也会越来越严重,而大力发展第三产业则可以更快促进灾区经济发展,使服务业先发展起来,有了一定的经济基础之后再带动工业发展。[2]

四川地震灾区依然是经济欠发达地区,自主创新产业少,因此,应在灾后重建多项国家政策等支持下,积极加大技术创新力度,做大经济总量,加快产业优化升级,推动产业协同发展。进行技术创新才能探索出符合灾区区情的产业发展模式,方能更好对灾区社会经济的快速发展起到促进作用。灾区应当以优势产业为基准,立足当地优势产业发展经济,发挥当地的资源优势。扶植弱势产业发展,要充分利用国家的优惠政策支持,化灾为机,发展弱势产业,推动经济全盘发展。大力推动以旅游业为依托的第三产业发展,充分利用本地资源,制定因地制宜找准第三产业发展方向。注重产业间协调,在各产业发展的过程中,要关注产业的协调发展,以农业为本,促进工

---

① 《四川省人民政府关于印发汶川地震灾区发展振兴规划(2011—2015 年)的通知》,《四川省人民政府公报》2011 年第 8 期。

② 黄寰、罗子欣、冯茜颖:《灾区重建的技术创新模式研究——汶川地震工业企业实证分析》,《西南民族大学学报(人文社科版)》2013 年第 9 期。

业发展和大力推进第三产业发展。同时要优化产业结构，实现产业优化升级，大力扶植高科技企业和创新产业发展。

三、社会经济发展逐步放缓

从全国来看，我国经济经过多年的高速发展之后，步入了"新常态"，经济的传统竞争优势变弱，潜在增长率开始下降，面临着"三期叠加"所带来的挑战，经济增速也开始放缓，从过去的两位数增长率放缓至6%—7%。在这一大背景影响下，汶川地震灾区也面临着社会经济发展速度减缓的挑战。

一是经济增速放缓。汶川地震灾区面临着由恢复重建期的高速增长到后重建期增速放缓的问题。地震发生以后，虽然国家在大力扶持灾区经济发展，但是由于灾区本身的经济基础薄弱，长期以来的产业发展结构不甚合理，加之地震灾害给灾区带来了毁灭性的破坏，生态系统恢复缓慢，经济可持续发展的根基受到影响；更直接由于恢复重建期间以基础设施投资拉动为主体、外部巨额投资实现的快速增长情况发生变化，使得后重建时期的灾区社会经济发展进入持续增长但增速逐步放缓的阶段。以震中汶川县为例，2009年的GDP增速高达73%，但到了2015年其增速下降为1%。

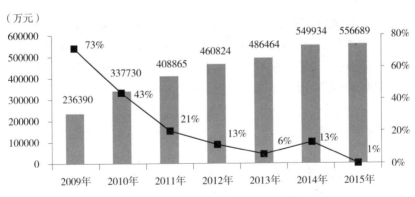

图5-3　汶川县GDP及增速变化图

二是农村经济发展水平还有待提高。据调查，汶川地震灾区农村受灾群众的收入水平与灾前相比有了明显提高，特困户大为减少。但是，农户绝大多数收入还是用于农业生产、生活，表现为恩格尔系数偏高，生活水平从总体上还是未能得到根本性改变。在灾区重建过程中，"三农"问题就摆在了突出位置。自灾后重建以来，灾区进一步推动产业转型升级，推动农业由传统型向现代休闲型转变，加快发展山区型现代农业，培育了一批现代农业产业基地强村、现代林业产业强村、现代畜牧业重点村,大大改善了灾区第一产业发展落后的状况。但是本课题组在实际调研中也发现,灾区农村社会经济发展依然不平衡,特别是一些遭受次生灾害的农户生活仍很艰难。

三是城镇化质量偏低。党的十九大提出"推动新型工业化、信息化、城镇化、农业现代化同步发展",各级政府要以提高城镇化质量为基础,积极推进城镇化进程,引导城镇快速、稳步发展。土地资源、水资源和化石能源是地震灾区城镇化发展的必要条件,但是由于其城镇化水平较低,不能很好地利用各种资源,导致跃进式的城镇化使土地资源呈现紧缺状况。此外,城镇化建设用地的增加,再加上不完备的城镇化建设体系,导致建筑用地迅速增加,公共绿地面积持续减少。只是盲目发展城镇化,而忽略了资源的稀缺性,耗费大量水资源,进而影响了农业、工业等的发展,导致灾区生态同产业不能实现协调发展。为促进灾区城镇化水平的提升,各级政府需着手保护生态环境,科学筹划推进城镇化进程的路线,有效转移农村剩余劳动力;积极调整并优化经济发展结构,使城镇化更快更好地发展;确立城市发展战略目标,加强城镇乡村环境综合监管治理;树立人同自然和谐发展观,努力建设环境优美、生态文明城市。

四、科技发展水平还比较低

历经长期的恢复重建,汶川地震灾区已经培育出诸多优势产业,如水电、信息、油气化工、机械装备、冶金、食品饮料、现代中药等,拥有一批国内外知名的重点企业,数字视听、软件、大型成套设备、磷化工产品、钛白粉、中成药、烟酒等产品在国内外市场有较大市场份额,这为灾后工业等技术创新营造了良好的市场氛围。但由于当地教育资源稍显匮乏,不能为灾区工业企业提供足够的智力支持,所以工业企业发展缓慢,未能很好地带动灾区社会经济的发展。

我国已明确要建立"以企业为主体、市场为导向、产学研相结合的技术创新体系"。灾后四川工业技术创新不仅要以成功经验为依托,更要遵循市场规律。技术创新有独立创新、合作创新、引进再创新三模式,本质上是技术行为与经济行为将现有生产力在空间布局和时间布局上进行整合,形成独特的产业结构。鼓励技术创新在灾区经济发展中既是挑战又是机遇。一是存在大量制约因素。如相关部门的技术创新意识不高;引进大且强的项目层次较低,数量较少;交通不畅,基础设施不全;产业配套能力不强;发展环境不优等。二是竞争很激烈。各个工业企业之间比效益、抢客商、争项目,同时又受国际金融危机的大环境影响,当前经济发展形势严峻。这些因素都对灾区经济发展形成很大制约。

第三节　汶川地震灾区生态与产业协调发展的区域特色实践

汶川地震灾后恢复重建"三年任务两年基本完成",探索出了重大自然灾害的灾后恢复重建"中国模式",形成了多种具体的模式:政府主导、社会参与的组织模式;科学规划、依法实施的保障模式;高度集中、充分授权的体制模式;以人为本、民生优先的普惠模式;救急为先、着眼发展的统筹模式;对口支援、团结协同的合作模式;相互融合、兼容并包的文化模式;传媒跟踪、相互联动的宣传模式。① 同时,汶川地震灾区抓住灾后重建的时机,使产业结构优化升级、完善节能环保体系,努力打造绿色经济,促进生态与产业重建协调推进。在灾后重建工作中,四川环保部门一方面提供优质服务,另一方面,加强对灾后重建环境的监管,对工业产业严格要求,确保灾区经济健康、持续发展。

一、汶川:工业图新,青山披绿

经过灾后多年坚持不懈的努力,围绕生态建设、绿色崛起,汶川人走出了一条农旅结合、生态重建的发展之路,一个崭新的汶川,屹立在川西北版图上。② 灾后重建,汶川坚持生态建设为重,大力发展绿色经济,加快生态修复,使汶川的人居环境得到明显改善。

(一)创建品牌,助推生态旅游产业化

汶川地震后,按照"南部生态文化、北部民族文化"的发展总体布局,汶川依托天然的地理优势发展生态旅游,立体展现观光农业带、自然生态观光带、休闲农家旅游带。震后以来,汶川以"世界汶川、水墨桃源"为地区形象,以"大禹故里、熊猫家园、羌绣之乡"为旅游品牌,以"农旅统筹、全域景区"为发展思路,实现了"农业与旅游巧妙统筹,文化与生态交相辉映"、"过境与目的互为补充,短程与远程有机结合"、"传统与智慧次第绽放,大爱与感恩紧密互动"的产业发展新格局。全县旅游业发展取得历史性突破,成功创建国家5A级景区1个,国家4A级景区4个,获得全国休闲农业与乡

---

① 张常珊、夏丹:《四川汶川特大地震灾后恢复重建的"中国模式"探讨》,《前线》2010 年第 S1 期。

② 《生态重建汶川成现代"桃花源"》,2014 年 5 月 11 日,见 http://scnews.newssc.org/system/20140511/000380166.html。

村旅游示范县、四川省乡村旅游示范县、"十一五"四川省乡村旅游发展先进县等多项荣誉称号。① "5·12"地震发生后,汶川震灾区已成为国际、国内关注焦点,同时又具世界独特的旅游资源,吸引了国内外大批游客,借助地震旅游这一产品主题,扩大了旅游市场。2015年,汶川接待游客732.27万人次、同比增长9.9%,实现旅游总收入35.48亿元、同比增长22.5%。②

（二）发展现代林业,实现富民增收

在生态建设中,汶川特别注重推进现代林业重点县建设,全面提升林业综合效益和竞争力,推进林业现代化进程。汶川县坚持按照"因地制宜、突出优势、强化基础、壮大产业"的基本思路,依托核桃、木本药材、林下种养、森林蔬菜等特色产业,以市场需求为导向,以农民持续增收为目标,积极转变林业发展方式,优化产业区域布局,建设一批优势突出、特色鲜明主导产业集中发展区,加快林业产业规模化、标准化、集约化、现代化、品牌化发展,把汶川县建成阿坝州重要的特色效益林业基地、林业产业化样板区、新农村建设先行区,把汶川县建成四川省现代林业建设重点县和阿坝州林业产业示范县。汶川充分利用林业资源丰富的优势,积极调整产业结构,以繁荣农村经济、增加农民收入为核心,大力发展林下经济,提高森林资源利用率。汶川县积极创新林下种养新模式,建立林下后续产业新渠道,大力发展林下经济,林业多重效益日益显现:(1)可观的经济效益。林下种养投资小、资本回收周期短且收益大。以核桃基地中套种魔芋为例,预估套种魔芋2年后亩产达5000公斤,扣除土地流转费、人工管护费等,每亩年纯收可达5000元,经济利润可观。(2)显著的生态效益。发展林下种养殖,不仅实现了产品的无公害、纯生态,而且扩大了林业基地面积,使得汶川干旱河谷区域大幅缩小,自然环境得到大幅改善。(3)良好的社会效益。通过发展林下后续产业,不仅让农户得到了实惠,更使全县林下经济不断集聚壮大。2013年到汶川森林旅游、采摘旅游人数达600万人次,带动了各行业发展。林农从发展林下经济中尝到了甜头,护林与种林的积极性显著提高,林业的立体效应逐渐显现,促进了林农增收致富。③

（三）科学统筹,羌族特色产业涅槃重生

汶川抓住灾后恢复重建的时机,努力打造以古羌文化、震中映秀为特色

---

① 《全域景区差异发展　综合效益加速放大——2013年汶川旅游再创佳绩》,2014年1月26日,见http://www.wenchuan.gov.cn/p/st_news_items_i_635263541433125000。
② 《2015年汶川县人民政府工作报告》,2016年3月23日。
③ 阿坝州政府信息公开工作办公室:《汶川大力发展林下经济林业多重效益逐渐显现》,2014年8月27日,见http://www.abazhou.gov.cn/jrab/gxdt/201408/t20140827_968949.html。

的旅游产业,同时大力推进羌绣文化产业发展。一是立足发展实际,高水平、高起点制定了《汶川羌绣产业化发展总体规划》,按照规划统筹推进各项工作,抓好项目申报,引领产业发展。2013 年至今,申报省级及以上项目 3 个,总投资 5300 余万元。二是围绕“汶川羌绣”国家地理标志保护产品,加大宣传力度,实施品牌战略,扩大羌绣影响,积极参加马其顿、德国羌绣文化交流活动、广博会、西博会等会展活动展示羌绣产品和传统技艺。三是实施人才储备库,加大绣娘、绣郎培训力度。2014 年培训绣娘、绣郎 600 余人。四是完善发展机制,建立了联席会议制度,完善了绣娘激励、经营等机制,夯实了发展基础。目前,全县已成立 1 个汶川羌绣协会、5 个羌绣合作社,已建设 8 个羌绣基地和 12 个羌绣帮扶点,引进 3 家羌绣公司,成功开发出 10 大类、100 余种羌绣产品;现有专业绣娘 2000 余人,从事羌绣人员 3000 余人。①

（四）腾笼换鸟,推动工业转型升级

恢复重建期,汶川县实行“工业强县”战略,深入推动工业经济规模、水平、质量、效益四位一体同步发展。具体措施主要有:一是科学规划,准确定位。围绕“生态漩口镇、百亿工业园”发展目标,优化漩口工业区规划布局,加快园区基础设施建设,合理利用土地资源,增强发展后劲。二是加强体制机制建设,健全保障。整合漩口、广汶、桃关等工业园区的管理机构,成立工业园管委会。同时,整合项目、资金及资源利用途径,引导金融资本、民间资本投入工业。三是促进招商引资,夯实发展后劲。按照“以大引大、抓大不放小”的政策思路,着力引进一批“高科技、高投入、高产出、高附加值、强带动力”的“四高一强”项目。2015 年铝业、硅业、锂业、人工宝石等重点工业向高附加值方向发展,规模以上工业增加值由 2010 年的 16.7 亿元增加到 24.34 亿元,年均增长 10.2%。四是主动作为,创新服务方式。按照“在谈项目抓签约、签约项目抓开工、开工项目抓进度、竣工项目抓投产、投产项目抓见效”的要求,全力做好项目洽谈、签约、开工、投产等工作。② 震后经过恢复重建,汶川工业到 2009 年基本恢复到了震前水平。2015 年全年实现全部工业增加值 34.9 亿元,同比增长 8.9%;规模以上工业增加值 24.34 亿元,同比增长 9.5%。

---

① 阿坝州政府信息公开工作办公室:《汶川县加快推进羌绣产业发展》,2014 年 5 月 22 日,见 http://www.abazhou.gov.cn/jrab/gxdt/201405/t20140522_955975.html。

② 阿坝州政府信息公开工作办公室:《汶川县加强工业园区建设推进新型工业升级发展》,2014 年 2 月 27 日,见 http://www.abazhou.gov.cn/jrab/gxdt/201402/t20140227_942749.html。

二、北川:"一个特色"+"两大产业"

北川灾后重建发展模式可概括为"一个特色""两大产业"。"一个特色"是指"鲜明羌族文化特色";"两大产业"是指"山区工业强县"和"生态旅游大县"。

(一)地方特色产业与电子商务相结合

在国家"五化并举、两化融合"的背景下,电子商务已成为产业战略转型的关键一环。其与产业发展的融合,将推动经济服务新业态形成。电子商务作为新兴现代服务业,其应用日趋普及和深化,将逐步成为城市经济新的增长点。① 鉴于此,北川县政府确立了"依靠中央和地方政府政策支持和相关技术支持,结合北川实际情况,将当地特色产业与信息化相结合,由特色产业来带动当地的经济发展"的基本思路,力求探索出互联网和实体市场融合发展以及线上交易带动旅游等产业的特色发展路径。

灾后重建的北川因受到国内外众多关注,具有一定的品牌效应。当地生态环境保护良好,高山农特产品种类丰富,羌族文化产品独具特色,适宜发展旅游业与康养业,这些客观条件都是北川电子商务发展的环境优势;此外,由山东省援建的北川新县城,信息化基础设施建设较完善,这也是北川电子商务发展的基础保障。在实践中,北川县政府将当地特有的旅游文化产品(羌禹文化、地震文化和红色文化等)和高山农特产品与电子商务这一现代信息技术相结合,走出了一条崭新的发展道路。

北川文化旅游产品电子商务交易中心大力宣传北川特有的文化创意作品如羌绣等特色文化旅游产品,从而推动北川文化产业等相关产业的产品向海内外延伸;与此同时,体验店和加盟店的入驻促进了一批民族风情旅游文化店以及乡村民俗文化接待站的建立,为线上线下的北川羌族品牌文化旅游产业的科学化、规范化、整体化、集团规模化提供了直接的支持;在文化宣传方面,羌族、大禹、红色、地震、宗教等文化旅游特色产品向世界展示了新北川的新形象。

在农业生产方面,北川独特的地理环境和区位优势造就了高品质的蔬果、中药材和花卉林木等高山特色农产品资源。为更好利用这些资源,北川羌族自治县人民政府同山东寿光蔬菜产业集团共同建立了农特产品线上交易平台——北川维斯特商品交易所以服务果蔬等特色农产品的电子交易。

---

① 国务院信息化工作办公室:《电子商务发展"十一五"规划》,《中国信息界》2007年第14期。

这可以充分挖掘北川乃至周边地区丰富特色的农产品资源,实现特色农产品资源同电子商务的优势互补,是农特产品生产和销售与电子商务相结合的良好典范。

北川电子交易平台的发展推动了周边地区农业现代化、电子化和信息化建设。促进农民增收、企业增效的同时,还为打造“数字北川”、建设社会主义新农村、拉动灾区经济快速健康发展做出了重要贡献。北川把城镇建设与培育特色产业结合起来,做出有自身特色的差异化的电子商务平台,从而带动本地传统产业的升级。北川因地制宜,通过现代电子商务这一信息网络平台,形成城市、乡镇独有的产业特色,并通过电子商务延伸出的产业链,把特色产业做大、做优、做出名气,最终形成与地方特色产业相结合的电子商务经济。①

（二）高山特色农业和高山特色养殖

北川农副产品丰富,特别是中药材、魔芋、猕猴桃、山姜等,但知名的农产品品牌较少。在对口援建转向深度合作的过程中,山东寿光将其交易模式移植至北川,投资4亿多元成立北川维斯特农业科技集团有限公司。并在灾后重建时期把丰富的北川高山农特产品和寿光蔬菜产业资源及市场能力相结合,将北川高山农特产品推向全国,打造北川乃至全国的优势主导品牌。深度合作效果明显,2010年10月开业的北川维斯特商品交易所在短短半年成为四川首家、西南最大的高山农特产品电子交易平台,实现交易金额近600亿元,极大地推动了北川农特产品走出北川、面向大市场。

特殊的地理条件和环境决定了北川农业必须以高山农业和高山特色养殖为主。在重建时期,北川县政府以发展高山蔬菜、林特多经、养殖、林艺、乡村旅游五大产业为主,重点发展高山反季节蔬菜、高品质茶叶、魔芋等基地,逐步形成规模性农业特色产业。②

例如在北川香泉村,通过“龙头企业+专业合作社+养殖大户（农户）”的产业发展模式,村里建立统一的圈舍规划、种苗供应、饲料配制、疫病控制、技术指导、定价收购、市场销售、分户实施饲养的“七统一分”经营机制,现形成龙头企业1家,专业合作社1个,注册商标2个。2012年羌林土鸡销量10万只,销售总收入1200万元。

北川县始终坚持产业先行,依据山区乡镇不同的特色和优势,建成了北

---

① 王海颖:《创北川模式　树示范标杆——北川电子商务发展带来的启示》,《中国高新区》2011年第10期。

② 方灵、胡志强、邓佳军:《北川羌族自治县特色农业发展模式探究——以北川维斯特农业科技集团为例》,《商业经济》2014年第1期。

川秦巴山片区的猕猴桃产业带、核桃产业带、中药材产业带、高山蔬菜产业带和标准化集中养殖区等一批特色农业基地,北川坝底乡青坪村高山蔬菜基地、高山辣椒基地等,各乡镇都有了自己的主打农产品。如今,北川全县特色农业基地规模已达到 75 万亩。已建成了安昌—永安万亩核桃产业带、永安—通口万亩猕猴桃产业带、坝底片区 7 万亩高山蔬菜产业带、小坝—片口 22 万亩中药材产业带、安昌标准化集中养殖区等一批特色农业基地,此外,北川农产品品牌化也大幅度提高,成功推广"北川苔子茶""北川花魔芋""北川白山羊"等一大批国家地理标志品牌,培育了"羌山雀舌"高山茶叶、"华神"天然蜂花粉两大品牌,使其成功入选"绵州九宝",品牌效应显著。

(三) 羌族文化与生态旅游相结合

北川是我国唯一羌族自治县,为羌族文化重要载体,羌绣作为其特色文化艺术,历史悠久。因此,北川重建必须与保护羌族文化相结合,新北川目标就是建成具有浓郁羌族风情的文化旅游城市。汶川灾后,为保证羌绣文化得以传承,北川羌绣园文化旅游开发有限公司率先号召羌绣传承人传授当地羌绣文化,这一举措得到各级政府高度支持。因此,北川羌绣园文化旅游开发有限公司被列为重点文化旅游保护企业,同时是首批进驻山东产业园唯一一家北川企业,占地 21.5 亩,建筑面积近 3 万平方米,现已形成手工家庭作坊、文化保护和旅游接待为一体的"羌绣园"。[①] 这一举措不仅解决了灾区羌族妇女就业问题,保障了灾区人民的生活,而且使羌绣文化得以传承和保护。北川创新传统产业重建模式,成功创建了文化旅游同羌绣产业融合发展的"羌绣园"模式。

打造生态旅游产业是支撑新北川生态经济发展的又一引擎,特别是将旅游与羌族文化相结合。北川县于"十二五"期间,明确了以"文化旅游业为引擎、新型工业为支撑、现代农业为重点"的"产业立县"发展战略——以特色文化旅游业为龙头,打造北川旅游文化相结合的发展模式。

北川县开辟出"两城一湖一人一族"的发展模式,即以老县城地震遗址、新县城特色、唐家山堰塞湖、大禹故里及羌族文化等文化元素,发展地区特色文化旅游业。北川规划将地处深山的禹里乡打造成集旅游、物流于一体的特色文化旅游小镇,与茂县、理县、汶川联手打造禹羌文化旅游圈。[②]

---

①　许利华、戴钢书:《汶川地震灾后重建经验总结及启示》,《电子科技大学学报(社会科学版)》2010 年第 5 期。

②　李清娥:《5·12 震后旅游扶贫的实践效应——北川羌族自治县旅游开发模式分析》,《西南民族大学学报(人文社科版)》2012 年第 5 期。

此外,为保护羌族非物质文化遗产,北川以青片为中心,在青片河流域、白草河流域 10 多个乡镇以民俗文化为主题,打造羌族原生态风情走廊。北川新县城非物质文化遗产博物馆(保护中心)和羌族特色商品一条街于 2011 年 10 月 27 日落成并开放,其中包括羌年、古羌茶艺、口弦、羌族水磨漆艺 4 个非物质文化遗产传习所。为羌族文化的传承提供了契机,也使文化旅游紧密结合,带动北川经济新发展。[①]

三、绵竹:突出打造民俗三产

(一) 年画产业与乡村旅游相结合

在汶川特大地震中,全国著名的绵竹年画产业受到沉重打击。震后 5 年来,绵竹市政府重点恢复发展年画产业,通过与援建城市苏州的通力合作,促进绵竹年画产业和苏州桃花坞年画产业对接,推动了绵竹年画的产品创新,把当地传统的年画发展成为带动地方经济发展的特色产业,依托重建,升级产业格局;同时,绵竹市政府以孝德镇射箭台村为中心,深度挖掘地区年画产业优势,打造绵竹市年画村,形成年画特色产业基地,加强了苏州桃花坞年画与绵竹年画的互动和交流,拓宽了绵竹年画的销售市场,扩大了生产规模,并构建起自有营销网络体系,使绵竹年画这一国家级非物质文化遗产焕发新活力。年画村通过加工制作、经营传统的年画“经典作品”,将传统文化与时尚、古色与现代结合起来,同时也弘扬了绵竹地方的民间文化,形成了具有地方特色的中国四大年画之一的“绵竹年画”。

2011 年,灾后重建的绵竹年画村通过国家 4A 级景区验收,目前,当地从事年画产业的专业艺人有 150 多名,年画家庭作坊创作者有 900 多名,通过“公司+农户”的形式进行年画创作和产业发展。随着抗震救灾和灾后重建工作的推进,绵竹以及绵竹年画的知名度不断提升,产品远销 50 多个国家和地区,年销额达 2000 万元以上,年画产业人均年创收近 2 万元。

同时,绵竹正在打造的“民俗文化产业园”将集绵竹年画的制作、展示和销售于一体,结合乡村旅游、观光农业等打造商务酒店、休闲娱乐等相关配套设施,以消费拉动地方经济,构建文化旅游服务体系。在建设绵竹年画村的同时,苏州援建方积极引导农户参与年画经济合作组织,改善适应当地种植的观赏性农作物品种,有组织地开发集住宿、餐饮、休闲一体的农家乐,发展观光旅游农业,使年画产业与发展乡村旅游相结合,加快新农村建设,

---

① 李清娥:《5·12 震后旅游扶贫的实践效应——北川羌族自治县旅游开发模式分析》,《西南民族大学学报(人文社科版)》2012 年第 5 期。

大大推进了年画产业发展。目前,绵竹年画村拥有近 1560 亩的观光花卉,其中有 860 亩向日葵基地和 700 亩薰衣草基地,正努力打造年画村"四季花海"的观光旅游模式。此外,落户于绵竹孝德镇且正在投资建设中的"中国年画古街"竣工后,绵竹市政府将对现有区域内的农户进行引导,使其参与文化旅游服务,使景区城乡发展和景区发展相得益彰,打造出年画文化特色突出的体验式乡村旅游风情小镇及乡村旅游度假目的地。

绵竹市在产业振兴中紧密结合第三产业发展,将传统农业种植转向现代旅游观光农业,形成以年画、葵花、荷塘、银杏为主的花田体验观光农业经济格局。在年画村及周边旅游景区、景点引种的近千亩新品种葵花和千亩荷塘生态农业观光园,为灾区群众增收致富开辟了新路径。①

（二）玫瑰产业与生态旅游业相结合

四川绵竹被誉为中国玫瑰谷。"5·12"大地震后,绵竹政府与北京银谷房产集团公司共同合作建设开发中国玫瑰谷,利用麓堂村和天宝村优美的山地资源、丰富的水系资源、迷人的田园资源、宝贵的佛教文化、浓郁的地域人文资源和便捷的交通,在土门、广济、遵道三个沿山镇乡打造以玫瑰种植生产为主题、具有浓郁欧洲田园景观特色的度假区,配备星级度假温泉酒店、马术俱乐部等完善设施,以此带动绵竹市整个沿山地区的现代农业及乡村旅游业发展,做到了现代生态农业及休闲观旅游业发展相结合。

震后绵竹市积极实施第三产业发展规划及沿龙门山脉风景旅游带开发战略,在开发经济作物、风景旅游上谋发展,大力支持天宝、麓棠等沿山农村玫瑰种植、加工、旅游等高效特色产业发展。绵竹市土门镇还充分利用沿山"三溪八景"、"三箭水"、矿物质温泉等资源优势,以温泉度假项目开发,带动山涧体验、休闲等旅游业发展,与玫瑰观光园形成联动,打造土门镇特色旅游区域。

四、彭州:生态观光,百园争春

（一）推进生态观光农业产业园

汶川地震后,为促进彭州市经济的发展,彭州市政府充分利用成都彭州市天彭镇白庙村当地文化优势、地理优势、自然优势、交通优势等,大胆引进新品种、新技术,建立"企业+基地+农户"的合作形式,力争将彭州市天彭镇白庙村打造成西南地区"生态农业观光第一村"。彭州市政府以观赏农业、无公害蔬菜、花卉、特种禽、畜、果树为引导,开展林下养殖等为立体农业项

---

① 吴传明:《绵竹:开辟千亩花田体验观光农业》,《四川日报》2012 年 7 月 10 日。

目。打造以乡村酒店为基础的旅游产业,建设花卉、蔬菜、家禽、水果物流中心,为彭州市农品销售提供保障;改善当地农民的农林业经营模式和科学种植技术,实现了规模经营和科学管理,使得当地散漫的经营方式和不健全的技术转为有型的产业链,进一步改善了当地的生态环境。此外,建设以吃、住、娱乐及观光游为一体的"一站式"农业生态观光旅游消费基地,以生态农业观光旅游作为支撑点,吸引更多西南地区游客的同时也带动外地的游客,增加彭州市税收,实现西南地区"生态农业观光第一村"的目标。

表5-1 彭州万亩生态观光农业产业园具体规划①

项目	具体模式	范围	措施
种植业项目	花卉种植观光园	占地约2000亩,在彭敖公路约2km处道路两侧,建立花卉、苗木养殖基地	通过引入专业花卉公司,针对市场需求提供种植花卉的品种、数量以及成熟的技术指导和后期产品的销售。采取"公司+农村合作社"的形式发展,通过土地流转,形成大规模花卉、苗木种植基地
	无公害蔬菜种植园基地	占地约2000亩,在彭敖公路约2km处左侧,建立无公害农产品种植园	采取"公司+农村合作社"的形式联合种植,着力打造一种以"休闲、劳作、收获"为主要操作形式的新型模式,以认种土地,农民代种蔬菜的方式进行市场运作
林下项目	低产林改造——立体养殖园	周边5000亩左右荒山荒地开展林下养殖	通过引入龙头企业或专业大户养殖山地鸡、兔等加工附加值高、市场需求量大产品。通过土地流转,形成大规模养殖基地。依托地势情况,在园林内的坡地种植水果特产区,在低洼地和人工鱼塘养殖水产和开辟垂钓区
	种养结合		利用林下现有资源,重点养殖山地土鸡、鸭子、兔子等小型家禽
	废物利用		1.鸡、鸭粪便及残料供猪采食利用,再把猪粪倒入沼气池发酵(减少因新鲜粪便引起鱼的传染病),作为肥料 2.利用林下杂草秸秆、渣屑,加工制作培养料,栽培食用菌,用食用菌采摘后剩下的废料生产菌糠饲料,饲养畜禽;再把畜禽的粪便倒下沼气池产沼气,作燃料;把沼气渣直接作肥料

　　彭州万亩生态观光农业产业园对彭州市的城市发展,经济、交通、环境等基础性建设都有很大的改善和提升;对当地社会经济的发展产生了显著

---

① 四川中盈实业有限公司:《绵阳魏城生态农业观光项目立项报告》,2009年6月。

的经济效益、环境效益和社会效益,同时提高了彭州市的知名度,为彭州市的生态旅游产业带来新的经济增长点。

(二)彭州桂花镇产业的振兴

历经汶川大地震震痛的彭州桂花镇在灾后重建中,紧紧围绕统筹城乡、"三化联动"的战略,在"灾后重建、新彭白路修建和川西旅游线扩建"的机遇下,按照"两场两带六园"的发展定位;推进"科学重建、提升一个产业、打造西部旅游休闲名镇"的项目建设,顺利地完成了灾后重建等各项任务。

第一,以"两桃一竹"为重点,促进现代农业大发展。根据桂花镇特殊的地形地貌和自然环境,桂花镇政府确立了"十里桃花山、二十里竹海、千亩猕猴桃园、万亩有机生态园"的现代农业产业发展的总目标。以川西旅游环线"十里桃花山、千亩桃花园"十字形休闲观光带为主线,以沂水有机生态农业示范区辐射全镇为目标,以"千亩猕猴桃园区"为建设核心,大力发展肉牛、奶牛养殖及配套基地建设,围绕山丘地势大力发展竹木产业,逐步实现林业旅游产业化,全力升级优化现代农业产业结构。最终形成"十里桃花山"休闲观光带,"二十里竹海"休闲观光带,插旗、衡州、一龙循环经济观光区,龙头、一龙、双红、利济、双林、清桥、灯塔猕猴桃及粮菜经济区,建设沂水有机农业生态休闲观光园,建设林业休闲观光带等六大现代观光区。

桂花镇是一个农业大镇,在做好招商引资和项目建设的同时,不断延伸农业产业化发展之路,提高农业产业化水平,推进镇域经济和谐发展,使其成为西部旅游休闲名镇的一大新亮点。

第二,以打造"两园"为核心,促进工业经济大跨越。"两园",即桂陶文化及现代建材两个产业园。桂陶是桂花镇的特色产业,大大小小制陶企业50余家,年产值9000余万元。桂花镇建立了桂陶文化产业园,集中精力重点打造。在灾后重建期间,桂花镇先后引进了投资5亿元的四川中节能和投资20亿元的四川兰丰水泥落户。中节能一期在2009年竣工投产,兰丰水泥一期在2010年5月23日竣工点火。这两个企业的落户使桂花镇镇域经济得到了极大发展。

今后桂花镇还将按照土陶产业做精做专、现代建材产业做大做强的思路建设好"两园",为镇域经济的大发展奠定更加坚实的基础。

第三,桂花镇第三产业发展突出人文特色,以品牌化、特色化取胜。桂花镇将现代农业、土陶产业同旅游业融合发展,以特色文化体验为目的,生态观光农业和休闲度假为切入点,建设成为成都市知名的土陶体验地。

第四,着力加强"两场两带六园"建设。桂花镇把握川西旅游环线扩建和新彭白路新建的大好发展机遇,加快镇域特色产业发展和桂花场与丰乐场的全新打造,加快提速城乡基础设施建设,着力打造沿川西旅游环线的特色产业带和沿新彭白公路的休闲经济带,加快建设猕猴桃现代农业示范园、畜牧家禽养殖观光园、桂陶特色产业园、颐养生态园、郊野运动公园、特色生态园六大园区,为推进新农村建设提供了强大的产业支撑。①

五、工业企业重建的技术创新模式探索②

汶川大地震给人民生命财产带来了巨大的损失,但同时灾后重建的加快进行也给灾区带来了勃勃生机。灾后重建不仅在于修建倒塌了的家园,更需要有切切实实地企业重建特别是工业企业重建支撑,唯有此,灾区才能变依靠全国人民的"输血"为自力更生的"造血"。我们在对灾后四川工业企业重建的实地调研中发现,灾区工业企业重建之路也是一条技术创新之路。遭受了汶川大地震的各工业企业积极投入到震后重建,灾区企业生产条件很快就得到根本性改善。在重建过程中,众多灾区工业企业充分借助各方支持,相继引进更新技术、不断加强技术创新,走上了技术创新增强企业活力、促进企业发展的道路。在实地调研中发现,灾区工业企业充分利用了重建之机来进行技术创新和优化升级,促使企业焕发出新的生机。各企业结合自身情况及援助情况,结合重建本身和迎接市场竞争的需要,开展技术创新,不少企业在恢复重建中进行了较大规模的革新,走出了一条"企业重建+技术重组"的技术创新模式。

（一）灾区工业企业重建面临的困境和机遇

汶川地震给灾区工业生产和经济发展带来巨大影响。四川省39个重灾县全部工业增加值占全省的1/4左右,规模以上工业增加值因灾减少300亿元左右。灾区工业企业入库税金减少,发展带动作用下降,反哺农业的作用降低,吸纳就业的能力减弱。因此,灾区工业企业的恢复重建对于灾区经济社会的可持续发展有着至关重要的意义。工业企业重建工作尽管面临着种种困境,但我们必须充分认识到工业企业重建中技术创新的重大战略意义,必须充分利用好国家和地方政府给予的各种财政和政策支持,在重建中实现灾区工业企业的跨越式发展。

1. 灾区工业企业重建面临的困境

地震破坏了大量的土地和生态,使得人均拥有耕地减少,资源环境承载

---

①　周锴甫:《彭州桂花镇　奋力攻坚克难　提速统筹发展》,《成都日报》2010年6月23日。

②　黄寰、罗子欣、冯茜颖:《灾区重建的技术创新模式研究——汶川地震工业企业实证分析》,《西南民族大学学报(人文社会科学版)》2013年第9期。

力下降,灾区面临十分艰巨的灾害治理、生态修复、环境保护任务;部分地区可供建设的空间狭小,许多地区已丧失通过就地发展工业解决就业的能力。灾区许多企业损毁严重,项目固定资产投资和流动资金缺口巨大,特别是中小企业自救能力有限,就业压力加大,亟须政府财政和政策支持;工业企业受损严重,尤其是需要从外部调运原材料的企业,生产要素保障困难;工业基础相对薄弱的广元、阿坝、雅安、陇南、甘南、汉中等地区恢复重建难度更大。

2.灾区工业企业重建面临的机遇和有利条件

灾后重建给灾区恢复发展带来了重要机遇,党中央和国务院高度重视灾区恢复重建工作,制定了一系列方针政策;各级地方政府积极组织协调,制定了相应的灾后重建规划;兄弟省市对口支援及社会各界的大力帮扶,为灾后工业企业重建提供了强大的人力、物力、财力、智力等方面的有力支持。

震前的产业发展是灾区工业企业重建技术创新的重要基础。经过多年建设与发展,四川灾区已形成了电子信息、机械装备、水电、油气化工、冶金、食品饮料、现代中药等优势特色产业,拥有一批国内外知名的重点企业,数字视听、软件、大型成套设备、磷化工产品、钛白粉、中成药、烟酒等产品在国内外市场有较大市场份额,这为灾后工业企业重建技术创新创造了较好的市场环境。四川地区教育资源丰富,拥有普通高校103所,国家重点实验室38个,拥有中科院、中国工程物理研究院、中电科技等大批研究院所,科技实力雄厚,这是灾后工业企业重建技术创新的强大智力支持。更重要的是,灾区人民的自我重建是灾后工业企业重建的根本动力。灾区人民和企业具有恢复重建、加快发展的主观愿望强烈,他们自力更生、艰苦奋斗的精神是灾后恢复重建的根本动力。

(二) 灾区工业企业重建中进行技术创新的必要性

灾区的发展不是简单地修路建房,必须有强健的支柱,即产业支撑,需要把恢复重建与转变生产方式、推进第三产业发展结合起来,重在培育特色优势产业、实现灾区产业结构优化升级。许多受灾地区长期以来是经济欠发达地区,一般处于工业化初期或者工业化初期向中期过渡阶段,仅靠农业生产难以支撑其可持续发展,必须大力发展工业,实现"工业强(灾)区";其工业发展不是简单地重建原有传统工业,而是在结合现有区域特色和承接援建省市的产业转移基础上,以技术创新打造新型工业,进一步优化灾区产业结构,这对灾区重建具有重要战略意义。

1.技术创新既是借鉴成功经验,更是遵循经济规律

灾后工业企业重建对于灾区的经济恢复起着至关重要的作用。从历史

来看,第二次世界大战堪称一次大规模的人为灾害,其负面影响比之自然灾害有过之而无不及,日本、德国既是第二次世界大战的挑起者,也是灾难的承受地,两国经济在战争结束时均遭受了毁灭性打击。战后,日本和德国牢牢立足工业企业,大力推进技术创新,经济迅速发展起来,成为两大经济强国。以日本为例,战后该国积极发展工业特别是重工业,辅之以技术进步,奠定了经济增长的基础。战后初期的日本经济基础薄弱,尚缺乏足够的力量去进行原始创新的开发和研究,为此采取的主要对策是以技术引进为主,对引进技术进行研究,实施改进和革新,实现技术提升。在1955—1970年的15年间,日本吸收和消化了全世界用半个世纪时间开发的全部先进技术。这直接催生了日本经济的超长期快速增长,到1968年日本的国民生产总值首次超过联邦德国,跃居世界第二经济大国,被世人誉为"经济神话"。[1] 四川灾区也正在积极运用技术创新开展企业重建工作,这是深入贯彻落实科学发展观的客观要求,是经济发展的必然趋势,是受灾地区加快经济发展、实现经济恢复的必经路径。

对于灾区工业企业的自身发展来说,技术创新是其优化发展的必然选择。马克思指出,现代大工业的效率主要"取决于一般的科学水平和技术进步,或者说取决于科学在生产上的应用"[2]。技术创新是当代社会经济发展的原动力,是区域产业结构调整的中心环节,对区域经济发展和区域产业结构的优化升级有着决定性的意义。[3] 无论是古典经济增长理论还是现代经济增长理论的不同流派,普遍地接受这一观点,即决定经济增长的主要因素,有物的因素(所有可以利用的物质资本和资源)、人的因素(作为劳动者和消费者的人力资源)、效率因素(技术水平)和制度因素(社会经济制度和经济运行机制),也即资本、劳动、技术和制度四个因素,并在一定条件下归结为生产要素投入量和生产要素生产率。[4] 技术创新是一个具有多层次内容的系统工程,是技术创新主体——企业应用创新的知识和新技术、新工艺、采用新的生产方式和经营管理模式,以此提高生产效率,提升产品质量,开发新的产品,提供新的服务,占据和开拓市场并实现市场价值的一系列过程。[5] 灾区工业企业的技术创新是在重建中以增加技术要素的投入并提高生产要素总和的生产率,实现内涵式经济增长,既以获取经济效益为主要目

① 田春生、李涛编:《经济增长方式研究》,江苏人民出版社2002年版。
② 《马克思恩格斯全集(第46卷下)》,人民出版社1980年版,第217页。
③ 黄寰:《论科技进步对经济区域系统的作用机制》,《科技进步与对策》2004年第10期。
④ 杜肯堂、黄士根主编:《区域经济管理学》,高等教育出版社2004年版。
⑤ 黄寰:《自主创新与区域产业结构优化升级》,中国经济出版社2006年版。

标,兼顾社会效益和生态效益,进而推动灾区经济社会发展。

2. 技术创新既是重建的重点,更是全局性工作

进行技术创新,不仅是企业个体的技术水平提升,更是灾区保民生、保增长、保稳定、促就业的根本保障。工业企业依托技术创新提高生产率,有利于降低企业生产成本、提升产品性能、增强市场竞争力、壮大企业发展;技术创新有利于在空间布局和时间布局上对工业企业的创新调整,催生出适于灾区发展的产业结构。这对于整个灾区实现工业从弱到强的倍增性、从低到高的跨越性、从小到大的突变性都具有重要意义。[1] 灾区总体上还是经济欠发达地区,主动地、大规模地进行技术创新,就是做大经济总量,就是推进加快发展。长期以来,地震灾区工业企业的新产品、新工艺和新设备较少、市场竞争力较差,通过灾后重建的各方支持、依靠国家和地方对灾后重建的政策鼓励和支持措施大力进行技术创新,才能发展出适于区情的特色新型工业化模式,从而使品牌、资金、市场随之而来、一步到位,这是形成新的更优质生产力最直接、最迅速、最有效的途径。工业企业技术创新工作抓得越好,集聚的生产要素就越多,企业规模就越壮大,灾区发展的速度就越快,灾区发展的后劲就越足,也就越有利于促进就业,从根本上解决灾区群众的民生问题,实现灾区的长久和谐稳定。因此,技术创新不仅仅是工业企业的自我发展战略,更要作为加快灾区建设生态文明和美丽家园的一项全局性大战略。

(三) 灾区工业企业异地重建技术创新模式

特大地震灾难的来临,对许多企业都带来了灭顶之灾,而与工业企业有关的基础设施、产业配套等遭受重创。基于保存地震遗址、避开地震断裂带、远离伤心地等诸多原因,许多企业异地进行了重建。据不完全统计,仅在四川灾区,就有东汽、攀钢集团四川长城特殊钢有限责任公司(以下简称攀长钢)等千余家企业进行了异地搬迁。而此时的重建不是一般的重建,往往是技术整体跨越式创新的重建。在此以本课题组调研的攀长钢和四川协力制药有限公司(以下简称协力制药)两企业为例进行分析。

1. 以技术创新为先导的攀长钢异地重建模式

成立于 1965 年的攀长钢是江油市第一大企业,在汶川大地震中元气大伤。攀长钢四大片区,其中位于含增镇的特冶中心,由于离北川仅 30 多公里,厂房成为一片废墟。地震后,地质专家对攀长钢 4 个生产厂区进行踏勘后表示:含增、武都的生产厂区存在严重地质隐患,不宜再建设大型工业项

---

① 黄寰:《论灾区重建中的生态重建与经济发展》,《社会科学家》2009 年第 1 期。

目。攀长钢做出了异地重建的战略部署,作为大型央企攀钢的子公司,攀长钢被列入汶川地震灾后重建总体规划的重点支持企业。2009年9月28日,攀长钢灾后重建项目正式启动,这是汶川地震恢复重建中仅次于东汽的第二大工业重建项目。

攀长钢灾后恢复重建项目以技术创新为着力点,按照集合资源、集中生产、集约经营、集成发展、集中建设、再造流程的思路,通过淘汰落后产能,整合优势资产,优化生产流程,以彻底解决布局分散、装备落后、流程不畅、产出不足、竞争力不强、节能减排设施落后等问题。攀长钢过去是国家布局的三线企业,厂区分布在江油城区、武都镇、含增镇、厚坝镇4处。生产布局分散、工艺设备落后、工艺流程不合理,加上人员包袱沉重等因素,使攀长钢在生产经营中物流成本高、生产效率低,多项经济技术指标与国内外先进特殊钢企业存在较大差距。重建后的攀长钢把过去的4个厂区集中到江油市区近郊进行统一建设,集中建设有利于攀长钢规避地震风险、提高装备水平、优化工艺流程、提高节能环保水平、促进产业升级。攀长钢的集中建设还将产生重要的连锁效应。通过技术升级,大大减少能耗和环境污染。新建项目完成后,攀长钢的水重复利用率达97%,年节约用水1亿立方米。按年产值150亿元计算,年节约标准煤3.1万吨。

集中建设后的攀长钢重点发展高温合金、钛材、不锈钢等产品,通过建设炼钢项目、初轧项目、扁钢项目、大型工具模具锻材生产线、钛材、挤压生产线及航天航空核管生产线,推进产业升级。通过项目的实施,以科技创新为先导进行重建的攀长钢把目标定位于国际一流的军工用钢生产基地、国内最大的钛钢结合型用钢科研生产基地及核电用钢生产基地。

2. 以技术创新为先导的协力制药异地重建模式

协力制药成立于1992年,是一家集科研、生产、贸易为一体,拥有自营出口权的中外合资药品生产企业。在"5·12"地震中,该公司遭受重创,地处龙门山的红豆杉基地被毁;同时,公司部分老厂区建筑和设备损坏。在灾后重建过程中,公司将厂区整体搬迁到位于彭州的医药园区新址。新建车间改用全钢架结构,抗震性能好,并且按照欧盟、FDA最新的GMP要求来全新设计布局车间,无论是硬件还是软件都向国际主流要求看齐;公司领导层还深刻认识到,公司未来的发展应该建立在四川和西南地区丰富的药用植物资源基础上,大力发展下游产品;大力发展高端医药产品,更广泛地开拓国际市场,在欧美、日本等发达国家注册自有知识产权的医药产品。为此,公司花重金购买了国际上一些高端的专业检索数据库(Beilstein等),在成都成立了国际销售和注册部门,组建了自己的国际注册部门。

借助于灾后异地重建,协力制药通过这一系列的举措,企业的作业流程得到了彻底的重新设计,企业的生产能力、盈利能力、经济规模将会有较大幅度的提高,衡量企业经济和社会效益的关键因素(成本、质量、服务、效率)也得到了显著的改善和提高。

分析攀长钢和协力制药灾后重建过程,不难看出这两个企业均通过异地重建实现技术整体跨越式创新。重建过程中,灾区许多工业企业都意识到这既是一次挑战,更是一种机遇,试图通过技术跨越式发展创新的途径完成产品、设备和工艺的更新换代进程,进入行业先进水平队伍。跨越式发展创新作为一种超常规的快速发展方式,是企业追赶乃至超越业内先进企业的一种理想途径。① 技术跨越创新的具体模式及其机理有一定的经验可借鉴,但其跨越的本质却绝对不能原样照抄照搬。跨越式发展创新要以企业现有技术条件为基础,以产业发展为落脚点,以提高竞争力为根本目标,实现技术的学习和赶超,其最终标志是形成具有国际竞争力的优势产业,在技术层面上则表现为某些重要产业的主导技术能力和水平进入国际技术领先者行列。②

根据攀长钢和协力制药公司的创新模式,总结灾区工业企业异地重建的技术创新模式如图 5-4 所示。

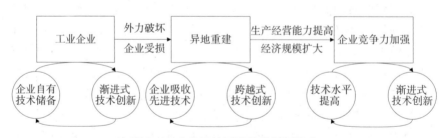

图 5-4　企业异地重建技术创新模式

从图 5-4 中可以看到,正常情况下,随着经济的发展,企业能够在自身技术储备的基础上,渐进式实现技术创新。但是,由于遭受外力破坏(如汶川特大地震灾害),企业的渐进式技术创新路线被迫中断,原有的基于线性往复循环的渐进式创新的技术进步等已经不能继续推进。在企业实施异地重建的过程中,可以直接吸收各个方面的先进成果,打破原有的固定创新模式,实现了创新的网络化发展。在重建中,企业生产结构得到迅速调整,产

① 陶良虎、陈得文:《产业集群创新动力模型分析》,《江海学刊》2008 年第 2 期。
② 张鹏、朱常俊:《论国家(地区)技术整体跨越与政策重点》,《科学管理研究》2006 年第 4 期。

能布局更加科学化、合理化,工艺创新能力实现了质的飞跃。

（四）灾区工业企业原地重建技术创新模式

在遭受地震灾害后,灾区许多灾情较严重的企业并没有搬迁重建,而是选择了原地重建。在此以本课题组调研的四川剑南春（集团）有限责任公司（以下简称剑南春）为例进行分析。

地处极重灾区绵竹的剑南春是国内著名大型白酒民营股份制企业。在地震中,剑南春遭受重创:各类基础酒损失30%—40%,车间厂房受损严重,直接经济损失超过10亿元。灾后几天,公司立即请专家对相关厂房进行了初步勘验鉴定:剑南春的核心能力没有受到根本打击——酿酒车间主体结构未受损伤,酿酒窖池全部完好,部分车间屋顶和墙体受损,经清理修复之后即可恢复运转,"天益老号"安然无恙,众多生产要素基本完整。剑南春公司做出原地重建的战略部署,研究制定了恢复重建战略发展规划和生产经营目标,以国家级企业技术中心为平台,利用原地重建之机,优化重组工艺流程,提升企业核心竞争能力。

为增强企业研发能力,剑南春购买了全二维气质联用仪（614—200—700）、色谱闻香联用仪（7890GC/ODP）、顶空气—质联用仪（G1888/7890GC/5975MS）等科研设备,重点研究中国白酒酒体风味物质及香气;建立了分子实验室,购买了实时荧光PCR仪（LIGHTLYCLER2.0）、PCR扩增仪（C1000TM THENVAL DGGE）、电泳槽（DCODETM）、凝胶成像仪（GEL DOCTM）、垂直电泳槽（NINI PROTEAN）、水平电泳槽（SUB-CELL GT）等设备,从分子生物学的角度研究酿酒微生物种群的多态性和中国白酒风味物质定向微生物的代谢途径和生成机理。在重建资金非常紧张的情况下投入近2000万元购买科研设备,剑南春拥有了在全国白酒行业中领先的科研设备水平。

剑南春在原地重建的技术升级过程中,生产技术的相关辅助配套环节也进行了技术改造。面对震中断电的情况,剑南春认识到供电照明系统保持一定的应急独立性是非常重要的,出于环保和应急方面的考虑,为保证应急照明能力并对老旧和损坏的照明系统进行替代同时实现技术升级、节能环保的目的,剑南春在道路照明系统中,以太阳能LED路灯代替以前的高压钠路灯。同时,以太阳能中央热水供应系统替代以前的燃气热水器,供热水供员工使用,每小时供热水800升。与改造前相比,共节电23.2万度/年,节约燃气11.65万立方米/年,节约能源折标煤160.6吨/年。

剑南春在原有技术平台的基础上,进一步在原地重建中开展系列的技术创新,大灾四个月后（2008年9月）,剑南春企业技术中心被国家发改委、科技部、财政部等六部委认定为国家级技术中心。

根据剑南春的创新模式,可总结出灾区工业企业原地重建技术创新模式如图 5-5 所示的模型。

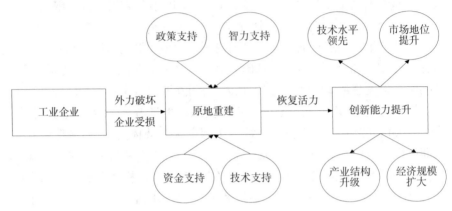

图 5-5　企业原地重建技术创新模式

从图 5-5 中可以看出,在遭受外力破坏之后,剑南春这类企业经营发展的路径已较以往产生较大变化。在市场经济条件中,创新是生存的动力,企业要及时深化改革、及时加强技术创新,不断满足新形势下市场提出的新要求。在原地重建的过程中,企业可结合自身实际情况,积极申请获得来自政府部门的政策支持(税收减免等)、来自国内外的资金支持(融资等)、来自企业内部或外部的智力支持和技术支持(挽留和引进专业技术人才等),对自身的产能布局、生产工艺、管理制度等进行创新。通过原地重建技术创新模式,企业实现了淘汰落后的生产技术设备、完成了突发式一次性折旧(而过去则是逐年折旧)。由于得到了灾后重建的政策和金融支持,企业自身财政负担的降低使其走出一条原地重建来改造企业技术和更新设备,提升企业竞争力的新道路。

(五)灾区工业企业局部重建技术创新模式

灾区一些工业企业,受损相对较轻,为抓紧恢复生产,在加大技术创新的力度的基础上,进行了局部重建。在此,以本课题组调研的江油黄龙破碎输送设备制造有限公司(以下简称黄龙)为例。

黄龙是从事破碎机研究和生产的专业化股份制公司,2003 年 6 月经江油市政府招商引资到江油落户,是集"HL"系列破碎机及相关产品研发、生产和销售于一体的专业化创新型高新技术企业。该公司是四川省知识产权试点企业,国家"十一五"规划技术攻关企业,被中国中小企业局授予"最具自主创新能力"企业。对于这家企业来说,以技术创新来改进产品、保住以致增加产品的市场份额是常态化的工作。

"5·12"汶川地震中,黄龙的机加车间北墙和西墙以及紧挨着的车库全部倒塌;部分办公室、配电室等设施严重倾斜、移位和断裂,公司直接经济损失 1456 万元。在局部重建中,黄龙重在以技术创新提升其核心竞争力——学习力、执行力、差异化产品。面对地震和金融危机两大灾难,黄龙认为只有通过不断的技术创新,才可能使公司差异化的产品在同类产品中脱颖而出。为此,黄龙进一步结合重建的机会,以产品的高效率、低能耗、环保、成本低廉为导向,加大了成熟产品的升级换代,提高生产率 1.5 倍,出料粒度分级大幅提升,耗电仅为同类产品的 1/2 左右,而产品价格仅为国际同类产品的 30% 左右。

参考黄龙等企业的灾后重建具体操作方式,可总结归纳出灾区工业企业局部重建技术创新模式,如图 5-6 所示。

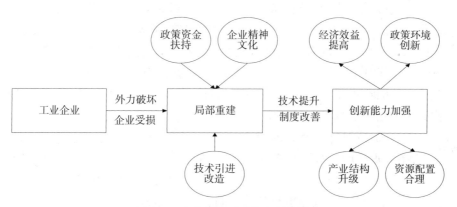

图 5-6　企业局部重建技术创新模式

工业企业在局部重建过程中,最重要的就是在保持原有生产能力和盈利能力的基础上进行技术更新、扩大经济规模、较大幅度的提高盈利能力,它需要采用新理念、新人才、新技术、新管理去建设新企业。借助于重建,企业可以将过去创新发展受困的各类瓶颈因素暂时抛开,实现制度创新、产品结构升级、资源配置合理等。

第六章　后重建时期芦山地震灾区生态与产业协调发展

第一节　后重建时期芦山地震灾区发展的优势与机遇

一、地方自主发展，走出重建新路

在 2013 年芦山地震灾后重建中，创造性的提出中央财政下发的重建基金由四川省统筹使用，实行以地方政府为决策、实施和责任主体的"地方负责制"重建模式。在《国务院关于支持芦山地震灾后恢复重建政策措施的意见》中，中央创新芦山地震恢复重建领导机制，明确由四川负总责、地方为主体，即中央统筹现有各类财政资金，安排芦山地震灾后恢复重建基金 460 亿元（其中 150 亿元用于生态修复、地质灾害防治和产业发展专项支持），对地方赋权，实行总量包干，由四川省统筹安排资金使用。[①] 地方负责制灾害管理机制具有以下优势：

（一）激发地方主体积极性

早在 1997 年出台的《国务院关于加强抗灾救灾管理工作的通知》（国发〔1997〕2 号）明确提出了坚持地方自救为主、中央补助为辅的原则，只不过没有形成有效的财政分担与激励机制。事实上，地方政府对所在辖区掌握的信息更具完整性、及时性，对该辖区居民偏好更为熟悉，因此对于灾后重建中的公共服务设施、基础设施等公共产品，地方政府更适合作为主要提供主体或执行主体。而且，在重建中过分突出中央政府的直接参与，往往会导致地方政府的投入被忽略、贡献被低估，进而会削弱地方政府的主体存在感和积极主动性。地方负责制下的灾后重建模式使地方政府真正成为灾后恢复重建的主体，不仅提高了地方政府的主动性，还提升了资金使用效率和效益，重建内容也更加符合灾区群众和地方政府需求，也能提高民众对地方政府的信任度。

---

① 马磊、钟强：《灾后重建融资模式的分析与探讨》，《科学咨询》2014 年第 7 期。

（二）提高资金使用效率

在过去的灾害管理中，由于中央政府与地方政府未在灾前明确救灾援灾与重建的事权与财权，导致地方政府对相应资金调配自由度较低。在汶川地震恢复重建中财政资金实行"分类控制"，在执行过程中客观上存在申请审批过程较复杂，救灾资金拨付与救助金发放不够及时的情况。芦山地震恢复重建提出"中央统筹，总量包干"的原则，明确了 310 亿元的中央财政重建基金交由地方统筹安排，赋予地方政府财权①；省政府进一步将重建项目的审批权限下发，将 99% 以上项目的审批、核准和备案下放到市、县加快办理，财政的自主权不仅充分调动了地方积极性、提高了项目实施效率，重建设计也更加契合灾区实际需要，从而提高了资金使用效率和效益。

（三）增强群众主体意识

居民住房是产业重建和生活重建的基础和保障，在过去的灾后重建中为加快实现"家家有住房"，往往采取大规模统一规划统一建设方式。从已有的实践来看，统规统建有其优势，但仍不能完全满足群众的个性化居住要求和适应区域差异化特色产业（如乡村旅游业）发展的多层次需求。而在芦山地震恢复重建中，地方政府秉持以人为本的理念，充分尊重群众意愿，强化群众的重建主体意识，鼓励引导群众建立"自建委""自管委"等组织，让重建群众直接参与规划设计、户型确定、造价评审、施工队伍挑选、施工监督、工程验收、抽签选房等全过程，群众不再简单地成为住房接受者，而真正成为参与合理确定户型规模和标准的参与者。

二、生态本底优良，灾后恢复较好

（一）生态资源丰富

芦山地震灾区为成都平原至青藏高原的过渡地带，属于亚热带湿润季风气候为基带的山地气候，除海拔较高的山地区域外，一般冬春偏旱季，没有极端严寒天气，夏季降水量很大，无酷暑天气，总体环境非常温润适宜；植被种类丰富，覆盖面积广，空气含量高，是天然氧吧；其地区年降水量高达1800 毫米，也是四川省雨水最丰沛地区，水资源比较丰富，是长江流域的重要水源涵养区和生态功能区。同时，当地多发性灾害天气也大都表现为洪涝、阴雨及低湿。熊猫故乡宝兴县是世界自然遗产大熊猫栖息地的核心区，该区域还生活着岩羊、雪豹等物种丰富的珍稀野生动植物，是全球 25 个生物多样性保护热点区域之一，这些都成为该区域发展生态林业、特色农业与

---

① 马磊、钟强：《灾后重建融资模式的分析与探讨》，《科学咨询》2014 年第 7 期。

生态旅游业的天然优势条件。

林业资源。在天全、宝兴、石棉、汉源、雨城等地森林广阔,野生动植物资源丰富。山区不同海拔生长着不同种类的植物,在海拔3100—3400米之间的地带主要被非常耐寒的杜鹃灌木丛林覆盖,海拔2600—3100米地域主要覆盖冷杉、云杉、桦木等针叶植被,海拔2300—2600米之间的地带是以铁杉为主的针阔叶混交林,林下多箭竹,海拔1000—2300米之间的地带是包含石栎、楠木等常绿阔叶、落叶林及混交林,国家珍稀树种"鸽子树"珙桐也生长于此。林区内有熊猫、金丝猴等国家级保护动物,也生长着大量珍贵中药材。[1]

矿产资源。芦山地震灾区的矿产资源也极为丰富,在石棉、锰、煤等资源上具有优势,这些品类的矿产资源产量和经济价值最大。石棉县以石棉纤维长、储量多著称,汉源桥顶山的钴锰矿拥有高达31.5%的含锰量和0.13%的含钴量,属于稀有元素的富集矿产。其他如磷矿、菱镁矿、铅锌矿、铜镍矿等也较为有名,而金、银、铁、水晶石、石膏、沙金等也有分布。花岗岩、大理石是建材中的名品,在本地区均有分布。

农业资源。芦山地震灾区雅安的可耕种土地资源面积142.5万余亩,主要集中在青衣江等河流河谷的冲击平原和平坝区的平坦区域,肥沃的土地、丰富的水资源再加上良好的气候,为水稻的大规模种植提供了得天独厚的有利条件;在宝兴县、石棉县等低海拔丘陵地区,则盛产土豆、玉米等杂粮。雅安市在农业发展中凭借优越的自然环境,进一步发展茶叶、猕猴桃、药材等一批特色优势产业,加快推进实现农业特色化、产业化进程。

(一)灾区生态恢复重建效果显著

2013年芦山"4·20地震"对该区域生态环境造成了严重的破坏,地表覆盖植物遭到破坏,使得水源涵养功能下降;大熊猫等珍稀动物栖息地受损1.66万公顷,改变了它们的食物结构和生活习性,对它们的生存和繁衍构成巨大挑战,不利于动植物多样性的保存;不少水电站也受到冲击,加剧了生态修复的难度;地震造成的各类垃圾,包括矿企污染物外泄、垃圾治理机制瘫痪等很大程度上破坏了生态环境。鉴于此区域重要的生态服务功能,2013年7月四川省发布了《芦山地震灾后恢复重建生态环境修复专项规划》,通过三年的恢复重建,芦山地震灾区震损林草植被得到有效修复,大熊猫等珍稀濒危野生动植物得到有效保护,生态保护基础设施得到有效改善,森林和草原生态系统基本恢复,生态保护能力显著提升,防灾减灾能力

---

[1] 　张劲松、张竹青:《浅谈雅安市城市营销》,《商场现代化》2008年第5期。

显著增强,人居生态环境显著改善,生态文明理念深入人心,地震灾区初步建立起生活空间宜居适度、生态空间山清水秀的自然生态格局,保护与利用有机协调、生态与产业良性互动的绿色发展格局基本形成。①

三、经济重建快速,社会影响扩大

芦山地震发生以后,灾区得到了政府及社会各界的支持,灾区经济逐渐恢复到了震前水准,并且有所提升,灾后重建事业全面提速,各项社会事业全面发展。

根据《芦山地震灾后恢复重建总体规划》和产业恢复重建专项规划,灾区紧紧围绕"三年基本完成、五年整体跨越、七年同步小康"的重建目标,以"农业强底座、工业挑大梁、三产当尖兵"为引领实施产业重建,加快推进一、二、三产业全面提升,注重恢复功能与发展提高相结合,不断增强灾区产业"造血"功能。以工业园区建设为抓手,按照"绿色低碳,适度超前,产业高端,产城一体"的原则,科学规划建设产业园区,落实项目引进负面清单管理制度,推动灾区产业转型升级;以现代农业基地和园区建设为抓手,加快推进农业新型主体培育和农业产业化经营,大力发展特色优势种养业和农业产业基地;以生态、文化与旅游融合发展为重点,注重资源转化和农旅结合,大力发展生态文化旅游与乡村旅游。经过三年的恢复重建,芦山地震灾后产业重建取得了良好成效:(1)工业转型升级初步完成。工业经济迅速恢复和发展,工业总量快速增长,重点工业产业园区承载能力显著提升。(2)现代农业基地建设不断壮大,现代特色农业蓬勃发展。茶叶、果药、果蔬等三条百公里百万亩产业文化旅游经济走廊建设超过 500 公里,建成特色产业基地 450 万亩,建成休闲观光农业园(基地)16 个、现代农业园区 5 个。(3)生态文化旅游融合发展初见成效。产业重建启动以来,新增国家 4A 级旅游景区 6 个、省级生态旅游示范区 2 个、省级乡村旅游示范县 2 个。(4)服务业转型升级初见成效。商贸、物流、金融等服务业转型升级,以姚桥城市商业综合体为代表的城区商业中心雏形初现,建成改造 14 个乡镇商贸服务中心和 330 家农家店,以中心城镇为核心、乡镇为骨干、行政村为基础的城乡市场流通网络体系基本形成。②

---

① 陈渊:《芦山地震灾后重建生态环境修复成效显著》,四川省政务网,2016 年 7 月 12 日,http://www.scly.gov.cn/contentFile/201607/1468284740068.html。

② 张小明:《芦山地震灾后产业重建模式创新》,《光明日报》2016 年 4 月 20 日。

同时,大地震后芦山这个地方瞬间让全世界都有所认识和了解,人们通过媒体全方位更具体的认识了芦山这样一个小县城,其知名度得到极大提升。芦山知名度的提升实际上为芦山的特色产业和旅游业发展打开了更广阔的市场空间,为其吸引更多投资者和旅游者奠定了基础,为芦山产业恢复重建提供了良好的机遇。

四、政策优惠支撑,保障重建发展

芦山地震发生后,全国集多方之力帮助芦山、天全、宝兴等灾区进行灾后复建工作。2013 年 7 月,国务院发布的《国务院关于支持芦山地震灾后恢复重建政策措施的意见》(国发〔2013〕28 号),给出 10 项帮助震灾后复建的政策措施:(1)统筹安排灾后复建资金。中央财政在三年内提供补助资金 460 亿元,其中:中央财政芦山震灾复建基金 310 亿元,由四川省统筹使用;生态修复、地质灾害防治及产业发展专项支持资金 150 亿元,根据相关专项规划合理安排使用[1]。(2)税收政策。减轻企业及个人税负、支持房屋建筑物等复建、鼓励各企业履行社会责任,在灾后复建尽一份力。(3)政府办事收费政策。减免部分政府性基金及部分行政事业性收费。(4)金融政策。支持金融机构尽快全面恢复金融服务功能、鼓励银行业金融机构加大信贷投放、加强信用环境建设、实施住房复建优惠信贷服务政策、利用资本、保险市场功能支持灾后恢复重建。(5)土地政策。对受灾地区及非受灾地区为安置受灾居民新建各类安置住房,以及灾区的行政机关、学校、医疗卫生机构、企业、人民社会团体等单位因灾房损,需要在原地重建或迁至异地重建,规模不超过原有规模的,免收建设用地有偿使用费;需要占用公共土地的,免收其出让收入、保证灾后复建用地等。(6)就业援助和社会保险政策。加大就业援助,保障工伤保险待遇支付,保障养老保险待遇支付,保障医疗保险待遇支付,保障受灾困难人员基本生活。(7)产业政策。支持恢复特色优势产业生产能力,发展文化旅游产业,促进产业结构调整,推进绿色可持续发展,对不适宜原地重建的企业要异地迁建,对受灾严重地区中央农机购置补贴比例可提高到 50%,适度调整煤炭新建项目规模限制。(8)粮食政策。适时充实灾区粮食库存,满足灾区市场需求。做好应急调控预案,确保灾区市场稳定有序。支持受灾地区受损粮食库维修重建。(9)地质灾害防治和生态修复政策以及其他政策等。与此同时,国家出台《芦山地震灾后恢复重建总体规划》,具体分析芦山灾区实际情况,为灾区

---

①　马磊、钟强:《灾后重建融资模式的分析与探讨》,《科学咨询》2014 年第 7 期。

重建发展提供了强劲动力。[①]

为了充分发挥国家政策的支持和引导作用,四川省、雅安市等省市各级政府制定出促进政策落实的细化政策和配套方案,以有效调动财政资金、金融优惠政策、慈善捐赠等各方面人力财力物力支持和参与芦山地震灾区重建发展工作,在贯彻落实《国务院关于支持芦山地震灾后恢复重建政策措施的意见》(国发〔2013〕28 号)基础上,结合四川实际,从财政、税收、金融、国土资源、就业援助与社会保险、产业发展、地质灾害防治和生态修复、粮食、工商管理等方面具体提出三十四条措施支援灾区发展,以使灾区社会经济发展恢复甚至超过原有水平。国务院、四川省政府的支持意见都明确要求各部门及时制订具体的实施操作办法,四川省相关部门均及时陆续出台落实政策的具体操作办法和工作方案。针对芦山特色制定的扶持政策,为芦山地区灾后重建工作奠定了重要的基础,提供了宝贵的资金与政策支持,特别是对于产业发展、城镇化建设与向灾区引入项目建设等方面提供了良好的机遇和平台。

第二节　后重建时期芦山地震灾区生态与产业协调发展面对的挑战

芦山地震的爆发再次为地质结构脆弱的山区敲响了警钟。如何在地形复杂的高山地区实现经济可持续发展成了灾后重建的主要方向,灾后重建应充分考虑到区域资源的特色,在城镇与产业布局方面应该坚持适度原则,尽可能的减少大范围的集聚,发展以生态可持续产业为主导的经济,走出一条符合芦山、符合灾区自身特色的发展道路,促进区域环境、经济、社会文化的可持续发展;努力打造生态产业示范基地,以国家级示范基地为主带动多个生态基地的共同发展,全面促进灾后灾区的生态经济建设,增强灾区的经济实力与活力,为灾区实现可持续生态经济发展提供新模式。

继"5·12"汶川大地震后,"4·20"芦山地震的发生再次给四川带来了巨大的损伤。芦山地震灾区地形地理条件复杂,严重的制约着灾后重建工作的开展,灾后重建中对于灾区的发展方向和定位显得尤为关键。对于灾后重建的方向与战略该怎样的把握? 中央、省市、县(区)要怎样协调各方面的因素来促进灾后重建新格局开展? 如何将灾区复杂的山区地形与灾后

---

① 《国务院关于支持芦山地震灾后恢复重建政策措施的意见》,国发〔2013〕28 号,2013 年 7 月 15 日。

重建工作有机结合建立一个良好的发展模式？这些都是直接关系着灾后重建工作的重要问题。核心就是要统一构建区域综合发展能力，不断增强芦山地震灾区的经济可持续发展能力；积极拓展新的灾后重建模式与方式，打破约束，敢于创新出符合灾区本地特色的发展道路，为实现灾区生态内生发展和山区新型经济发展提供导向。

虽然芦山地震灾区有良好的生态本底，但在五年之内经受汶川地震、芦山地震两次大地震灾害、滑坡塌方等次生灾害以及暴雨、洪涝、泥石流等灾害，再加上该区域本身经济发展水平较弱，依靠自身实现恢复重建难度很大。芦山地震恢复重建创造性地采用了"地方负责制"的救灾体制，改变外省对口援建的举国救灾机制，采用国家提供经济援助，放权地方，以灾区市县为救灾主体，更高效、更灵活、更紧贴灾区实际开展救灾，而四川省各地区面临着规划设计、投资评审、项目招标、工程管理等繁重的工作内容和组织管理大量的人才需求等艰巨任务①，对各地方政府的工作要求都更高了。

一、生态需长期保护建设

芦山地震严重破坏了境内的植被，也增大了次生灾害发生的可能性，这导致震区的生态系统更加脆弱；另一方面，当地耕地面积也急剧下降，大量耕地因为地震的破坏无法正常耕种，严重影响了人地关系，影响了粮食的产量和人们的生活。

芦山地震灾区地势西高东低，地形起伏较大，地理条件复杂，不仅地震本身造成直接伤害，还极易引起次生灾害，持续影响灾区恢复发展。在对芦山地震受灾情况进行综合统计分析后，评判出具有危险性的县（区）有 21 个，其中有 11 个县（区）被评判为高危区和次危区，整体危险系数比较高。芦山地震发生后 20 天内，灾区发现山体崩塌、滑坡等威胁点共 5151 处，数量巨大，给灾区的抗震救灾及重建工作增加了难度，对雅安区域的经济发展有着严重的威胁，而仅仅这些次生灾害造成的各类产业的经济损失就高达571.24 亿元，严重影响灾区人民的生活和经济的发展。

芦山地震灾区位于成都平原西部，与成都相邻，能够凭借成都经济辐射带动当地经济，具有良好的区位优势，这对于整个灾区的发展和灾后重建工作开展具有很好的作用。但由于地震灾区地势起伏大、地形条件复杂等诸多地理条件的限制，使得灾区的交通、通讯与经济都较落后，此外，开发价值

---

① 赵周贤、徐志栋：《芦山灾后重建：增创中国特色社会主义新优势的重要探索》，《四川党的建设（城市版）》2015 年第 5 期。

高的经济区域也非常有限,尤其是资源环境承载力弱的灾区更适合建设成生态区。所以,灾后重建必须坚持的原则是:实事求是,因地制宜,功能优化,生态建设,激发活力,协调多方面发展。坚持用科学性的规划理念,创新型的方案设计,切实到位的政策落实推进灾区全新的发展。

二、区域的发展条件受限

震中芦山县属高山峡谷地带,受地形、通讯与交通条件等限制,有自然资源优势但仍面临产业发展动力不足的问题,特别是第二、三产业发展落后,经济实力整体不具有竞争力,巨灾之后自身修复水平有限,主要依赖外部援助,经济发展速度受到了影响。雅安地处成都市经济辐射区,但主要对雅安市主城区的带动作用较为明显,对芦山、天全等地震灾区的间接带动不能在短期内对恢复重建带来效果。

基于可持续发展的芦山灾区的县域经济规划中,考虑到山区生态环境对大自然的调节作用,大多数地区已划为国家限制或禁止开发区,对新开发地区有比较严格的要求。雅安大约一半的山地坡度大于25°,复杂的山地地形带来高昂的基础设施修建成本以及后来交通成本,从而弱化了与外部空间联系程度,制约灾区经济发展。因此,要想突破发展瓶颈,在恢复重建完成之后仍保持活跃经济氛围,须打破现有的行政区划,走一条区域联合开放发展的道路,打破产业之间的限制,构建新型的经济发展联盟。可借鉴汶川地震援建中建立飞地产业园区进行远距离合作的"飞地经济"战略模式,吸引人才聚集,利用互联网开展远程合作,克服山地交通不便带来的区域优势不明显、空间不足等限制灾区经济发展的问题,高效利用灾区优质的生态资源和国土资源,实现产业飞地合作新格局。

三、产业结构仍有待优化

近年来,芦山地震灾区①生产总值稳步增长,2014年达到339.5亿元,是地震前(2012年)的1.15倍;增速从2013年的4%上升到11%(见图6-1)。三次产业的发展变化基本遵循经济发展和产业结构调整的内在规律进行,但仍有三次产业比例失调、农业欠发达、工业基础相对薄弱、第三产业特别是新兴服务业发展滞后等问题。从纵向上看,从2002年到2014年,芦山地震灾区三次产业的比例由22.6%:42.9%:34.5%调整到14.7%:

---

① 由于受数据限制,本节仅使用了极重灾区雅安市芦山县与重灾区雅安市雨城区、天全县、名山区、荥经县、宝兴县的汇总数据。

52.5%∶32.8%,第一产业比重持续下滑,第二产业发展较快,第三产业发展缓慢(见图6-2、图6-3)。

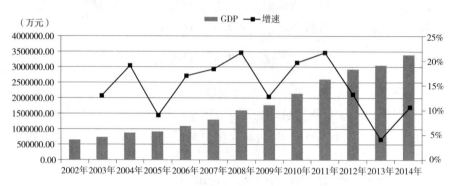

图 6-1 2002—2014 年芦山地震灾区 GDP 情况

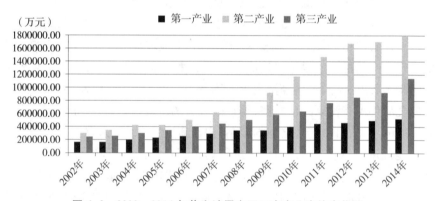

图 6-2 2002—2014 年芦山地震灾区三次产业产值变化图

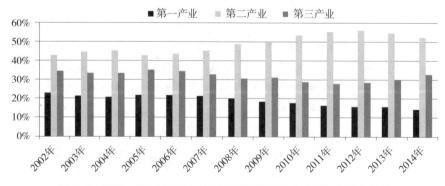

图 6-3 2002—2014 年芦山地震灾区三次产业占 GDP 比重变化图

从横向来看,与四川全省相比,芦山地震灾区第二产业的比重高,第三产业比重偏低。其中,第一产业比重比四川省多2.3个百分点;第二产业比重高于四川省3.6个百分点;而第三产业比重低于四川省5.9个百分点(见图6-4)。

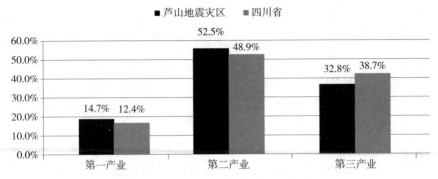

图6-4　2014年芦山地震灾区与四川省三次产业结构比较图

目前,芦山地震灾区处于四川产业分工金字塔下部,主要进行劳动密集型产品和资源原料生产,而极重灾区芦山县在雅安市产业发展中又处于较落后地位。芦山县多数产业处于产业链条的中低端环节,绝大部分产业高端项目少、比重小,高端产业发展不足,产业链关键环节缺失。多数产业整体处于投入、消耗高,产出、效率低的"两高两低"境地。

同时,企业在创新研发领域投入不足,创新资金占企业收入比重低。且大部分都是中小企业,并且这些企业只生产现有产品,对新技术研发的重视程度不够,对新产品开发的力度太小。另外,部分中小企业还是家族经营方式,缺少高级管理人才,没有全新管理理念,仍维持着传统的管理方法,较低的管理水平直接导致企业难以做大做强。

四、劳动力面临供求两难

近几年来,芦山地震灾区经过恢复重建,产业正逐渐从传统产业向新兴产业发展,而当地劳动力的综合素质未能得到同步提高,导致劳动市场面临供求两难的问题。

灾区在重建中,将招商引资的重点产业目标锁定在纺织产业、新材料产业、生态文化旅游等第三产业,以及其他高附加值、高税收的现代加工制造业。本地劳动力长期从事传统产业,这导致了用人单位招工难、求职者少的局面,本地就业岗位求大于供的矛盾十分突出。同时,新成长劳动力绝大多数更愿意到成都市及沿海发达地区去求职打工,导致出现本地求职者偏少、本地企业用工紧缺的情况。①

第三节　芦山地震灾区生态与产业协调
发展的区域特色实践

2013 年"4·20"芦山地震给四川带来了巨大损失,芦山县作为此次地震的极重灾区,人员伤亡和经济损失非常惨重,给其经济、产业与生态环境均造成了重创,灾后重建也面临了很大挑战。如今,芦山地震灾区灾后恢复重建工作已全面启动四年多,灾区的经济和社会发展水平已经超过了震前水平。当前,灾区应紧紧抓住后重建时期的历史机遇,充分汲取汶川地震灾后恢复重建成功经验,以科学规划、合理设计为先导,以人为本、尊重自然、统筹兼顾实现产业发展、新农村及城镇化建设和生态环境保护等多重目标,在构建和谐生态家园的基础上,大力发展特色产业,积极践行绿色发展和创新驱动战略,努力推进灾区生态与产业协调发展。

芦山地震灾区地质条件复杂、产业基础薄弱,灾后重建任务艰巨。震后,产业振兴成了一项重要内容,当地专门设立了 50 亿元专项资金,积极推进灾区产业发展,并形成了一系列富有特色与成效的发展模式。产业振兴已成为拉动灾后重建的重要"引擎",雅安市坚持一、二、三产业重建"齐步走",相互渗透、相互融合、相互支撑,打造完整的全产业链条。雅安市坚持"输血"和"造血"相结合,充分发挥生态、区位、资源等优势,加大招商引资力度,实行一企一策,全力以赴推进项目尽早落地见效,惠及广大受灾群众。②

一、芦山:内外联动,持续"造血"

芦山在恢复重建期间,以产业重建为重点,于内大力发展芦山产业集中区,增强县域自身产业竞争力,在外依托"芦天宝"飞地工业园实现人才和技术的内外联动,在促进本地产业转型升级的同时实现外向型发展。

（一）打造芦山产业集中区

根据国务院《芦山地震灾后恢复重建总体规划》和四川省《芦山地震灾后恢复重建产业重建专项规划》,芦山按照立足现实、着眼未来、高质高效

---

① 竹枝强:《劳动力供求"两头难"结构性矛盾是主因——芦山县劳动力供求问题调查与分析》,《四川劳动保障》2012 年第 8 期。

② 刘刚:《雅安灾后恢复重建已进入"造血期"》,2014 年 4 月 20 日,见 http://www.chinanews. com/df/2014/04-20/6084076.shtml。

的总体要求,打造芦山县产业集中区。园区遵循绿色低碳、适度超前、产业高端、产城一体的总体思路,重点发展新材料、电子信息、食品饮料、医药、汽车配件等五个远离负面清单的产业。突破芦山工业基础薄弱、结构单一、总量偏小的难题,帮助雅安群众走出困境、致富奔康。[1] 截至 2015 年年底,产业集中区共入驻企业 58 家,实现年产值 41 亿元,充分发挥了产业集中区在集约节约发展、提升产业层次、吸纳农村劳动力、等方面的强大功能。

(一) 以飞地为桥头堡,突破地域困境

对于"飞地"的尝试,我国早有先河,1994 年,苏州工业园区发展协议的签署,成为了我国跨国界发展飞地经济的一个范本。2000 年上海设立的松江区松江高科技园,成为上海徐汇区漕河泾的"飞地开发区"。2013 年 7 月,国务院发布《芦山强烈地震灾后恢复重建总体规划》,提出支持雅安产业园区发展,选择适宜区域设立芦山、天全和宝兴三县飞地产业园区,作为产业转移和发展的载体,建立"飞出地"与"飞入地"之间的利益链接机制,建设新型工业化、城镇化的产业城区示范点。

芦山地震灾后恢复重建中,党中央、国务院创造性地提出了"产业重建"这一理念,并设立了芦天宝飞地产业园区,要求在保护环境的基础上,加强企业恢复和产业重建,大力发展特色优势产业,努力使灾区有就业、有收入、有后劲。芦天宝飞地产业园区承载着"异地支持灾区群众奔康致富"的使命,而显得尤为引人注目。[2]

按照"整体规划、分步实施、适度超前、产业高端"的思路,结合成渝经济区产业布局,芦天宝飞地产业园区将机械制造和新材料新能源作为园区发展的主导产业,重点培育航空、汽车及零部件等制造、有色金属精深加工、锂材料及云计算数据中心等产业链条,实现生产环节由配套链条向主导链条转变,打造产业新城和城市新区的新格局,建成成渝经济区新兴产业基地、川西地区物流枢纽,建成灾后产业重建示范园、优势特色产业集中区、吸引投资集聚区、创新发展先导区和循环经济的示范区。[3] 2015 年,芦天宝飞地产业园区共有建成投产企业 117 家,其中规模以上工业企业 42 家。2015年园区完成营业收入 167 亿元,同比增长 16.8%;工业总产值 165.21 亿元,

---

① 谢达波:《灾后,芦山翱翔的翅膀　芦山县产业集中区建设路径观察》,《中国西部》2015 年第 13 期。

② 王凤运、彭华:《雅安市积极探索灾后产业重建之路》,2014 年 4 月 22 日,http://sc.people.com.cn/n/2014/0421/c345167-21044913.html。

③ 彭浩:《四川开发区(园区)发展规划研究》,《中国工程咨询》2011 年第 1 期。

同比增长 21.9%。①

二、宝兴:打造绿色美丽家园

除中央、省、市的规定动作外,雅安地震重灾区的宝兴县更加注重将本土地域特色融入其中,主要体现在以下几个关键词中:绿色生态、美丽家园、平安畅通、特色产业、和谐民生。

一是突出特色产业推动科学重建。宝兴县把产业恢复发展与优化布局、转变经济发展方式结合起来,将农业发展成为生态农业、有机农业;工业升级转型,寻找可持续发展的绿色产业;创新服务模式,提高服务水平,发展高端服务业;利用丰富的自然及历史文化等资源壮大旅游业。积极开发新业态,大力推进以有机产业园区和特色有机农产品培育为重点的农业现代化进程,以打造高端汉白玉石材产业链为重点的新型工业化进程,以"两廊一环八景"高端开发为重点的生态旅游产业进程,推动产业发展再生性跨越。

二是突出绿色生态推动科学重建。宝兴县围绕建设大熊猫国家公园、打造"中国绿色诺亚方舟",把生态环境保护和可持续发展作为重建前提,以省级、国家级生态县创建为依托,巩固长江项目、欧盟项目、退耕还林和天保工程成果,加快生态工程修复,打造生态功能区。加快以珍稀动植物保护、生物多样性保护等项目为重要内容的生态修复,恢复国、省、县道沿线生态环境,整治沿线城乡风貌,建设大熊猫生态栖息走廊。②

三、天全:保留生态底色的发展

"保留生态底色、重建生态天全"是天全县产业重建及生态恢复的重要原则。天全县全力保留生态"底色",千方百计做强生态工业,不遗余力做强生态农业,竭尽全力做好生态旅游。③ 产业重建为灾后成功实现整体重建的关键。在产业重建过程中,天全县依托生态优势,强力推进生态产业重建,在全县范围内杜绝高污染、高耗能、高排放的"三高"项目;以生态工业壮大为目标,加快推进传统产业的转型升级,加快培育新技术、新能源、新材料等节能环保型新兴产业;实施"两条腿走路",引进优质、高效的企业,淘

---

① 徐玉婷:《园区建设和产业发展取得新成效》,《雅安日报》2016年2月27日。

② 《科学重建的"宝兴特色"——专访宝兴县委书记韩冰》,2015年7月23日,见 http://www.baoxing.gov.cn/htm/articview.htm? id = 20150618140618729。

③ 雄蕊、张毅、周代庆:《保留生态底色 重建生态天全》,2013年9月18日,http://news.bei-ww.com/2013/0918/article_126949_5.html。

汰落后产能,转移工业企业到飞地工业园区发展。

天全县紧紧围绕山葵、冷水鱼、茶叶、山药、林竹、天麻等产业,努力把天全在生态农业资源上的比较优势转化为加快发展和群众奔康致富的经济优势。引进、培育、壮大农业产业化龙头企业,加快农业产业生产、加工、销售一体化进程。在推进灾后重建、加快"绿色崛起、重建跨越"的过程中,天全县充分用好用活重建政策和资金,最大限度地撬动社会资金参与重建,努力破除制约重建和发展的资金瓶颈,激活了重建政策的"裂变反应",放大重建资金的"乘数效应"。在实施中,集中国家投入的 1.49 亿产业发展资金办大事,把有限的资金用在推动事关天全长远发展的关键环节,着力提高资金的使用效率和效益。利用重建资金配套建设产业道路、林区公路等基础设施,彻底扭转天全"有产业无公路、有公路无产业"的状况,解决了产业发展"肠梗阻"的老大难问题。对一些"小而杂"的项目进行适当整合、调整和打捆,对种植大户进行补助,将优势资金重点倾斜到推进城市建设项目、景区景点建设项目和农业产业化龙头项目上,优化资金配置,促进县域经济不断转型升级。

充分发挥天全生态资源的优势和作用,通过招商引资吸引社会资金参与重建,全县科学编制、包装和引进了一大批重大项目,为灾后重建夯实了基础。通过科学编制和包装项目,先后引进超 10 亿元项目 6 个、5 亿元以上项目 3 个、1 亿元以上项目 7 个,其中产业发展项目 24 个,总投额 82.45 亿元;引进城市建设项目 5 个,总投额 94.8 亿元。加上全县灾后重建的 366 个项目投资 90.5 亿元,全县各类项目投资将达到 267.75 亿元。通过嫁接叠加政策,构建了政府引导、市场运作、社会参与的资金投入机制,吸引和带动了民间资本投入恢复重建。在生态水城建设中,将国家补助、棚户区改造、过渡安置和贷款贴息等政策相叠加,按照政府主导、市场参与、群众主体的原则,实现引进民间资本进入老城区重建改造,提高城区重建改造效率。在产业重建上,鼓励支持本土企业抓住机遇做大做强,引导它们通过技改创新、增加投入等方式,进一步做长产业链条,不断向深加工、高附加值方向发展,不断增强天全农业产业化的发展后劲。[①]

四、邛崃夹关:打造现代川西时尚小镇

邛崃市夹关镇在恢复重建中突出旅游集散地和目的地的双重功能,在新型城镇化、四态合一的规划理念下,充分利用南丝路水上走廊白沫江第一

---

① 周代庆:《建生态天全　筑美丽家园》,《雅安日报》2014 年 7 月 18 日。

站夹门关码头建设,将夹关镇建设成为全产业链、全方位体验的现代川西时尚小镇,打造"夹门水寨　多彩茶乡"。

芦山地震后邛崃市夹关镇通过场镇改造和灾后重建,发生了翻天覆地的变化,这种变化是史无前例的。夹关镇的灾后重建,不仅是安置点建设,还规划制定了产业发展规划。在周河扁安置点按照"小规模、组团式、微田园、生态化"的理念打造,建成后,吸引了不少游客前来观光、摄影留念。如今,该安置点已经成为夹关镇住房重建中的一个典型。

依托安置点和新农村综合体建设,按照产村相融、特色发展的要求,夹关镇周河扁率先引进专业酒店公司,建立了政府引导、企业主导、农户加盟的新型旅游经营模式,打造集住宿、餐饮、休闲为一体的乡村生态酒店联盟。发展乡村酒店并不单纯依靠企业自身的力量,而是把农户灾后重建获得的房屋资源整合起来,利用酒店专业化的力量和市场、客户、信息等方面的优势,包括资金的投入,来激发农户的积极性,让他们参与到酒店联盟中。

为了大力发展乡村旅游产业,夹关镇还着力对传统优势产业进行整体提升。依托国家级龙头企业花秋公司,按"公司+专合组织+农户"模式,推进土地适度规模经营,打造500亩生产、加工、旅游茶产业示范园区;"邛崃黑茶"成功申报为国家地理标志保护产品;完成金川1300吨名优茶生产线技改扩建项目;打造"四季花语"彩叶林项目。一个个项目的注入,不断地增强着夹关镇的"造血"功能。2015年,该镇农村居民年人均可支配收入14389元,较2013年增长29.7%。

几年来,夹关镇将灾后重建与新型城镇化、新农村建设相结合,与产业发展、群众奔康致富相结合,重建效应被加倍放大,走出了一条幸福美丽新村之路。①

---

①　梁仕文:《夹关:灾后重建的幸福新村之路》,2016年4月21日,见 http://www.qlxww.cn/play.asp? id=29161。

第七章 次生灾害区域生态与
产业协调发展

第一节 四川地震灾区面临的主要次生
灾害类型及其影响

四川地处中国西南部,覆盖鲜水河、安宁河—则木河、金沙江、龙门山等多条活跃的地震带。地震、滑坡、塌方等灾害频发,已查明各类地质灾害隐患达3万余处,约占全国15%,覆盖整个四川省区,是全国地质灾害最为严重的省份之一。当前,我国应对突发灾害的能力还有待进一步加强,下一步应着重建设地质灾害应急救援体系、监测预警体系,提升地方政府及群众的应急救援能力;因"5·12"汶川地震、"4·20"芦山地震所带来的巨大破坏,加上次生灾害频发,四川省地质灾害防治任务艰巨,挑战不断。地震除了可能损毁建筑物、基础设施等,造成大量居民伤亡,还经常伴随着火灾、水灾、毒气泄漏、爆炸、泥石流等次生灾害发生。如果次生灾害频发,其影响有时超过了地震直接造成的破坏,会为地震救援造成很大困难,也为后重建时期次生灾害区域生态与产业协调发展带来挑战。

一、余 震

余震是指因主震效应引发的地震。一般情况是在一次主震发生后,紧接着会发生多次余震,余震的震级大都比主震小很多,但是其持续周期长,从几天到几个月不等。余震往往发生于大震之后,其能量相对较小,但连续频发性余震也会造成严重灾害。余震依发生时序,在次数及强度上会慢慢变小。研究者称,主震后的次日,余震总数约为第一日的一半,而至第十日,余震总数则减为第一日的1/10。据中国地震台网测定,"5·12"汶川大地震后两个月内,汶川地区共发生 Ms4.0 级以上余震 233 次,其中 Ms4.0—4.9 级地震 200 次,Ms5.0—5.9 级地震 28 次,Ms6.0 级以上地震 5 次(不包含主震),最大余震震级 Ms6.4。

在后重建时期,汶川地震灾区仍面临着余震的威胁。例如,2014 年 4月 11 日理县发生 4.8 级地震,2016 年 6 月 27 日北川县发生 4.6 级地震,均为汶川地震的余震。据中国地震台网中心预报部专家表示,汶川地震的复发周期大约在上千年,它的余震将会持续上百年左右。①

二、坡地地质灾害

坡地地质灾害主要包括崩塌、滑坡与泥石流,其危害性大,分布范围广,是地质灾害中最严重的一类。② 崩塌一般发生在较陡斜坡上,是岩土体在重力作用下突然脱离母体崩落、滚动、堆积在坡脚的地质现象。滑坡也常见于较陡的斜坡,是岩土体受河流冲刷、地下水活动、雨水浸泡、地震及人工切坡等因素影响,在重力作用下,沿着一定的软弱面或者软弱带,整体地或者分散地顺坡向下滑动的自然现象。泥石流是指在山区或者其他沟谷深壑、地形险峻的地区,因为暴雨、暴雪或其他自然灾害引发的山体滑坡并携带有大量泥沙以及石块的特殊洪流。泥石流是以上三类地质灾害中危害最大的一种。这三种地质灾区广泛分布于灾区,汶川特大地震后,排查发现灾区地质灾害隐患 4929 处,其中特大隐患 158 处、大型隐患 1271 处、中型隐患 1817 处,威胁着 94 万多人的生命安全。③ 汶川特大地震与其后的芦山强烈地震,造成四川地震灾区岩质碎裂,固土植被遭到损害,暴雨频发,这些都为崩塌、滑坡、泥石流形成了物质、动力及触发的可能。在后重建时期,四川地震灾区仍面临着崩塌、滑坡、泥石流等多种次生地质灾害的严重威胁。雨季大规模降水很容易导致原本地质环境脆弱的地区形成滑坡,尤其是在地震之后地质构造发生剧烈松动,增加滑坡风险。尤其是在汶川、北川、青川等以山地为主的地震灾区,因暴雨等重要致灾因子而引发的次生灾害再次危害灾区人民的生命与财产安全(见表 7-1)。

三、水 体 灾 害

四川地震灾区汛期雨水量大,容易导致严重的水涝灾害,主要包括暴洪、堰塞湖等水体灾害。山体植被受地震灾害影响,防洪能力下降,又因当地水库很多,在遭到地震后坝体破裂,严重威胁着下游人民的生命和财产安全。震灾产生了大量疏松物质,而大雨则成为冲击的动力因素,导致石块等

---

① 张倩编:《四川阿坝地震属汶川余震》,《北京青年报》2014 年 4 月 12 日。
② 林鸿州、于玉贞、李广信:《坡地地质灾害防灾减灾工作的思考》,《自然灾害学报》2009 年第 4 期。
③ 苗会强等:《汶川地震次生灾害的成因、成灾与治理》,《地质灾害与环境保护》2008 年第 4 期。

物质淤塞水道,进而形成堰塞湖。在汶川特大地震后,堰塞湖一度成为严重威胁,其中 34 个堰塞湖爆发险情,3 个出现坍坝危险,分别是唐家山、长屯河堰和青川三座堰塞湖。[①]　在后重建时期,四川地震灾区仍面临着汛期雨水集中、水灾威胁大的情况(见表 7-1)。

表 7-1　汶川、芦山地震灾区部分次生灾害情况

汶川地震灾区的部分次生灾害情况				
时间	地点	灾害类型	灾害经过	灾害影响
2009/9/8	绵竹清平乡	滑坡、泥石流	突降暴雨,激发多处山体滑坡和大面积泥石流,公路被埋,河道堵塞,堰塞湖水位持续上涨	部分地区交通、通讯中断,部分群众被困
2010/8/13	绵竹清平乡	泥石流	文家沟流域在 2010 年 8 月 12 日 16 时至 13 日 4 时的降雨量达 227mm,暴雨形成强大洪水冲刷流域内在地震期间形成的滑坡—碎屑流堆积体,并形成高容重黏性泥石流	6000 余人全部受灾,共致 7 人死亡,7 人失踪,39 人受伤,479 户农房被受损
2011/8/14	汶川县境内银杏乡、映秀镇、漩口镇、水磨镇、三江乡等乡镇	滑坡、泥石流、塌方、堰塞湖	因 2010 年 8 月 13 日夜间至 14 日凌晨汶川县境内突降暴雨,其多个乡镇多处发生泥石流,震中生命线 213 国道汶川段多处中断,并在岷江河段形成堰塞湖	13 人因灾死亡、59 人失踪
2013/6/18	北川县擂鼓、曲山、陈家坝 3 个乡镇	泥石流	晚上发生强降雨,多处发生泥石流,道路受阻	受灾人口达 6.6 万人,紧急疏散 100 余户 300 余人

[①]　苗会强等:《汶川地震次生灾害的成因、成灾与治理》,《地质灾害与环境保护》2008 年第 4 期。

续表

		汶川地震灾区的部分次生灾害情况		
时间	地点	灾害类型	灾害经过	灾害影响
2013/7/10	汶川县	山洪、泥石流	7月10日至13日连续遭受强降雨，一时间山洪阻断岷江，雨水夹杂着泥石一路狂奔，袭击村庄，摧毁房屋，淹没大桥，阻塞道路，通讯中断、电力中断	县境内100%乡镇不同程度受灾，全县90%以上的人和村寨不同程度受灾，受灾村(社区)90%以上；全县因灾遇难14人、失踪15人；房屋、基础设施等受损严重，直接经济损失38亿元，部分乡镇震后五年发展的增量毁于一旦
2014/7/10	都汶高速	泥石流	通往阿坝州映秀、汶川方向的都汶高速因暴雨发生泥石流，绵褫站附近发生泥石流导致该路段交通双向中断，都汶高速都江堰至映秀方向实施关闭	未造成人员伤亡和重大财产损失
2015/6/21	茂县	塌方	G347道路洼底乡境内发生山体塌方，塌方方量约为200余万方	未造成人员伤亡和重大财产损失
2016/1/20	绵竹清平乡小岗剑	塌方	汉旺镇至清平镇公路小岗剑段发生一起山体垮塌灾害，塌方量约100万立方米左右，造成约200米路段被掩埋	未造成人员伤亡和重大财产损失
2016/7/25	四川九寨沟双河乡甘沟村	泥石流	25日晚，四川九寨沟县境内普降中到大雨，局部地方暴雨；次日凌晨1时许，双河乡甘沟村发生特大泥石流	造成省道205线受损1公里，冲毁村民房8家，乡村道路、桥涵、水利设施、基础设施、农作物、经济作物等受损严重，无人员伤亡

续表

汪川地震灾区的部分次生灾害情况				
时间	地点	灾害类型	灾害经过	灾害影响
2016/9/5	北川陈家坝	塌方	太洪村1、2、3、4组和金鼓村6组交界处（李家湾）发生塌方，形成总量约38万方的堰塞体	未造成人员伤亡和重大财产损失

芦山地震灾区的部分次生灾害情况				
时间	地点	灾害类型	灾害经过	灾害影响
2013/5/9	芦山至宝兴方向铜头段	塌方	大雨之后，5月9日上午10时3分，四川省道210线芦山至宝兴方向铜头段发生山体垮塌	导致2人死亡、4人重伤
2013/7/9	雅安市汉源县三交乡	堰塞湖	2013年7月9日至12日发生强降雨，降雨区域连片集中、强度大，形成堰塞体约60万立方米	影响下游7个乡镇安全，爆破后危险解除
2014/7/30	雅安雨城区多营镇陆王村	泥石流	受强降雨影响，30日晚11时，雨城区多营镇陆王村发生泥石流导致318线短时间中断	未造成人员伤亡和重大财产损失
2015/8/3	雅安宝兴县	高崖飞石	突降暴雨，下午6时50分许，省道210线宝兴县城至灵关镇一处小地名为小鱼溪的路段出现高崖飞石	飞石砸中了一辆轿车，造成2人死亡，2人受伤
2016/4/1	雅安天全县	山体垮塌	昂州河白木河山体垮塌总方量4万立方米左右，堵塞河道	未造成人员伤亡和重大财产损失

资料来源：本课题组从公开媒体报道中收集整理。

四、社会灾害

地震对现存结构破坏易导致火灾、孤岛效应、社会恐慌等灾祸，尤其是危险品化工区等区域发生灾害的可能性更大。汶川震灾导致了大量人员伤亡,环境及医疗等公共设施遭受严重破坏,因而整个灾区内医疗环境相当脆弱。地震中伤亡很大,对劫后余生者及遇难者家属朋友都有着极大负面影响。汶川地震后,大批心理咨询师进入灾区,尽管居民得到了及时的心理干预,但由于该工作没有有序开展,一些受灾居民被迫接受了重复心理援助,这对他们造成了"二次伤害"。同时由于个体差异、治疗不持续等多种原因,部分居民心理问题没有得到彻底解决。在国外,灾后心理干预基本要持续多年,而汶川地震的心理干预工作如潮水般来得快去得也快,这些无疑为灾区居民心理健康留下了隐患。因此,在后重建时期,灾区居民的心理调整、情感重建还需要更多的时间和人力的投入。

第二节　清平泥石流后生态与产业协调发展

一、泥石流暴发过程及成因

从泥石流的形成、突发及发展的整体角度看,这是一个比较漫长的过程,但地震能迅速加速这一过程。震后泥石流次生灾害活动频度及强度大增,强烈地扭曲着流域自身状态和山地表体外貌。地震直接冲击着河道两侧岸坡和支流内大量崩破沉积物,积攒了大量容易引发泥石流的固体松散物源。从地貌演化角度看,作为山区常见的重力灾害,泥石流也是山河地貌发展演化的关键外力。震后泥石流爆发频繁,灾区的山河地貌演化速度转入快速期。受重力等各种外力影响,表层大量固体松散物质随泥石流从河道两侧的支流冲入主河道,淤积抬高河床,进而将河流侵蚀基准抬高。而从灾害学角度看,泥石流中泥沙淤高河床后,削弱了河道泄洪能力,涨高了洪水期的水位线,使河谷两侧河水侵蚀区域扩大,进一步增大河流上游发生洪灾的隐患,使得汛期防洪更加困难。从长期看,由于特大地震触发的次生灾害引起的河流地貌变化极易会导致生态环境灾难。[①]

二、清平泥石流形成原因及影响

"5·12"汶川震灾致使地表出现崩塌、滑坡多达万处,为泥石流形成创造了可能,也明显增大了泥石流发生的频度及强度。

据相关报道,汶川震后绵远河上游的文家沟、走马岭沟、芍药沟分别于

---

① 苏鹏程、韦方强、冯汉中、游勇、程尊兰、徐爱松:《"8·13"四川清平群发性泥石流灾害成因及其影响》,《山地学报》2011 年第 3 期。

2008年9月、2009年7月、2010年7月在暴雨冲刷下多次爆发泥石流。其中，2010年8月13日夜里，清平乡①文家沟因持续强降雨爆发特大山洪泥石流灾害，是国内迄今记录到的最大泥石流灾害。

位于绵竹市西北部山区绵远河上游的清平属于川蜀盆地中亚热带湿润气候区，气候温暖，降雨量大。绵远河上游大桥被泥石流冲垮并漂移至下游，严重堵塞下游大桥，形成了长1600米左右、宽200—500米的河道内淤积，淤积体厚度最大超15米，平均厚度达7米，泥石流方量约310万立方米，大量淤泥进入绵远河，致使河道堵塞、水位抬高、支流改道，最终形成堰塞湖，将清平乡震后复建的桥梁道路淹埋。此次灾害共致7人死亡，7人失踪，39人受伤，479户农房被受损。卫生院、学校及其他公共设施损毁严重，农田被毁300余亩，水、电、通讯均中断，将正在修建的绵—茂公路中大量浇注成型的桥墩基本全部淹埋，灾后重建的成果毁于一旦，直接经济损失达4.3亿元。②

绵远河上游位于龙门山地震带，地质环境本身就比较脆弱，"8·13"特大泥石流后，部分物源疏通进入绵远河，仍大部分残留在河谷两侧支流内。灾后虽然相关部门已采取治理措施，但因震后泥石流活动强度及频度都大，造成治理成本高、难度大。所以，短期内泥石流威胁很难消除。

三、清平生态与产业协调发展的对策

（一）构筑防灾"安全大坝"

在"8·13"泥石流后，针对清平长期治理泥石流的工程，四川省已投入2亿多元，部分地区发生泥石流灾害的频率已大大下降，但其中仍有不少地区的泥石流治理仍面临严峻挑战，小岗剑就是其中之一。2013年四川灾后地质灾害防治专项规划编写组组长许强曾提到：小岗剑的泥石流，没有任何办法根治。从2010年8月13日的那场泥石流暴发后，清平每逢汛期都会被泛滥的河水包围成一个孤岛，小岗剑这处泥石流就是阻断道路的最主要的原因。③ 2016年1月20日，小岗剑发生一起山体垮塌灾害，塌方量约100万立方米左右，使约200米路段被掩埋。震后频繁的泥石流灾害侵袭给清平的恢复发展带来了巨大的困难，同时加之部分村民未搬离到重建点，仍居

① 2013年6月，经四川省人民政府同意，清平撤乡设镇。
② 余斌、马煜、吴雨夫：《汶川地震后四川省绵竹市清平乡文家沟泥石流灾害调查研究》，《工程地质学报》2010年第6期。
③ 王骞：《四川绵竹清平镇震后6年：依然面临"孤岛"威胁》，《南方都市报》2014年5月7日。

住在原址,人民的生命财产面临着严重的威胁。

清平在泥石流后实现产业与生态协调的首要措施是治理泥石流,构建防灾减灾的"安全大坝"。同时,与之相应的是,在后重建时期,灾区必须高度重视开展对如泥石流等次生灾害的隐患评估工作,制定出完备有效的防减灾应急方案,合理规划灾区重建工作。

在工程措施上,当地政府要积极同西南地区专业的防灾减灾实验室合作,利用专业的人才,制定灾区防灾减灾工程的总体规划。在项目招标过程中,要选择资质优良,具有相关工程经验的企业单位,利用第三方的监理监督,把握工程的建造速度和工程质量。在工程完成后要安排人员检查工程实施状况,发现工程变形等异常状况要及时上报处理。

在防灾管理上,在汛期等泥石流高发期要提前做好应急准备,实行全天候定点监控。要组织受威胁居民进行防灾演练,必要时要及时转移群众。同时,自然界的边坡破坏多属复合型的破坏形式,而要判断出致灾的主因,并做出合适的减灾措施的决策,则需要相当的经验,这意味着需要建立有序的防灾减灾组织。防灾减灾专责机构的主要工作包括:(1)搜集和调查灾害的相关信息;(2)建立和管理灾害信息共享平台;(3)开展防灾减灾相关的科学研究;(4)落实防灾减灾的教育训练;(5)提供各工程项目在设计与营运上防灾减灾的相关建议;(6)协调政府各部会的防灾减灾工作;(7)制订防灾减灾政策。防灾减灾专责机构要注重各学科的整合研究与政府各部会间的协调工作,并将研究成果与政策落实在实际的防灾减灾工作。①

(二)实现产业绿色转型,缓和人地矛盾

1.依托优势资源,提质增效

清平磷矿资源丰富,采矿成了当地重要的经济来源,但随意被倾倒的矿渣,小作坊的私挖滥采,给环境带来污染的同时,也大大增加了泥石流发生的可能性。在清平由于众多企业不按规定倾倒矿渣,暴雨来时,大量矿渣被冲到河中,使得河道被抬高,这大大增加了洪涝及泥石流灾害发生的可能性。磷矿开采是当地居民赖以为生的行业,很难完全禁止开采。但当地政府应发挥宏观调控能力,通过行政手段关闭磷矿小作坊,整合中小企业,合理有序地开采。实行负面清单制度,对乱采乱倒的企业要进行处罚,严重的要进行清退,将企业及其负责人列入黑名单。同时也要提高磷矿产业两方面的科技水平:一是开采技术,通过引进先进的科技,改变传统粗放采矿模

---

① 林鸿州、于玉贞、李广信:《坡地地质灾害防灾减灾工作的思考》,《自然灾害学报》2009年第2期。

式,保护地质结构的稳定性。二是提高磷矿的产业加工技术,不能仅仅成为资源产地,清平乡要利用其丰富的磷矿资源,进行深加工,提高产品附加值。

2. 大力发展生态农业

清平面积 302 平方千米,总人口约 6000 人,农业人口约占 94%。在先后经历过"5·12"汶川震和"8·13"泥石流两次重大自然灾害后,根据《清平乡 8·13 灾后二次重建规划》要求,在"建筑有特色、产业有支撑、设施齐配套、乡风要文明、环境更宜居"总体要求的基础上,按照"有利于城乡统筹发展、有利于改善生产生活环境、有利于集聚整合各类要素资源、有利于产业发展和居民增收"的原则,将清平定位为现代化山水生态特色旅游小镇——"金色清平、世外桃源、避暑山乡",打造功能齐全、环境和谐、管理民主的新农村综合体。另外,清平积极发展如万源黑鸡养殖项目、猕猴桃、核桃种植等特色农业,大湔坪农观园和大鲵养殖园规划已开始启动。此外,地方政府也探索长效的经济发展方式,特别以农家乐、旅游集散中心等为载体,科学规划和选址,大力加强旅游开发建设。灾后重建的成果成为了清平未来发展的重要资源,因此,当地可以通过打造九环线重要旅游节点,建设现代立体山水旅游城镇,继续发展农家乐,修建游客接待中心为下一步做大做强旅游业打基础。受制于交通条件和泥石流的影响,当地面临着农业效益不高的问题。在后期清平应积极开展标准化农业,打造特色品牌,利用互联网平台,将本地的特色资源和特色产品推出去,真正实现农业富民的目标。

(三) 加强生态文明宣传教育

生态文明建设是人类反思社会、经济同环境发展关系后的必然选择;是人类文明优秀成果和工业化、城市化社会发展经验的智慧结晶。在准确把握社会与自然运行的客观规律前提下,通过约束人类行为及调整人类社会关系,促进人与自然和谐发展,由此在观念上就达到了生态建设和人类发展的双重实现。灾区要突出民众的主体地位,通过提高其生态文明意识,加强环境保护的主动性,实现生态和谐的共建共享。

在清平这样的次生灾害受灾区域加强生态文明宣传教育,必须明确责任、抓好落实。为此,应健全相应的机制制度,强化监督检查。一是健全工作机制。形成政府主导、各方配合、运转顺畅、充满活力、富有成效的工作格局,各有关部门、社会团体要各负其责。在此基础上,赋予环保社会组织一定职能,发挥其在生态文明教育中的独特作用。二是强化监督检查。将生态文明宣传教育纳入主管、实施、协同部门及领导干部考核体系,制定明确指标,接受社会监督。加强对生态文明宣传教育开展情况的监督检查,及时解决问题,确保责任落实。三是规范教育培训。规范各层次学历教育,规范面向社会的培训;对被依法处罚的环境违法人员,可强制进行生态文明宣传教育培训。①

第三节   都江堰大滑坡后生态与产业协调发展

一、都江堰滑坡经过及影响

2013 年 7 月 10 日,都江堰市中兴镇三溪村受连续 3 日大雨影响,发生特大山体滑坡灾害,致 44 人死亡、117 人失踪或失联。国土资源部专家组调查认定,此次山体滑坡为特大型高位滑坡,系受汶川地震的影响,震裂山体遭遇连续强降雨所致。早前,汶川地震造成的震裂山体因 7 月初持续暴雨积水渗入其裂缝,水头压力增大,致使山体突然高位滑移,掩埋了大片房舍。中兴镇三溪村的乡村旅游业发达,该滑坡路段有 11 个农家乐旅游经营项目,有 8 家农家乐被泥石流掩埋,遇难受灾群众除了农家乐老板,还有部分外来避暑游客。

此次山体大滑坡造成的严重灾情不仅给当地汛期地质灾害防治敲了警钟,也对生态建设、产业发展提出了新的挑战,当地要在后重建时期现有的生态资源、产业发展水平的基础之上,总结经验教训,采取有效措施,推进都江堰生态恢复同产业协调发展。

二、都江堰生态环境和资源现状与问题

(一)都江堰生态环境和资源现状

都江堰市地处岷江中上游,正处于川蜀盆地和青藏高原过渡段,具有平原、丘陵、山区等多种地貌特征,为我国西部地区两大地形阶梯拐点。其闻名于世的都江堰水利工程是川西平原各领域用水的唯一源头,被视作"川西平原生命之源",是成都平原及岷江水系的生态屏障。

1.动植物资源丰富

都江堰市所处的横断山脉北段山区,其特殊地形以及亚热带气候为生物的多样性提供了条件。整个都江堰市森林覆盖率达 58.85%,物种丰富,包括大熊猫、金丝猴等在内近百种野生动物;境内高等植物共 3012 种(记录隶属 278 科、1365 属),尤其是一级保护植物——珙桐分布广泛。龙溪—虹

---

① 丁金光:《进一步加强生态文明宣传教育》,《人民日报》2014 年 11 月 24 日。

口自然保护区是典型代表,拥有大量珍稀野生动植物。

2.水资源福泽千里

都江堰市为川蜀盆地数千万人口的生态、生活用水安全的屏障,发挥着水源涵养和水土保持等重要的生态服务功能。据统计,都江堰在农业供水灌区方面,涉及全省 37 个县(市),总灌溉面 133 多万平方公里;同时也是 2000 多家企业工业用水来源;更是成都主城区 80%量供水的重要保障。①

3.自然气候良好

都江堰市位于亚热带湿润季风气候区,降雨量丰沛,湿度大,无霜期长,阴多日少,冬不严寒,夏不酷暑。年均气温 15.20℃,年均无霜期有 258 天。年均降雨 1225 毫米,其中 80%集中在五月到九月。主要为西北风,风速小(平均 1.4 米/秒),静风频率达 41%,为全国典型的小风区之一。

4.土地资源潜力巨大

都江堰土地资源相对丰富。虽然人均耕地仅 1.6 亩,但该地区水域冲积出大量河滩地、山地等未开发土地,耕地后备基础总量大。不过开发难度高,因为都江堰主要以山地为主。但是由于四川盆地独特的土地资源质量,加上充沛降水量,多季相及丰富资源,其特色农业和生物资源发展利用前景十分广阔。

(一)都江堰生态环境和资源存在的问题

1.水资源危机严重

尽管都江堰市拥有丰富的水资源,但也因工业化、城市化发展产生的生活污水乱排等问题造成了用水危机。其主要污染来源有以下四个方面:

一是工业生产的废弃物。包括二氧化硫、氮氧化物、气溶胶等均以液、固、气形态污染着江河湖泊等淡水资源。尤其是都江堰及阿坝州的一些化工、纺织、建材、造纸、冶金、制药等企业,仅重视短期利益而忽略对水资的源保护,加重了水资源污染程度。

二是上游环境破坏导致来水量越来越少。岷江的发源地阿坝州,近几十年的乱砍乱伐使得生态环境遭到了严重破坏,导致如今岷江水量下降趋势明显。目前岷江水量减少了 25%,且仍呈递减趋势。活水量的下降影响地下水的供给,20 世纪 80 年代都江堰市平坝地区地下水位为 6 米,当前已降至 25—30 米。

三是对有限水资源认识不到位,城市用水量迅速增加、工业用水浪费严

---

① 刘洁、何彦锋:《5·12汶川大地震对都江堰市生态环境的影响及恢复对策》,《安徽农业科学》2011 年第 5 期。

重、农业用水利用率较低,保护水资源及节约用水制度不完善,浪费现象严重。随着经济发展,人口膨胀,生活、生产用水需求日增。与此同时,人们的保护、节约用水意识淡薄,农业灌溉方式落后,且部分乡镇企业因工业组织无序、管理不善等导致水资源利用混乱,这些都必然会阻碍都江堰生态经济发展进程。

四是地震损毁地质环境、地表植被,短期内大量岩土沙泥等杂物体进入水中,对部分河段水质造成影响。除此之外,灾区疫情控制设施以及污水治理设施的损毁导致灾民临时生活区的垃圾同废水不经处理直接排入河湖,进一步加剧了河流污染,为成都片区用水带来安全隐患。此外,地震还造成一些河道断流、干旱,引发大面积死鱼,致野生渔业严重受损,部分珍贵鱼种甚至有可能灭绝。震后河流生态系统的恶化还加剧中下游河流水库的富营养化,降低了水体环境容量,水生物类种群结构、栖息地及饵料场等均造破坏,大大弱化了河流生态净化功能。

2. 自然保护区受损

汶川地震及其诱发的滑坡造成都江堰自然保护区河床堵塞,道路桥梁阻断,损失严重。包括:龙溪—虹口保护区的 4666.7 平方公里森林被毁,21公里河流遭受损害,河岸垮塌和滑坡 142 处,形成堰塞湖 45 个,保护区管护道路 42.5 公里受损等。另外,多处景观遭受严重损毁,如二王庙、秦燕楼和青城山多座道观坍塌等。

三、都江堰生态与产业协调发展的对策

都江堰大滑坡不仅造成人员伤亡众多,建筑及基础设施受损严重,还给当地的产业经济可持续发展带来了巨大的影响。在后重建时期,灾后重建已不能仅仅停留在满足人民的基本住房需求,需从更长远打算,不能片面地为了将震后经济恢复到震前水平,忽视对生态环境的保护。现阶段,关键是要科学避灾,谋求生态与产业协调发展之路,实现经济、社会、生态的可持续发展。

（一）科学避灾,保护发展成果

都江堰滑坡灾区仍然面临着次生地质灾害的威胁,科学避灾保护发展成果成为后重建时期灾区发展的重要前提。

都江堰应在灾害发生后及时监测受灾区域以及潜在地质灾害隐患点,及时采取工程措施进行治理,修复受灾区域,排除威胁公共安全的隐患点,避免受灾区域形成进一步的地质危害。对重点城镇周边地质灾害风险高、威胁大的山体和小流域实施综合治理,加强地质环境监测站建设,促进专业

应急队伍发展。其次,在不宜进行工程治理的地质灾害威胁区,对农户分阶段实施避让搬迁。在后期发展过程中,需要根据威胁大小划定分区,将高危区定为禁止开发区,一般危险区定为限制开发区。组织当前高危区中人员和产业进行转移,防止类似于中兴镇居民因拒绝搬迁而受灾事件的发生,保护好恢复重建阶段的成果。居民转移工作应结合扶贫开发、生态移民、新农村建设、城镇恢复重建及土地整治来开展。同时,完善灾害防治长效机制。总结国内外地质灾害防治经验,根据灾害的类型、强度等分别制定防治地质灾害应急机制,从而增强长期应对灾害的反应能力。

（二）发展以旅游、文化产业为龙头的服务业

"拜水都江堰,问道青城山"是都江堰旅游产业的代表,事实上都江堰旅游资源丰富度及价值都非常高,境内著名景观80余处,集以都江堰为代表的水利、巴蜀文化、青城山道教文化、优质原生态景观及人文景观等旅游资源于一体。后重建时期,为了促使生态与产业协调发展,依托其资源优势,都江堰全市必须重视发展以旅游业为龙头的现代服务产业,大力发展生态旅游,提高资源利用率,保护生态环境,实现社会、经济、环境三者的协调发展,逐步把都江堰市建设成为川、渝地区的休闲、娱乐中心和特色鲜明、设施完善、服务一流的中国和世界旅游名城和会议中心,知识型服务业的集聚地。

（三）发展新型工业

虽然工业同生态的发展矛盾日益突出,但工业对促进地方经济增长又有着举足轻重的作用,所以都江堰市采用"高门槛"发展政策,把握住建设资源节约型、环境友好型工业方向,结合当地特色优势,慎重引进同旅游、会展、信息、房地产等新兴产业发展存在对立的项目,摒弃传统高污染、高能耗企业。最终将重点发展的行业定位在以下领域:一是已具备较大规模、在全市工业中占相当比重,能充分发挥区域资源、区位、生态和生产要素等优势,可以依托发展的龙头企业和重点产品,并有较好的发展前景和较大发展潜力的产业,如生物制药、特色食品饮料等能充分利用本地资源优势的行业。二是可以承接国内外技术含量高、环境破坏小的产业转移和扩散,形成跨地区的产业关联,通过延伸产业链,能有力地推动上下游及相关配套产业发展,并可以形成产业集群的行业,着手引进能够和成都产业接轨的电子信息制造业以及加大对机械行业的调整和升级。

（四）发展生态农业

转变农业传统发展观念。现行的农业经济发展模式对土地资源、水资源等具有相对较大的使用量而实现了相对较小的农业产出,传统农业效率

的低下也导致农民务农的积极性降低,农业生产安全受到潜在威胁。因此政府和群众必须转变发展理念,利用当地地形地貌、气候条件、市场供需状况选择优质农作物产品,优化农业结构,加快优势产业建设,发挥集约化种植优势,提高规模效益;做好测土配方平衡施肥技术等推广及应用,结合滴灌技术,逐步由粗放型农业向集约化农业转变,运用现代化农业技术及管理经验,实现社会、经济与生态效益的统一,保障农业生产走"优质、高产、高效、可持续"的现代化道路。

以规模化、标准化现代生态农业建设为重点,创新农业经营体系,构建农民长期受益稳定增收机制,带动千家万户农民发展现代农业、致富奔小康。同时,利用四川农业大学等高校及科研院所人才优势,进一步推进产学研合作,将农业技术创造实际价值。加快发展农民合作社,扶持壮大龙头企业,培育农业品牌,持续提高农民收入。[①] 依托现代农业科技手段,培育发展优势、特色、效益农业及配套产业,建设产业集中发展示范区,打造产村相融和谐新村,推动区域经济、社会及生态环境融合发展。

---

① 张凯:《农民专业合作社发展现状、问题及解决的对策》,《学术交流》2011 年第 11 期。

第八章 后重建时期灾区生态与产业协调发展的路径选择

第一节 统筹重建功能分区,实现空间结构平衡

四川地震灾区中分布着多个自然保护区,生物多样性非常丰富,森林覆盖率高达40%以上。该区域既是成都平原的生态屏障,也是岷江、沱江、嘉陵江的源头水源涵养区和水土保持区,属长江上游生态屏障的重要组成部分。2007年5月四川省发布了《四川省生态功能区划》,在全省划分了4个自然生态区,13个生态亚区,36个生态功能区。地震灾区多处于生态亚区内,主要有龙门山地常绿阔叶林—针叶林生态亚区、岷山—邛崃山云杉冷杉林—高山草甸生态亚区和成都平原城市与农业生态亚区。2013年4月四川省发布《四川省主体功能区规划》,里面划定了四川省的重点、限制和禁止发展区①,其中和灾区相关的情况如表8-1、表8-2、表8-3所示。

表8-1 四川部分灾区在重点开发区内分布

四川省重点开发区	涉及灾区区县
成都平原地区	极重灾区:都江堰市、彭州市、什邡市、绵竹市 重灾区:邛崃市、崇州市、大邑县、德阳市旌阳区、广汉市、罗江县、绵阳市涪城区、游仙区、江油市、安县,雅安市雨城区、名山区、荥经县
川东北地区	广元市:利州区、元坝区、朝天区
国家层面的点状开发的城镇	中江县、三台县、盐亭县、梓潼县、汉源县、芦山县、石棉县

---

① 四川省主体功能区分为:重点开发区、限制开发区(农产品主产区)、限制开发区(重点生态功能区)、禁止开发区(分散在三类主体功能区内),该内容较多,本书不作详细列举,仅重点列出其部分内容。

表8-2　四川部分灾区在限制开发区内分布

四川省限制开发区域（重点生态功能区）	涉及灾区区县
川滇森林及生物多样性生态功能区	极重灾区：汶川县、茂县、北川县、平武县 重灾区：理县、小金县、松潘县、九寨沟县、黑水县、宝兴县、石棉县（2016年新增）
秦巴生物多样性生态功能区	极重灾区：青川县 重灾区：旺苍县

表8-3　四川部分灾区在禁止开发区内分布

序号	四川省禁止开发区域	涉及灾区区县	主要保护对象
1	四川龙溪—虹口国家级自然保护区	成都市都江堰市	大熊猫及森林生态系统
2	四川白水河国家级自然保护区	成都市彭州市	大熊猫及森林生态系统
3	四川王朗国家级自然保护区	绵阳市平武县	大熊猫及森林生态系统
4	四川雪宝顶国家级自然保护区	绵阳市平武县	大熊猫及森林生态系统
5	四川米仓山国家级自然保护区	广元市旺苍县	水青冈属植物及森林生态系统
6	四川唐家河国家级自然保护区	广元市青川县	大熊猫及森林生态系统
7	四川蜂桶寨国家级自然保护区	雅安市宝兴县	大熊猫及森林生态系统
8	四川卧龙国家级自然保护区	阿坝州汶川县	大熊猫及森林生态系统
9	四川九寨沟国家级自然保护区	阿坝州九寨沟县	大熊猫及森林生态系统
10	四川小金四姑娘山国家级自然保护区	阿坝州小金县	野生动物及高山生态系统
11	四川贡嘎山国家级自然保护区	雅安市石棉县	大熊猫及森林生态系统

综合分析四川灾区地域分布现状，主要分为以下主导生态功能：

（1）生物多样性保护热点区。长江流域生态资源丰富，形成了物种遗传、生态系统及景观三个"多样性"特征。而处于长江流域的四川更是我国大熊猫主要分布区，同时拥有大量古老特有物种。

（2）水源涵养和水土保持区。四川地震灾区基本处于北亚热带山地湿润季风气候区，囊括了岷江、嘉陵江、沱江源头等重要水源涵养区，是四川乃至全国有名的水源涵养区和水土保持区。目前，已经围绕该片区实施了长江防护林建设工程、水土保持综合治理工程、天然林资源保护工程等一批生态林业保护与建设工程。

（3）生态旅游资源富集区。"九寨沟—黄龙景区环线"（九环线）是四川省内的黄金旅游线，同时也是著名的世界自然遗产旅游地，景区内生态景观资源丰富,人文资源独特。汶川地震区也地处九环线上,具有生态旅游业发展优势。同时灾区还包括国内唯一个羌族自治县,属第二大藏族居民集聚区域。悠久的历史文化和原生态自然景观,构成了一个生态旅游资源区,可打造度假养生、生态体验、科研基地等生态旅游体系。

(4)西部生态脆弱区。四川地震灾区生态环境脆弱,多高山陡坡,地质结构复杂,土壤植被退化严重,加之地震损害,更加降低了该区域的生态系统稳定性,不利于生态保护。目前,灾区范围内有多个国家级和省级自然保护区,世界自然遗产、风景名胜区。需要科学规划生态发展项目,保护生态资源。[①]

由于四川地震灾区处于多个生态功能区和自然保护区内,生态价值显著,因此必须结合四川省主体功能区规划的要求,坚持生态优先原则安排后重建工作。[②] 2008年9月《国家汶川地震灾后恢复重建总体规划》指出,要根据生态承载能力,科学确定不同区域的主体功能,调整城乡、人口、产业结构及生产力等布局,推动发展方式转变,努力提高灾区自我发展能力。同时将规划区国土空间划分为适宜重建、适度重建、生态重建三种类型[③]。2012年7月9日,四川省发改委、财政厅联合印发了《关于进一步完善政策措施巩固提升地震灾区生态功能的通知》,明确了生态修复项目结余资金使用政策,部署了灾区植被恢复试点工作。

根据国家和省级功能区划可以把汶川地震灾区分为以“成德绵”为首的重要开发区、以龙门山南北向断裂带为代表的限制开发区、以卧龙自然保护区为代表的禁止开发区,并对相关区域做出明确的功能定位。[④] 2013年7月基于资源环境承载评价,四川省发布了《芦山地震灾后恢复重建土地利用专项规划》,将芦山地震灾区划分为重点重建区、适度重建区和生态重建区,三者比例分别占灾区面积的16.36%、43.69%、39.95%。该规划指出重点重建区以平坝为主,是城镇村建设及产业园区以及公路、铁路等工程主要选址地区;适度重建区和生态重建区多为山地,将以生态恢复为重,严格控

---

① 钱骏、叶宏、邓晓钦:《四川省汶川地震灾区环境承载力评估》,中国环境科学学会环境规划专业委员会2008年学术年会,2008年12月1日。

② 《四川省巩固提升地震灾区生态功能》,2012年7月9日,http://politics.people.com.cn/n/2012/0709/c70731-18472740.html。

③ 李顺斌、胡国栋:《科学发展观在汶川地震救灾及重建工作中的体现》,《大理学院学报(综合版)》2011年第7期。

④ 邓玲、李晓燕:《汶川地震灾区生态环境重建及对策》,《西南民族大学学报(人文社科版)》2009年第3期。

制建设用地总规模。①

因此四川地震灾区在后重建时期要根据生态功能分区,制定相应的发展方略。

1. 适宜重建区

这一区域经济发展水平较高,产业结构体系完备,生态承载力强,灾害发生频率低。生态建设核心是解决好土地规划及水资源利用问题。为此,应确定合理的重建方式、产业发展布局模式,规划制定有效的环境评价机制,改善居民环境问题。重点实施天然林保护、退耕还林、退牧还草、封山育林、人工造林和小流域综合治理,恢复受损植被,制定生态环境安全应急预案,增加水质、空气、土壤等监测点,采用先进科技手段,适时开展水质、空气、土壤等安全监测工作,应对生态安全突发事件发生。巩固环保设施建设,力争覆盖灾区所有乡镇,提高城乡污染物处理及环境保护能力,不断提高生态环境质量,改善居住环境。

2. 适度重建区

该区域水土资源丰富,生态承载力较弱,灾害发生率较高。该地区生态修复建设的关键是控制开发强度,合理利用资源,提高生态产品的质量,适宜打造生态绿色的生态产业链。应以保护优先、适度开发,点状发展,提高生态产品的数量和质量,形成以环境友好的特色产业和服务业为主体的经济格局。重点抓好林草植被恢复、种苗生产基地修复、自然保护区修复、风景名胜区修复、森林公园修复、森林防火与森林安全监测设施修复、林区基础设施修复、草地恢复和水土保持,增加森林碳汇、林竹产品等生态产品的提供。

3. 生态重建区

该区域生态承载力低,灾害发生率高。应该鼓励人口外迁,加大水资源保护,满足山区丘陵地区人们生活需要;严格限制对生态环境产生破坏的产业和行业发展,禁止恢复发展高污染企业,适度发展生态旅游产业。加大生态建设投入,强化生态保护和建设力度,以人工辅助自然恢复方式,恢复自然生态系统。在生态复建中,应当尊重自然,推进生态修复工程建设,保护和发展好生态环境。②

2016 年 8 月,中央发布了《关于设立统一规范的国家生态文明试验区

① 《芦山地震灾后恢复重建专项规划解》,《四川日报》2013 年 7 月 25 日。
② 邓丽、邓玲:《推进汶川地震灾区可持续发展的对策研究》,《西南民族大学学报(人文社会科学版)》2011 年第 5 期。

的意见》，将福建省、江西省和贵州省作为首批试验区。为了推动四川省产业可持续发展，四川省将重点打造汶川、北川、青川、茂县、安县、平武等6个重要生态县，力争成为国家生态文明建设试验区。四川地震灾区应该借此契机，调整产业的空间布局，推动灾区生态文明建设。

第二节　推进生态修复保护，大力建设生态城镇

在短短五年间，在空间毗邻以至部分重叠的区域连续发生汶川、芦山两次大地震，对四川省的区域生态环境造成了极大破坏。灾区地处龙门山脉，生态环境脆弱，地质构造复杂，地震诱发的滑坡、泥石流、塌陷等次生灾害造成水土流失严重，加之这几年次生灾害不断，使得这一区域生态环境遭受严重破坏，突出表现是土壤侵蚀、水土流失、森林资源损失、环境功能衰退、生物多样性减弱等方面。

其主要具体问题有：(1)土壤侵蚀和水土流失。以汶川地震灾区为例，在整个灾后重建规划区，重度及以上敏感区面达1.33万平方公里，此区域地形起伏较大，植被覆盖率较小，易导致水土流失。另外，汶川特大地震的发生使得该地区地形发生了重大改变，加之地震引起的山体滑坡与泥石流等次生地质灾害，致使这些区域的地表植被遭到了严重破坏，岩石土壤固定结构损害情况也非常严重；此外，由于此地雨水多且集中，又极易诱发山洪、泥石流等灾害，致使地区土壤侵蚀和水土流失更加严重。(2)森林生态功能遭到削弱。汶川地震造成的滑坡、泥石流、堰塞湖等次生灾害，对林业系统造成了巨大破坏，致使森林群落结构受损，森林覆盖面积减少，森林生态功能弱化。汶川地震致使整个四川省的森林覆盖率缩减0.5个百分点(由震前的30.7%下降为30.2%)。北川、青川等处于地震核心区的地区森林损失面均超20%。(3)生物多样性受到威胁。汶川地震极重灾区为水土流失最严重区域，该区域是重要水源涵养区，其物种多样性受到严重威胁。其中，生态保护最重要的地区占灾区近25%，这里的国家级和省级自然保护区分布着大熊猫、金丝猴、羚牛等上百种国家级保护动植物。(4)次生地质灾害不断。汶川地震灾区主要位于龙门山地震断裂带及其两侧，而该区域地质结构不稳，气候湿润多雨，不同区域的山地灾害类型多样化。汶川地震直接诱发13000多处崩塌滑坡，形成了34座不同规模堰塞湖。与此同时，这些堰塞湖进一步加大了洪水、崩塌、泥石流等次生灾害发生机率。根据中国科学院研究出版的《国家汶川地震灾后重建规划——资源环境承载能力评价》一书所述：地震后的10年之内，汶川强震区的滑坡—泥石流灾害链

将进入高度活跃期。因此,生态环境的恢复在灾区是项长期工程,关乎灾区居民人身安全,也关系到灾区经济健康发展。

自然恢复是灾区重建过程中贯彻始终的原则,就是要让灾区生态环境恢复到原生、自然的状态,推进生态保护与修复。加强保护复绿工程、工矿恢复工程、生态修复等工作,对灾区的生态坏境的恢复起到积极推进作用。生态环境修复与生态产业发展相辅相成、相互促进,共同为灾区建设提供良好的基础。2012 年为巩固四川地震灾区生态功能,贯彻落实生态修复计划,国家相关部门制定了《持续推进地震灾区生态修复工作方案》。随后2013 年 7 月,四川省政府发布《芦山地震灾后恢复重建生态环境修复专项规划》,提出在震后三年中,加快修复震损林地、草地、湿地等自然生态系统,加快修复受损熊猫栖息生态,加强濒危动植物拯救性保护。灾区生态修复与保护是一个庞大工程,具有长期、复杂、社会、系统等特性。按照灾后生态修复实施方案,结合后重建时期生态与产业协调发展的需要,灾区要进一步建立完善生态环境修复机制,逐步恢复自然生态系统,持续改善灾区生态系统功能。灾区生态环境保护与修复的主要方向及内容如下。

一、加强生态修复

(一) 注重灾区生态屏障建设

四川地震灾区地处川西龙门山脉、岷江流域,是长江流域生态系统平衡的重要区域,其生态环境的修复已纳入国家和四川省的国民经济和社会发展规划。例如:在我国"十三五"规划中提出了推进重点区域生态修复,强化三江源等江河源头和水源涵养区生态保护,开展典型受损生态系统恢复和修复示范。四川省"十三五"规划建议中提出坚持保护优先、自然恢复为主,继续实施长江上游生态屏障建设规划,建设长江上游生态屏障,继续实施川西北防沙治沙、川西藏区生态环境保护与建设等重点工程。因此,四川地震灾区要坚持生态优先的原则,构建灾区生态屏障,将生态之美化为财富之源,实现区域可持续发展。例如,可以开展灾区森林补偿和循环式经营。四川地震灾区是藏、羌等少数民族的主要聚集区,该地区发展相对落后,当地对森林的监管力度仍有所不足,民众对森林的保护意识还有待提高,需要加大对该区域的投资建设,加强灾区森林尤其是生态公益林的补偿与可持续经营,进一步提高森林质量,发挥林业产业资源的总体效益。

(二) 修复提高林草植被的生态功能

灾区生态重建的基础是恢复草地和森林植被,这样才能更好地使生态系统功能作用得以发挥,也能对滑坡、泥石流等次生灾害起到阻缓作用。一是巩固林草工程恢复成果。对30.7万平方公里林草植被和14.9万平方公里草场实施成果巩固规划,加强林草等植被管护与经营。二是继续加强长江防护林三期工程建设。三是提高灾区自然保护级别。对自然保护区进一步实施规划与布局,进行资源整合,努力使部分省级自然保护区升级为国家级保护区,提高灾区生物及生态旅游资源的保护能力。四是加强熊猫栖息生态恢复、保育工作。修复大熊猫栖息地生态环境,恢复和保育栽植多种大熊猫主食竹,建设生态适应性放归基地,计划实施22.2万亩熊猫栖息修复工程,建设其基因交流走廊带;建设大熊猫自然遗产地检测体系、信息系统、管理站等。五是建立重点生态系统工程自然保护区。就自然保护区的建设而言,努力促进四川省长江防护林三期工程建设,有益于灾区生态恢复和产业经济的协调发展。六是开展国家重点林业项目。坚持实施天然林资源保护工程和退耕还林工程,结合灾区耕地情况,合理分配退耕还林任务。七是推进灾区现代林业产业发展。四川省重要的林产基地建设区位于地震灾区内,为增加该区域人均经济收入,促进产业经济复苏发展,政府应合理规划灾区现代林业产业基地建设。[①] 八是建立生态修复专项资金,整合国内外专业技术力量,打造生态修复实验基地,开展生态修复科技技术攻关活动,加强人才技术培训,打造专业技术团队,加快先进生态修复技术的科技成果转化。

（三）提升灾区的生态承载能力

四川地震灾区拥有丰富的野生动植物及生态旅游资源,为了提高该地区的生态保护能力,对于灾区珍稀动植物等物种,应依据其分布状况实行分别管理与保护。

对灾区实行饮用水源头保护措施。四川地震灾区分布着许多高山、陡坡、沟壑,百姓的饮用水源主要是一些支流。为了确保灾区饮用水的安全,应实施饮用水源保护措施,采取应急机制和水源地预警机制,保护灾区水资源的质量。

在灾区生态修复系列项目开展进程中,还要抓好环境污染治理工作。为此,要注重两个方面的建设内容:一是建立乡村基础环保及治污管理监测体系,治理乡村地区面源污染,评估地区土壤污染度,限制化学制剂使用量,建立畜禽养殖—沼气工程,美化乡村养殖环境。二是集中治理居民生活污水。灾后农户集中区产生大量污水,因而需及时开展灾区农村地区废弃物

---

① 邓东周、鄢武先、张兴友、黄雪菊、刘兴良、慕长龙:《四川地震灾后重建生态修复Ⅱ:问题与建议》,《四川林业科技》2011年第6期。

治理项目,减少污染源。

（四）进行水土流失防护治理

坚持以流域为基本单元,加强沟渠配套设施建设,加强坡面水系建设和改造。采取经济林同水保防护林结合发展措施,对坡型耕地实施综合整治,对不适宜种植果林的山地采取草、灌、乔相结合营造水保林,综合治理水土。对于水土流失轻、人口稀疏流域采取封育保护管治模式;小流域自然条件复杂,对于治理水土流失应采取综合治理的措施,多依靠自然修复,重点地段加强人工治理,综合治理水土流失。

（五）加强次生地质灾害预防及治理

地震灾区处在特殊生态环境中,地震造成地质结构变化,更易诱发山崩、山体滑坡、泥石流等自然灾害。为此,必须要加强次生地质灾害的预防与治理工程建设。一要设立地质灾害监测预警系统。运用高科技,加强专业调查,结合群众报警,健全群测群防体系,建立健全的地质灾害危险性评估制度。二要积极建设重大地质灾害治理工程。采取有效预防预警措施,加大地质灾害勘查和治理,保证百姓生命财产安全。三要防治潜在次生地质灾害。全面评估地震灾区的潜在次生灾害,及时采取预防措施,构建环境动态监管体系,设立水土保持监管站,保障生态修复工程顺利展开,保证灾后重建成果的安全性。①

（六）坚持以生态补偿推动灾区生态环境保护

灾区的生态保护与修复不应只是灾区政府和群众的责任,需要建立长期有效的生态补偿机制,确保灾区生态环境得到持续治理。② 以汶川地震极重灾区平武为例,该县地处涪江上游,境内有王朗、雪宝顶2个国家级自然保护区,有野生大熊猫335只,是名副其实的"天下大熊猫第一县""生态大县"。但平武也同时承担着长江流域生态屏障建设、珍稀野生动植物保护、水源涵养、水土保持等生态建设任务。顾全大局的平武县委县政府早在十多年前就明确了"生态立县"的发展战略,主动逐步放弃了过去"木头、石头、水头"的"三头经济",千方百计保持了近75%的森林覆盖率。但与此同时,平武也为此付出了沉重代价,因放弃工业发展而导致经济总量明显偏小、市场发育不足等问题显现。对于地方政府来讲,尽管从2013年以来国家和四川省强调对限制开发区域和生态脆弱的国家扶贫开发工作重点县取

① 邓东周、鄢武先、张兴友、黄雪菊、刘兴良、慕长龙:《四川地震灾后重建生态修复Ⅱ:问题与建议》,《四川林业科技》2011年第6期。
② 黄寰:《区际生态补偿论》,中国人民大学出版社2012年版。

消地区生产总值考核,但在市级层面仍把 GDP 作为主要年终考核指标之一,致使平武县党政班子面临巨大压力;对于普通百姓来讲,保护生态意味着放弃开矿、缩小耕地,收入明显减少。同时,随着生态环境日益好转,熊、野猪、鸟等越来越多,山区或邻近山区的庄稼近年多受损毁,甚至颗粒无收,客观上加剧了农民的贫困程度。

为此,加强对灾区的生态补偿支持是一项长期任务。一是加大对灾区生态建设的财政投入力度,利用国家专业银行加强对于类似于退耕还林、荒坡治理等生态恢复工程项目的投入,也要直接把生态补偿的资金补到灾区民众身上,弥补其为生态保护而做出的牺牲。二是深化金融体制改革,加快发展多层次资本市场制度,探索适合灾区发展的融资政策、投资方式,鼓励社会银行、企业等金融机构和非金融机构进行灾区生态建设投资,进一步加大对灾区特色生态经济项目的信贷支持。三是拓宽灾区生态补偿融资渠道,如建立灾区生态保护基金、发放生态补偿债券。还可以依托原有的对口援建渠道,寻求相关省市继续关心与支持灾区的生态环境建设。

二、建设生态城镇

在生态修复保护的同时,要高度重视灾区生态城镇的建设。城镇是人工与自然融合的复杂有机网络体系,是人类创新的成果,也是今天人们消费、生产、生活的核心区域。国家特别重视新型城镇化工作,中央级别会议多次指出要全面有序地推进城镇化,2012 年 11 月,党的十八大明确指出坚持新型城镇化道路,2013 年中央经济工作会议指出:我国现代化的历史任务就是城镇化,它将是推动我国经济发展的主要引擎,是扩大内需主要路径,也是国家今后较长一段时间推进经济社会发展实现全面建成小康社会任务目标的主要内容。一般而言,城镇化率越高的地区其经济发展水平越高。2015 年,四川省城镇化率为 47.5%,低于全国平均水平 8.6 个百分点,汶川地震灾区和芦山地震灾区或是山区、或是丘区,居民点较为分散,城镇化率更低。提高灾区的城镇化率自然就成为了灾后重建工作的重要任务,但要避免片面推行城镇化而忽视生态承载能力的现象发生。

灾区在重建过程中,设计必然涉及城镇或乡村的片区式建设,如何推动将生态、经济及园区化建设融合发展,在灾区成功建设生态型城镇或乡村极为重要。实践表明,生态城镇建设对灾区复建发展有巨大促进作用。总结国内外经验,结合四川地震灾的现状,需要发挥创新精神,从地理条件、地质结构、现有经济社会发展状况等方面,积极推动生态型城镇发展,在原有风貌的基础上,增添新的发展理念,创造具有活力、舒适、可持续发展的灾后生态城镇。

我国属于紧凑型城市类型,主要基于国土资源高效利用及城市精致发展的思维①。但是这种城镇化模式易引发各种灾害效应,因此要更加注重灾区城镇安全体系建设。生态城镇不仅要求生态环境底子好,而且社会经济基础好,同时又重视经济同生态环境协调发展,是适宜人类居住的场所。灾区生态城镇建设需要借重建之机改变受灾城镇的演进轨道,综合分析资源、环境所带来的问题,充分考虑次生灾害问题,实现生态可持续发展,推动产业发展与生态恢复同步进行。

四川灾后生态城镇建设主要以中心型为主,融合自然环境。同时在灾后重建历程中,结合组团式、分割式的发展格局,坚持以保护自然山水为规划前提,组织工业企业搬迁或者企业旧址改造,结合当地文化习俗,传承延续人脉文化,克服地质技术困难,实现地区产业结构转型同生态城镇发展同步。利用国内外先进技术与资源,确定生态基础设施建设项目,加大财政支援投资力度,在短时间内促进城乡基本公共服务和基础设施一体化,努力培育及发展生态城镇特色服务产业。同时在可持续发展要求下,加强生态环境整治,促进生态修复,保护生物多样性,建设具有当地特色风貌的生态城镇。②

第三节　产业生态化为根本,生态产业化相依存

产业生态化、生态产业化是后重建时期灾区生态与产业协调发展最重要的立足点。生态环境重建与产业经济发展,二者互为并存,生态环境重建必须抓住经济发展,经济发展必须以保护生态环境为前提,以良好的生态环境促进经济效益的实现,才能实现区域生态效益、经济效益和社会效益的有机统一(见图8-6)。

产业生态化是一个渐进过程,也是一项长期、复杂的系统工程。产业生态化是产业发展的高级形态,系依据产业自然生态有机循环机理,在自然系统承载能力内,对特定地域空间内的产业系统、自然系统与社会系统进行耦合优化,构筑经济社会与自然界和谐发展、实现良性循环的新型产业模式。灾区产业生态化意味着形成生态农业、生态工业和生态服务业及其互动耦

---

① 温春阳、周永章:《紧凑城市理念及其在中国城市规划中的应用》,《南方建筑》2008年第4期。

② 仇保兴:《灾后重建生态城镇纲要》,《住宅产业》2008年第9期。

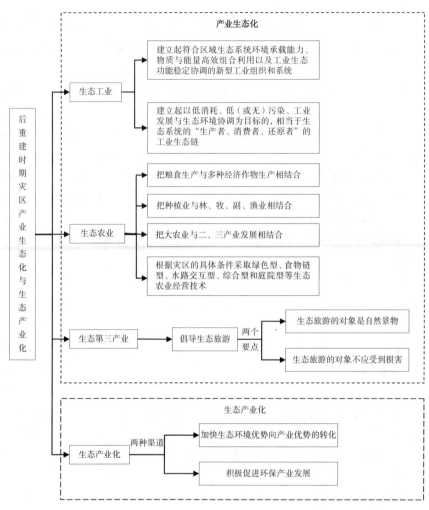

图8-6　灾区产业生态化与生态产业化互动图

合构成的产业体系。

　　根据工业生态学基本原理,灾区应建立起符合区域生态系统环境承载能力、物质与能量利用的高效组合以及工业生态功能稳定协调的新型工业组织和系统;建立起以低消耗、低(或无)污染、工业发展与生态环境协调为目标的,相当于生态系统的"生产者、消费者、还原者"的工业生态链。灾区生态工业发展中要以节约资源、提高生态效益、建立循环经济、实现资源可持续利用为指导,通过节能降耗、废物回收利用、开展"三废"治理等措施,在资源输入减量化、工业污染最低化、资源利用最大化等方面进行积极探索。

　　生态农业是当代世界范围内兴起的一种新兴农业模式。遵循人、生物与环境之间的能量转换定律和生物之间的共生、互养规律,灾区农业要把粮食生产与多种经济作物生产相结合,把种植业与林、牧、副、渔业相结合,把大农业与二、三产业的发展相结合,利用我国传统农业的优势和现代科学技术,完全不用或基本不用人工合成的化肥、农药、动植物生长调节剂和饲料添加剂,建立起多层次、多结构、多功能的集约经营管理的综合农业生产体系,形成生态上和经济上的良性循环,实现农业经济、农民增收可持续性发展。生态农业类型多样,经营灵活,可根据灾区的具体条件采取绿色型、食物链型、水路交互型、综合型和庭院型等生态农业经营技术,在可行范围内尽量依靠作物轮作、秸秆、牲畜粪肥、豆科作物、绿肥、场外有机废料含有矿物养分的矿石补偿养分,利用生物和人工技术防治病虫草害,实现环境与经济协调发展。[①]

　　在生态脆弱、资源环境承载力较低、剩余劳动力多、社会经济发展滞后的灾区,应倡导和积极发展以生态旅游业为主导,包括商贸业、生态型服务业、绿色消费业等生态型第三产业体系等。四川地震灾区各地旅游资源极其丰富,拥有浑然天成的自然条件、绮丽秀雅的天然景观、蔚为壮观的地形地貌、缤纷多彩的人文景观、质朴真切的民俗风情。但过去低效盲目的旅游开发难以充分展示灾区旅游资源的优势,并对环境破坏较大,必须转向生态旅游模式。生态旅游的理念是由国际自然保护联盟(IUCN)特别顾问谢贝洛斯·拉斯喀瑞(Ceballas-Lascurain)于1983年首次提出,他当时就生态旅游给出了两个要点,一是生态旅游的对象是自然景物,二是生态旅游的对象不应受到损害。[②] 灾区生态旅游目标是保护自然环境、生物的多样性和资源利用的可持续发展。强调以旅游促进生态保护,以生态保护促进旅游,旅游对象包括原野、冰川、自然保护区、农村田园景观等,生态旅游形式包括游览、观赏、科考、探险、狩猎、垂钓、田园采摘及生态农业主体活动等,呈现出多样化的格局。[③]

　　生态产业化是指将自然生态当作产品来生产、经营和服务,促进生态产品的规模化生产和专业化服务。开发生态产品种类、创新生态产品运营模

①　李凤升、赵俊平、赫丛喜:《发展生态农业的必要性及措施探讨》,《辽宁工程技术大学学报(社会科学版)》2004年第5期。

②　李凤娟:《关于生态旅游的现状及若干思考》,《长春大学学报(自然科学版)》2010年第4期。

③　梁歆梧:《论我国生态旅游的可持续发展》,《决策咨询通讯》2006年第3期。

式、提升其服务质量,是促进生态价值和经济价值共增长的创新发展路径。生态产业化有两种渠道:一是加快生态环境优势向产业优势的转化,通过工业化和经营化农业、细化和品牌化加工业、多样化和清洁化能源业、网络化和联营化交通运输业以及数字化和全球化信息业等运作方式,大力推动灾区生态环境优势向产业优势转化。二是积极促进环保产业发展。灾区要依据国家环保产业优先发展领域,以环境保护重点工程为需求,以环保示范工程为依托,以标准化、系列化、国产化、现代化为导向,自主创新和引进消化吸收相结合,大力发展环保装备制造业;以环境影响评价、环境工程服务、环境技术研发与咨询、环境风险投资为重点,以市场化为主体,积极发展环保服务业。① 为实现环保产业的健康发展,必须制定发展规划,推进技术进步,加强行业自律,规范市场行为,促进公平竞争,加大对外开放,实施引进来、走出去战略,支持各类所有制企业进入环保产业。培育一批具有自主品牌、核心技术能力强、市场占有率高、能够提供较多就业机会的优势企业和企业集团,使环保产业成为灾区经济的新兴支柱产业和生产力发展的新增长点。②

　　灾区在实现产业生态化、生态产业化的互动发展过程中,必须转变观念,提高认识,认真处理好局部利益与整体利益、当前利益与长远利益的关系,自觉摒弃片面追求经济效益而忽视生态效益与社会效益的错误行为,通过行业整合、区内集聚和区际合作,集中力量建设一批生态产业带和生态产业基地,使之成为发展生态产业的示范区和增长极,充分发挥"生态产业基地"的示范作用,促进生态产业和相关产业的发展,带动区域生态产业整体水平的提高。具体实施可从以下几个方面着手:

　　1. 识别灾区优势生态资源

　　摸清灾区的资源禀赋,识别其优势资源是进行产业化发展的前提。如芦山地震极重灾区芦山县的自然资源丰富,包括 57 万亩森林,400 多万立方米活立木,12 万亩竹林;得天独厚的野生动植物资源,如金丝猴、大熊猫、小熊猫、苏门羚、羚羊、水獭、布氏哲罗鲑、贝母鸡以及兰花等珍稀观赏动植物;丰富的矿产资源,如金、银、铜、铁、锌、铅等金属矿藏,闻名于世的"中国红"系列红花岗石,储量超过 10 亿立方米的绿色、黑色花岗石和汉白玉大理石矿,储量超过 8000 万吨的铝土矿,以及储量达 7300 万吨的煤炭等。

---

① 张二军:《借节能减排东风　推动环保产业发展》,《科技信息》2010 年第 3 期。
② 顾瑞珍:《周生贤:〈落实"十一五"环保规划　创造清洁良好环境〉》,2007 年 11 月 27 日,http://news.xinhuanet.com/。

2. 锁定优势特色产业发展载体

在识别优势资源的基础上，灾区要确定自身特色产业。譬如，由于四川地震灾区资源丰富多彩、自然景观景色优美、人文景观独具特色，生态旅游产业成为许多极重灾区的重点发展产业。一是注意特色生态景区的发展。仍以芦山为例，该县有灵鹫山和大雪峰原始森林等地级风景名胜区。四大峡谷风光绮丽，原始森林广袤深邃，特别是省属铜头电站，壮丽的"高峡平湖"筑就在铜头峡上，人文景观独特；国家级和省级文物保护单位有东汉石刻馆、平襄楼、樊敏碑、王晖石棺等，其艺术珍品展示了芦山传统文化和古朴民风。还有集秀、美、雄、幽为一体的飞仙峡、金鸡峡、铜头峡、大岩峡；民间传说"先有灵鹫后有峨眉"、被世界华人誉为圣山的灵鹫山、浮屠山；白垩纪砾岩溶洞龙门洞和石刀溶洞；世界迄今为止最大的有人类居住的地质漏斗——围塔漏斗等。结合后重建时期的特点，在生态保护中发展好旅游景区可积极推进灾区产业提档升级。二是注重特色旅游产业的开发，形成有影响的品牌。尽管地震灾害让人心痛，但客观上也在国内外形成较大的知名度，要发挥灾区旅游资源丰富的优势，加强整体旅游市场营销，打造以生态为基础的景区旅游、文化旅游、乡村度假旅游、地震遗址旅游等系列特色旅游品牌。应积极整合旅游要素，努力开发具有灾区人文特色和自然特色的旅游纪念品、工艺品等，形成多品种、多档次的特色旅游商品生产能力。如北川羌族自治县在自身旅游产业发展中选择以"羌绣"为产品载体，以举办特色民族文化节为品牌载体，以特色体验及特色消费等为服务载体，多方面来实现其生态旅游业的发展。

3. 利用优势资源拓宽产业发展投融资渠道

要实现生态产业化发展还要有发展资金支持。灾区可充分利用自身的资源优势及生态产业化发展的前景等来吸引各界资金投入，同时也可以利用灾区重建机遇获取政府补贴等各界的资金支持，为顺利推进生态产业规模化发展提供坚实的保障。

4. 创新生态产业化技术

技术创新与人才培养是推进生态产业化建设的重要动力，譬如生态农业发展领域，灾区应该紧紧依靠自身的优势农产品资源，把生态农产品加工业作为促进农业结构调整、延长农业产业链、实现集约化经营的重要途径，在食品加工、饮料制造、畜禽养殖和肉制品深加工等方面扩大生产能力。通过"引进一批精深加工企业、改造一批现有加工企业、发展一批配套加工企业"的方式，加快生态农业资源的就地加工转化，使生态资源优势较快地转化为经济优势和市场竞争优势。

第四节　优化产业空间布局,促进产业绿色转型

实事求是地讲,四川地震灾区在受灾前,产业发展走的是资源掠夺粗放型模式,长期进行大面积垦殖和过度水电开发,出现了水土流失的情况,水资源污染问题严重,地质情况不稳定,次生灾害频发。在地震中,四川省灾区的三次产业遭受巨大损失,在恢复重建中,按照国家的统一部署,四川省上下齐心,加快重建力度,按照规划顺势进行产业的重建与调整,依托自身条件,优化产业空间布局,产业形态有很大改观,经济建设成效明显。

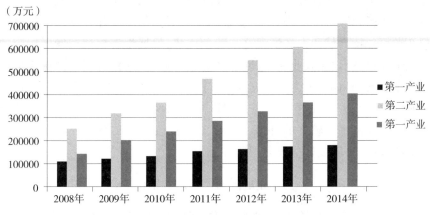

图8-7　汶川地震十个极重灾区三次产业产值

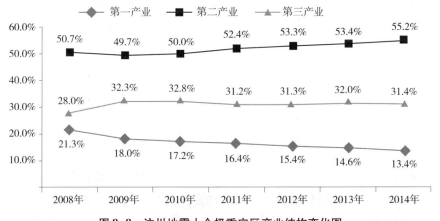

图8-8　汶川地震十个极重灾区产业结构变化图

从图8-7中可以看出汶川,汶川地震十个极重灾区的产业结构不断优

化,第一产业比重持续下降,第二产业和第三产业比重较 2008 年都有所提高。通过灾后重建,四川省不仅较好地大范围解决了灾区产业发展的多年积弊,还有力地带动了全省产业结构调整,把电子信息、汽车、新能源等新兴产业打造为四川经济的新引擎。但是灾区在后重建时期,由于区位条件落后,援建支持力度大幅下降,灾区经济面临着失速的威胁,因此灾区必须在立足本地资源优势的基础上,通过实现产业的绿色转型,减少对交通和市场等区位条件的依赖,实现灾区产业的持续发展。

一、突出生态与产业的协调示范

在后重建时期,四川地震灾区发展产业必须进一步坚持建成世界级的生态文明区和绿色产业,抓住这里是国宝大熊猫的家乡和九寨沟、青城山、都江堰等独特自然和人文景观这一特色优势,发展生态旅游。发展相应的特色工业、特色效益农业、特色创意文化旅游业,以达到有利于区域优势产业生态发展的目的,努力打造灾区以可持续发展为目标的生态经济示范区。同时,积极打造"工业重镇生态文明示范区",利用如绵竹、什邡、彭州等灾害发生前经济基础较好的县市,打造"工业重镇生态文明建设试验区",建设资源节约、环境友好型社会。①

二、立足区情调整产业结构

根据自然资源环境条件,点状开发、集聚发展,优化灾区产业布局,实现产业再次跨越式发展。加速经济方式转变,调整产业结构,依托自身资源,引进和培育一批优势企业,淘汰落后产业,引进先进科学技术与人才力量,规划灾区长远发展计划,立足生态,在扩增量中调结构,推动多层次区域合作,鼓励发展生态产业、绿色产业,改变经济发展结构,带动灾区产业结构的升级转型。

三、促进产业转型升级

优化产业空间布局,不仅关系着灾后重建短期效益,更有助于灾区产业的长远发展。要努力打造灾区新型特色产业,抓准入、抓升级、抓淘汰、抓绩效、抓布局,以培育发展战略性新兴产业为推手,不断加快结构调整步伐,形成新的产业链,以信息化带动工业化,加强文化产业及产业集群的建设,重

---

① 邓丽、邓玲:《推进汶川地震灾区可持续发展的对策研究》,《西南民族大学学报(人文社会科学版)》2011 年第 5 期。

点发展具有很强竞争力的先导产业。同时要合理安排产业布局,确立地区性产业优势,发挥主导产业的动力作用,加快经济增长方式转变。充分利用地震灾区矿产资源多、水资源丰富、文化旅游景点多、生物种群繁多等特点,宜农则农、宜工则工、宜商则商、宜游则游,发挥区域优势,优化布局,调整结构,实施产业升级转移、转型,于创新中统筹联动发展,促进产业生态化升级。对于农业:因地制宜完善农业基础设施建设,积极发展特色农业、畜牧业、林业、农村服务业等产业。对于工业:依据灾区地域特色,发展特色优势产业和战略性新兴产业,促进产业关联,发展产业园区。打造产学研政企合作平台,引进先进技术和人才,改良提升工业产品质量,打造相关产业链。对于现代服务业:进一步完善关系灾区发展的基础流动设施项目,完善商贸网点与旅游景区,加快建设具有区域辐射效用的物流园区,发展独具特色的生态农业、观光农业、品牌农业和农家旅游。例如,"5·12"灾后重建完成以来,汶川立足国家级生态文明先行区示范地、生态保护与建设示范区、岷江上游生态屏障的重要地位和丰富的林业生态资源优势,对汶川原有经济布局进行优化调整,大力实施工业"北上南下"规划,确定了"南林北果+全域旅游(康养)"的战略布局,推进全县经济转型发展。以"南林"战略挖掘南部产业潜力。汶川县南部片区生态环境优越,林业资源丰富,所以全县将发展林业作为南部产业布局核心。2016 上半年,全县已经实现林业产值 1.38 亿元,农民人均林业收入 1125 元。以"北果"战略提升北部产业优势。在北部建成"花果山"的基础上,促进产业提质增效。重点打造"汶川三宝"(甜樱桃、脆李子、香杏子)特色水果品牌,大力发展核桃、花椒等产业,已建成"汶川三宝"基地 3.82 万亩,核桃基地 6.8 万亩,农产品知名度持续提升,产业发展风险逐步减少。同时,这些特色水果通过线上、线下渠道销往各地,"北果"产业发展红利鼓足了老百姓的腰包。着眼"全域旅游"推进农林旅相融发展。坚持"微景观、微环境、微田园"和"生态""文态""业态"相结合,休闲观光与生态康养相结合,不断提升汶川旅游品牌知名度。[1]

第五节　发挥生态环境优势,大力发展"双色"农业

有观点认为,在灾区重建中,"'限一退二进三'成为龙门山地带生产力

---

[1] 《汶川县全力优化富民产业发展布局》,2016 年 7 月 10 日,见 http://www.wenchuan.gov.cn/p/st_news_items_i_d2516b995d704d36b2457d06a286f745。

布局和产业结构调整的惟一选择"①。对此笔者是大体认同的,但认为可进行一定的修正,即:优一、退二、进三。之所以是优一,四川是农业大省,地震灾区有着悠久的农牧传统,对于农业的基础性地位不能忽视。在第二产业逐步退出的情况下,优化而不是完全限制第一产业发展,有利于为灾区提供实体经济发展的根本。在后重建时期,农业仍是农民的生存之本,必须要牢牢抓住农业发展这一根本,按照精准扶贫的要求,结合"大众创业、万众创新",搞好农业、搞活农业,在保护生态的基础上,走特色、绿色的"双色"农业发展道路。

所谓特色农业是立足灾区的独特农业资源开发富有区域特色的农产品;所谓绿色农业是在经历了由常规农业到生态农业再到可持续发展农业之后的发展模式,它是以可持续发展理论为指导原则,从注重自然生态平衡、减少环境污染、保护和节约自然资源、维护人类社会长远利益及其长久发展的角度出发,在农业从"田间到餐桌"的整个产业链条中,以绿色科技创新为依托,并结合传统农业精华技术,生产无公害、无污染有益于人类健康的农产品产业。② 良好的农业环境是灾后农村经济及农业产业重建优化的重要载体,大力发展灾区绿色农业,充分发挥其生态功能,既能优化农业内部产业结构、促进农村经济可持续发展,又能改善地质条件、有效防止次生灾害发生③。

在四川地震灾区发展"双色"农业有着得天独厚的有利条件。灾区属于亚热带季风气候,温暖湿润,雨量较大,植被多样;灾区地处山区和丘陵区,地势落差较大,温度垂直差异明显,形成了农作物的梯级差异。同时,灾区的农业水利设施有着很好的基础。这里的高山峡谷流淌着丰富的水资源,这里有着人类最早的水利工程——修建于公元前256年的都江堰,两千多年来它运行不辍,将成都平原造就成为"水旱从人,不知饥馑"的"天府之国"。1993年,都江堰灌区实灌面积由解放初期的282万亩发展到1003万亩,成为全国第一个实灌面积突破千万亩的特大型灌区。这一伟大水利工程在地震中并没有受到根本影响,至今发挥着重大作用,灌区面积稳定保持在1000余万亩。汶川地震发生五个月后,四川省委九届六次全会召开,明确提出"再造一个都江堰灌区"战略,制定新增1000万亩灌面、新增100亿

① 杨振之、叶红:《汶川地震灾后四川旅游业恢复重建规划的基本思想》,《城市发展研究》2008年第6期。

② 黄寰、蔺玉、韩伟、郑鹏岩、骆毓燕:《以自主创新优化实现西部农业人地和谐——以四川省为例》,《科技管理研究》2009年第2期。

③ 李晓燕:《汶川地震灾区农业生态环境重建研究》,《农村经济》2009年第3期。

斤粮食生产能力的目标任务。伴随着灾后重建,四川省的大中型水利工程建设突飞猛进,水利灾后重建任务如期推进。① 在四川地震灾区大力发展"双色"农业重点可从以下几个方面入手:

一、以科学规划引领,因地制宜安排好土地用途

要以科学规划发挥政府对特色绿色农业的引导,编制灾区特色农业发展规划,扶优扶强灾区特色农业发展。坚持节约、集约用地,保护耕地特别是基本农田,各类建设项目都要尽量不占用或少占用农用地,充分利用原有建设用地和废弃地、空旷地。在农业用地有保障的基础上,合理布局特色农业发展。灾区不少地方耕地零碎、土层瘠薄,并不具备大力发展粮食作物的有利条件,但独特的地理位置和气候条件,使这里具有发展果蔬、茶叶、中药材等特色经济作物的天然禀赋。在我们的实际调研中也可以看到,许多灾区的人均耕地少,但人均林地面积大。因此,应因地制宜,根据土地条件,立足资源优势,宜耕则耕、宜林则林、宜果则果、宜茶则茶、宜渔则渔、宜牧则牧,建设一批专业化、标准化、规模化的优质特色农产品生产基地,引导农民发展特色农业,壮大农业支撑。

二、以经营主体更新,提高灾区农业的竞争能力

灾区要以财政资金、以奖代补、贷款贴息、项目支持等多种方式,大力扶持培育新型农业经营主体,逐步形成以家庭承包经营为基础,以家庭农场、专业大户、农民合作社、农业产业化龙头企业为骨干,其他组织形式为补充的新型农业经营体系,提高农民的组织化程度,解决"小生产"与"大市场"之间的矛盾,打造灾区"双色"农业品牌,提高市场占有率。新型农业经营主体可以依托灾区资源优势,通过一、二产业互动和一、三产业联动,做大做强特色农业,通过整合力量、提供服务、统一标准、加强监督,打特色牌、绿色牌、质量牌,积极对外拓展市场,推动灾区农业发展。

三、以资源循环利用,确保绿色农业的发展质量

绿色农业并不是无根之木、无源之水,其着力点在于以循环的方式进行生产。循环经济是一种物质闭环流动型经济,它以物质、能量梯次和闭路循环使用为特征的,在环境方面表现为污染低排放,甚至是污染零排放。循环经济把清洁生产、资源综合利用、生态设计和可持续消费等融为

① 冷刚:《再造一个都江堰灌区　功在当代　惠泽子孙》,《四川日报》2011 年 3 月 29 日。

一体,以环境友好的方式利用自然资源,以3R原则作为社会经济活动的准则,即资源消耗和废物排放减量化(Reduce)、废旧产品回收再利用(Reuse)、资源再循环(Recycle),力图在不增加甚至减少初始资源消耗、不增加甚至减少污染排放、不破坏甚至恢复生态环境的基础上,实现经济快速增长。① 循环型的农业是在农业生产过程中,通过种养结合、循环利用、立体种养、低碳发展等多种模式,减少农药、化肥对生态的影响和破坏,以最小的资源环境代价谋求产量、品质和产值的最大提高。同时致力于以最小的经济社会成本以保护资源与环境,确保生产出更优质的有机生态农产品,构建一条科技先导、资源节约、清洁生产、生态保护的新农业发展之路。积极推动灾区循环农业的发展有着多种渠道,可结合已有的农产品种养,形成生产循环链条,如沼气利用为重心,可形成多链条的农业资源循环利用(见图8-9)②。

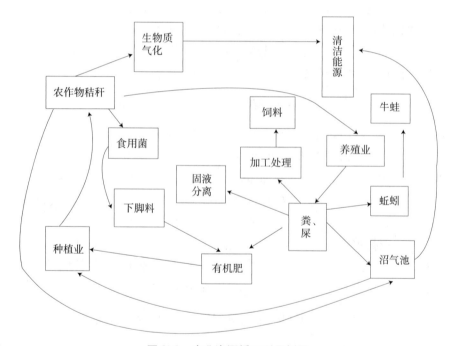

图8-9 农业资源循环利用例图

① 林桢:《发达国家循环经济的经验与启示》,《企业活力》2005年第8期。
② 黄寰、蔺玉、韩伟、郑鹏岩、骆毓燕:《以自主创新为基础构建区域生态循型农业——以四川省为例》,《科技进步与对策》2006年第7期。

四、以电子商务促销，做大特色农业的产品市场

在地震前，四川灾区的农产品主要面向省内市场，省外市场培育不充分。在地震后，随着全国人民的关注，特别是电子商务的兴起，为灾区农业发展提供了更加广阔的空间。譬如，为缓解芦山地震可能带来的当地农产品销售难问题，商务部新农村商网充分发挥其信息资源丰富、服务覆盖面广等优势，迅速组织力量开展了支援雅安地震灾区农产品推介服务活动。在第一时间主动与四川省商务厅、雅安市商务局和农业局等部门取得联系并收集灾区农产品销售信息后，在新农村商网专门搭建了"雅安农产品网上对接服务平台"专题，通过信息发布、咨询互动、购销对接等方式，为灾区农产品营销拓展推广渠道，帮助受灾农户降低经济损失。该对接平台涉及绿茶、生姜、樱桃、金花梨、枇杷、猕猴桃、山药、苹果等雅安地区特色农产品及商户信息。① 这是自上而下进行组织的农村电子商务；而随着"大众创业、万众创新"的发展，可通过政策引导返乡农民工创业，并吸引他们到创业园区生产、经营；让灾区更多的新型经营主体、农户、返乡农民、大学生村官等开展特色绿色农产品网上销售活动，通过自建网站、依托现有成熟网络平台，打造灾区"互联网+农业"模式，把多种灾区农品在网上销售，使农民足不出户就可以通过互联网将农产品远销国内其他省市甚至国外。

五、以项目设施建设，夯实农村农业的发展基础

农业是用水的大户，无论是灌溉及植物保护，防治多种有害生物，都要用水。尽管四川地震灾区有较好的水利基础，但在地震后仍多次遭受洪涝灾害，部分地区突发严重的洪涝、泥石流灾害，造成重大人员伤亡和经济损失，暴露出许多农村水利基础设施仍比较脆弱、欠账还比较多的严峻问题。为此，要进一步加强灾区农田水利基础设施建设，改善农业生产条件，提高农业综合生产能力。实行最严格的水资源管理制度，落实"三条红线"，即划定水资源开发利用红线，严格控制用水总量；划定用水效率控制红线，坚决遏制用水浪费；划定水功能区限制纳污红线，严格控制入河排污总量。② 配合"双色"农业的发展需要，灾区还要注重交通运输的畅通，确保农产品的生产、销售；以新型成熟适用的技术、工艺和设备，加强农田、蔬菜及食用

---

① 商务部电子商务和信息化司：《商务部开辟雅安灾区农产品网上对接服务平台》，2013 年 6月 5 日，见 http://xxhs.mofcom.gov.cn/article/d/201306/20130600152053.shtml。

② 肖刚：《未来 10 年四川将再造两个都江堰灌区》，《成都商报》2011 年 2 月 22 日。

菌生产大棚和农机具库棚、畜禽圈舍、养殖池塘、机电提灌站、机耕道等设施建设,重视农村公路、村庄道路、供水供电、垃圾污水处理、农村能源等设施保障;加强农产品质量检验检测中心建设,提高灾区农产品的质量安全和市场竞争力;建设好农产品的批发交易中心,架好农民与市场、农村与城市的商品流通桥梁。

六、以科技创新驱动,推动"双色"农业的持续发展

加大对农业技术创新推广应用的支持力度,产学研、农科教相结合,着力引进和开发具有明显生态环境效益的科技,大力发展无公害产品、绿色食品和有机食品,发展具有生态环境建设、资源深度综合开发和社会稳定发展综合作用的绿色农业,在高技术应用和优势资源合理配置基础上形成具有灾区特色的优势产业链。[①] 加强良种繁育、动植物疫病防控、农产品质量安全和市场信息服务、农业技术推广服务体系等建设。注重适合灾区农业发展的人才培养,通过创建科普示范村、示范户、示范基地和培养科普致富带头人等方式,培养乡土科技人才、科技致富能手。积极引导和引入龙头企业参与农业高新科技示范园建设,使企业成为灾区农业先进科技的开发中心和推广基地,成为科技创新的有效载体和主体。以市场需求为导向,创造符合灾区农业生产和社会发展需要的"双色"农业科技成果,大力提升灾区农业中的种植业、养殖业、农产品加工业、农产品流通业、观光农业以及相关的储藏、运销业等方面的技术水平,实现生产、加工和营销的专业化、规模化、一体化和网络化。

第六节 立足企业技术创新,打造生态工业集聚

在地震中,四川地震灾区的工业企业遭到沉重打击,在汶川地震十个极重灾区中,许多工业企业厂房倒塌、设备被埋、人员受损,基本成为一片废墟。为加快恢复重建,以较快的速度使灾区经济恢复发展起来,通过优先支持重大项目和启动应急项目建设加快发展工业成为必然的选择。在恢复重建时期,灾区在国家政策的指导下,紧紧依托兄弟省市的对口支援,积极重建工业企业,新上工业项目和工业产业园区。按照国务院批准下发的《汶川地震灾后恢复重建总体规划》,四川省灾后工业恢复重建项目共计 3108

---

① 黄寰、蔺玉、韩伟、郑鹏岩、骆毓燕:《以自主创新优化实现西部农业人地和谐——以四川省为例》,《科技管理研究》2009 年第 2 期。

项,总投资 1100 亿元。截至 2011 年 3 月底,四川省工业恢复重建项目累计开工建设 3107 项,项目开工率 99.96%;累计完成投资 1073 亿元,投资完成率 97.50%。其中,东汽投资 50 亿元汉旺生产基地异地重建、阿坝铝厂 11万吨电解铝恢复重建等 3039 个项目竣工投产,竣工率 97.78%。此外,还安排实施了一大批企业技术改造及中小企业发展项目。工业灾后恢复重建项目的加快实施,有力地支撑了灾区工业恢复、转型和振兴。与此同时,产业园区加快发展。灾区的千亿园区达到 2 个、500 亿园区 5 个、100 亿园区 14个。2010 年,成都、德阳、绵阳、广元、雅安和阿坝 6 个重灾市(州)产业园区内规模以上企业个数由 2007 年的 2259 户增长到 4640 户,增长了 1 倍;全部工业实现增加值 2020 亿元,实现利润 354 亿元,分别是 2007 年的 2.4 倍和 2.2 倍。总量上,2010 年四川省规模以上工业增加值达到 6840 亿元,同比增长 23.5%,总量是 2007 年的 1.9 倍。[①] 经过三年努力,四川工业恢复重建取得巨大成效,灾区工业焕发出新的生机和活力,为后重建时期灾区工业发展奠定了良好基础。

近年来,四川省大力实施工业强省产业兴省,提出了以工业化带动城镇化、以城镇化促进工业化的"两化"互动、城乡统筹发展战略,奋力推进四川"两大跨越",从经济大省向经济强省跨越、从总体小康向全面小康跨越。在灾区后重建时期,工业仍处于重要位置,不仅对经济增长、居民增收、一产增产有着直接作用,也是发展壮大极重灾区县域经济、夯实四川省发展底部基础、实现多点多极支撑发展战略的必然要求。

结合后重建时期灾区生态与产业协调发展的指导思想,灾区工业应突出企业技术创新,走有特色、生态环保的新型工业化发展道路,为区域生态经济社会发展提供持久动力。

一、生态优先,科学选择产业

由于灾区特殊的地质条件,在新增企业项目、企业扩容扩建时一定要慎重,以保护环境为先,在科学评价资源环境承载力的前提下发展工业,改变传统工业与生态对立的局面,使二者协调发展。必须根据灾区的生态环境、经济基础、社会人文等各方面条件的不同,重点考虑当地的主体功能明确自己的发展定位,依靠自身的优势特色资源,因地制宜选择和发展相应的工业项目,坚持高起点高标准,坚定不移淘汰过剩产能或落后低效产能,发展优

---

① 钟文:《四川工业恢复重建项目基本完成 GDP 贡献达 64%》,《成都日报》2011 年 5 月16 日。

势特色战略新兴产业,形成以现代优势产业为核心的工业发展模式。

二、坚持转型发展,促进产业优化升级

在灾区工业发展中,要将技术进步与工业发展结合起来,把工业建设同防减灾体系建设相结合。必须摒弃以往的经济发展方式,坚持循环、低碳、生态经济理念,加强废弃物的综合利用,减少工业污染,保护生态安全,转而走上一条"两高两低"(高科技含量、高经济效益、低资源消耗、低环境污染)、充分发挥人力资源优势的发展道路。通过核心企业发展循环经济,带动相关上下游产业加入产业链,在资源富集地区建立循环经济资源型产业集群。

三、培育企业创新能力,大力发展高新技术产业

高新技术产业不仅能够带动地方经济的发展,而且能够促使新兴的产业和产业部门形成、发展和壮大,创造新的市场需求。[1] 目前,灾区工业的整体创新能力已有很大提升,但与发达地区相比,新型产品及工艺还较少。在恢复重建取得成就的大好形势下,灾区工业企业要以市场需求为导向,以提高产业竞争力为中心,重视技术改造、产品创新与集约发展,以高新技术产业为先导,做到创新发展,创造新型市场需求,从而使品牌、效益、市场随之而来、一步到位。四川地震灾区工业企业技术创新要特别重视两个方面:一是把成德绵地区打造成为军民深度融合发展示范区。在国家明确地系统推进全面创新改革试验四个省级行政区域中,四川是唯一一个被要求围绕加速军民深度融合发展来推动全面创新改革试验的省份,加速军民深度融合发展是四川推进全面创新改革试验最鲜明的任务。在国务院 2016 年 7月批复同意的《四川省系统推进全面创新改革试验方案》中,提出四川将"依托成(都)德(阳)绵(阳)地区,开展系统性、整体性、协同性改革举措的先行先试,加快构建全要素、多领域、高效益的军民深度融合发展格局,形成引领经济发展新常态的体制机制和发展方式"。作为"老三线建设"省份,四川是国防军工企业大省,不仅总量大、门类多,各自的发展水平也很高,在成德绵等灾区军工企业和科研院所中积淀了大量的高技术人才、精密的设备和熟练的技术工人,有着雄厚的科研基础和工艺能力,可以积极通过军民融和促进灾区工业企业在后重建时期第二次腾飞。[2] 二是着重以信息技术

---

① 陈满霞、陈雪军、姚红:《西部地区产业结构优化调整》,《特区经济》2005 年第 3 期。

② 田雪皎、周洪攀:《四川全面创新改革　军民融合是亮点》,《华西都市报》2016 年 7 月5 日。

进步带动发展节能环保、生物、高端装备制造、新能源、新材料等新兴战略产业,积极发展关键共性技术,成为灾区产业转型发展的新引擎、新方向,带动新产业、新业态发展。

四、加速形成区域产业集群,抓好新兴工业园区建设

在恢复重建中,四川地震灾区对地处于地震断裂带的工业园区(集聚区),结合企业异地重建,进行较大规模的撤并、迁建和整合;对口支援地区合作新建了多个产业园区,承接支援地区和其他地区的产业转移;对已有基础较好、开发程度较高的国家级、省级工业园区,在科学规划基础上适当扩大开发面积;并通过交通通信、水电供应等基础设施的恢复改造,提升了众多工业园区(集聚区)的项目承载能力。在此基础上,要积极扶持引导各类工业企业向新兴园区聚集,提高产业集聚发展水平,改善企业生产经营环境,努力打造一批"生态科技工业园区"。构建环境友好型的循环经济、低碳经济,依据循环经济理念、工业生态学原理和清洁生产要求,集中实施节能工程,综合治理污染,促进现有工业园区的生态化改造。[①]

第七节　一三产业联动发展,加快推进生态旅游

从美国、日本等国以及我国台湾、丽江等地的灾后重建经验来看,大力发展旅游业成效明显。而在四川地震灾区,旅游业带动性强、关联度高、协调性强、影响力大,契合生态环境保护和产业布局及转型的需要,既是灾区经济发展的特色产业,也是主导和支柱产业;既有利于灾区产业结构的优化升级,也有利于增加灾区民众收入、提高人们对灾区的发展信心。在国务院发布的《关于支持汶川地震灾后恢复重建政策措施的意见》(国发〔2008〕21号)中,明确提出"把旅游业打造为领头产业"。

在后重建时期,四川地震灾区旅游业基于前期已有很好的发展基础,应重点发展生态旅游业、文化创意旅游业,特别是生态旅游业,以实现灾区生态与产业发展的双赢。生态旅游是指以可持续发展为理念,以保护生态环境为前提,以统筹人与自然和谐为准则,依托良好的自然生态环境和独特的人文生态系统,采取生态友好方式,开展生态体验、生态教育、生态认知并获得心

---

① 工业和信息化部、四川省人民政府等编:《汶川地震灾区工业恢复重建规划》,2009年04月24日,见 http://www.sc.gov.cn/zt_sczt/zhcjmhxjy/cjgh/200904/t20090424_703905.shtml。

身愉悦的旅游方式。① 生态环境保护是生态旅游发展的基础,是对自然生态系统的正常发展、循环稳定的维护,同时也包括对人类与自然和谐相处系统的维护,即对当地文化的尊重,是生态旅游可持续发展的重要内涵。②

一、资源特色明显,发展生态旅游得天独厚

灾区自然景观资源优势突出。四川地震灾区地处青藏高原东缘的龙门山断裂带。其中,汶川地震灾区主要位于岷山—横断山一带,属四川省东北部、甘肃省南部及陕西省西南部,在川西高原以及秦岭南端向川蜀盆地的过渡地带上。芦山地震震中芦山县也是汶川地震的重灾区,位于龙门山前缘构造带南段。龙门山脉具有复杂的地质结构,地壳不稳定,地形地貌变化多端,峰峦重叠,坡陡沟深,且多峡谷。该区域拥有丰富的水资源、矿产资源,深厚的旅游资源,以及旅游创意产业发展基础,是四川省特色服务业特别是特色旅游业建设的核心区域。地震的破坏没有从根本上影响灾区的自然景观特点,在一些地方还因为灾害形成了新的自然景观,比如,在汶川特大地震中形成的世界上最大的堰塞湖——绵阳市北川羌族自治县唐家山堰塞湖,2008 年 6 月 10 日成功泄洪后,通过一系列的工程治理,全面消除了安全隐患,达到了安全度汛的标准,转入了日常管理阶段。目前,唐家山堰塞湖湖面长 15.68 公里,总面积 3.78 平方公里,唐家山堰塞湖集雨面积 3538平方公里,常态下蓄水量约 0.86 亿立方米,汛期达到 1 亿立方米。以堰塞湖为核心已形成一个风景区,位于涪江上游支流——北川母亲河湔江上的一个峡谷河段,上至禹里场镇,下至老县城遗址、邓家沙坝。风景区内自然资源和人文资源丰富独特,是弘扬伟大抗震救灾精神、开展地震科普研究、进行警示教育以及传承羌族文化的重要载体。地处高山峡谷的水文景观,奇峰异石沟壑连绵的地理景观,四季变化莫测的气候景观,堰塞坝治理和周边实施的工程构成的宏伟壮观的水利景观,湖区羌民族传承的大禹文化、大爱文化的民俗景观等,都是独特的旅游资源。2013 年,绵阳市整合北川新县城、老县城地震遗址和唐家山堰塞湖资源,成功创建为国家 5A 级旅游景区;2014 年,国家水利部水利风景区现场考察评价专家组也通过了唐家山堰塞湖考评创建国家水利风景区工作。③

---

① 符凡、邓要然:《我国城市生态旅游管理中的问题及对策研究》,《当代旅游(学术版)》2010年第 4 期。

② 方健:《生态旅游的开发与保护》,《质量与标准标化》2011 年第 8 期。

③ 景富国:《唐家山堰塞湖创建国家水利风景区工作通过初验》,2014 年 8 月 28 日,见 ht-tp://www.my.gov.cn/bmwz/957016020327858176/20140828/1128595.html。

灾区动植物资源丰富。在四川省生态功能区划中,龙门山地区主要为常绿阔叶林—针叶林生态亚区,还涉及岷山—邛崃山云杉冷杉林—高山草甸生态亚区和成都平原城市与农业生态亚区①,林业资源丰富,覆盖面大,是西部实施天然林保护和退耕还林还草等工程的重点区域。四川地震灾区是长江上游重要的一块天然屏障,是生物多样性丰富且生态环境敏感脆弱区域,有 30 多个自然保护区,珙桐、水青树、鹅掌楸、金钱槭、杜仲等植物数以千计,还有着大熊猫、金丝猴、羚牛等多种珍稀动物,具有物种、遗传、生态系统等多样性特征,有着重要的保护、科研、教育和生态的价值。

灾区旅游文化资源有积淀。龙门山脉拥有丰富的文化遗产,这里是羌族文化聚集宝地,藏羌文化在这里得到交融;中国道教起源于龙门山;三国蜀文化在这里得到传播;世界独一无二的古栈道让人叹服;世界遗产都江堰水利工程造福整个四川省;南方丝绸之路龙门山使南北之路得到贯通等。而地震也给灾区留下了新时期的文化资源。譬如,受灾最惨烈的北川羌城旅游区成为四川省第六家、绵阳市第一家国家 5A 级旅游景区,位于绵阳市北川羌族自治县境内,由地震纪念地、大爱文化观赏区和禹羌文化体验区三大部分组成,总面积 6.01 平方公里,集开放性景区、纪念缅怀、感恩大爱、禹羌风情和生态休闲于一体,留存有"5·12"特大地震灾难记忆,传承着羌民族悠久的人文历史与灿烂的民族文化、记载了伟大的抗震救灾精神和无疆大爱文化。②

三、品牌形象鲜明,积极开拓生态旅游市场

四川是个旅游大省,旅游资源丰富,有别致的自然景观及人文历史,吸引着无数游客。在汶川地震前的 2007 年,旅游业收入 1217.31 亿元,占第三产业比重达 11.5%。经过恢复重建,汶川地震灾区的第三产业比重较震前有所上升,但不是很大,芦山地震灾区的第三产业比重有所下降,两地的比重均在 30%左右,第三产业发展仍有很大的潜力和空间。

地震让灾区饱受创伤,但客观上地震的发生也引起全国甚至全世界的报道,汶川、北川等县市成为电视、报纸、网络等媒体关注的焦点,人们对它们的名字不再陌生,知名度也逐渐提升。在中央统筹、各方援助与自身努力建设下,"四川依然美丽"、"天下四川有爱,熊猫故乡更美"等宣传标语为人

---

① 钱骏、叶宏、邓晓钦、佟洪金、方自立:《四川省汶川地震灾区环境承载力评估》,中国环境科学学会环境规划专业委员会 2008 年学术年会,2008 年 12 月。

② 《最美五 A 推荐地:绵阳市北川羌城旅游区》,2014 年 1 月 21 日,见 http://travel.cnr.cn/zt_1/jqpx/xsjd/201401/t20140121_514705193.shtml。

们逐步熟知,四川旅游品牌进一步提升,并在灾后形成了新的地震地质奇观;在恢复重建中新建了许多旅游景点,映秀、水磨羌寨等成为了许多游客青睐的旅游胜地;而路桥断裂、堰塞湖、建筑废墟、遇难者遗物、抢救现场等地震遗址遗迹也成为了灾区人民自强不息、发展生态旅游的新型资源;四川省旅游业在汶川地震灾区恢复重建完成后得到进一步发展。2015年,四川省旅游业总收入达到6210.52亿,是2007年的5倍。在后重建时期,灾区既要进一步开发利用好灾难遗存特殊"黑色"资源,发展多条旅游主题线路,吸引更多年龄段的游客前来进行遗迹游、爱国游、追思游、体验游、科普游等;也要进一步打造"四川依然美丽"的精品旅游产品,譬如,汶川在建设特色旅游胜地过程中,紧扣"大禹故里、熊猫家园、羌绣之乡、震中汶川"四大旅游品牌,成功把震后映秀镇创建为5A级旅游景区,还打造了"汶川三江生态旅游景区""汶川水磨古镇景区""汶川大禹文化旅游景区"等国家4A级旅游景区。①

三、一三产业联动,培育乡村生态旅游业态

结合第一产业的发展,灾区可充分利用农业资源,依托农村独特的田园景观、农事劳作及特有的民族文化、乡土风情,以农家乐为主要载体,通过合理规划布局和工艺设计,开发旅游新资源,利用灾后重建已有的较好基础设施并配套系列服务,可供人们观光、旅游、休养、勤体、追思、长智,形成富有特色的乡村生态旅游发展道路。仍以唐家山堰塞湖为例,在景区的漩坪乡种植了上千亩玫瑰,形成了一个很大的玫瑰谷,并配合开发羌族特色农家乐。再如,在农业部公布的2016年中国美丽休闲乡村推介名单中,芦山地震极重灾区的芦山县青龙场村入选。这一活动是农业部为加快建设美丽休闲乡村、培育新的消费增长点、推动农业供给侧结构性改革而启动的,分为特色民居村、特色民俗村、现代新村和历史古村等四种类型,最终全国150个村入围榜单,青龙场村入围特色民居村,②这也为当地开展乡村旅游打下了坚实基础。

四、注重防灾减灾,确保旅游与生态协调发展

发展生态旅游必须科学合理布局,注重环境承载能力、充分考虑防灾减

---

① 张毅、张友、庄万禄:《后重建时期汶川县民生改善可持续性调查研究》,《西南民族大学学报(人文社科版)》2011年第6期。
② 李淼:《农业部公布2016中国美丽休闲乡村名单　四川5村入围》,《四川日报》2016年10月3日。

灾要求。灾区大部分是生态功能区,加之客观存在次生灾害频发的情况,发展旅游业之初就要从空间上避开有次生灾害隐患的地方,这直接关系到灾区人民的生命和财产安全。如本书第七章所述,2013 年 7 月 10 日,因持续两天强降雨,都江堰三溪村发生特大型高位山体滑坡,灾难发生时数十家农家乐正开门迎客,短短三分钟内,泥石流就造成 11 户村民房屋被毁、8 家农家乐被埋,严重威胁到当地民众及游客的生命安全。因此,灾区发展生态旅游必须以防灾减灾为第一要务,科学布局,合理开发资源,实现灾区生态旅游的可持续发展。同时,在生态旅游发展中,也要特别强调灾区生态环境的保护,如果因旅游业发展而破坏生态环境,不仅是影响到游客的满意程度、影响到游客的再次选择,也是在破坏灾区比较脆弱的自然条件,影响灾后重建的效果。所以,在后重建时间,四川地震灾区应合理开发旅游资源,努力做到旅游经济效益与环境经济效益协调发展。

第九章　后重建时期灾区生态与产业协调发展的长效机制

第一节　推动法治建设

依法治国是我国在经济新常态下推进治国兴邦的重要执政理念和战略举措。后重建时期灾区经济同生态重建协调发展更需要法制保障。各级层面各种法律、法规、规章和制度的制定与完善，对灾区产业与生态重建协调发展的推进至关重要。

本课题组梳理相关政策法规发现，涉及四川省地震灾区生态与产业发展的政策法规近50项，基本构建了国家—省域—市县三级政策法规体系，覆盖了灾区生态与产业协调发展的主要内容及重要方面（见表9-1）。从政策法规的具体内容分析，灾后产业发展内容包括工商企业生产能力恢复、产业园区建设、承接产业转移、重振旅游经济、文化产业发展、特色生态农业标准化、产业化、规模化发展、产业结构优化调整、增大产能等；灾后生态重建内容包括地质灾害防治、生态修复、环境保护、工程化建设等。我国灾后重建政策法规，一方面从资金、财政、金融、税收、土地等多方面激励和促进灾区生态与产业协调发展，又从规章制度等约束性角度规范灾后重建依法有序发展，为灾后重建及后重建时期灾区生态与产业发展提供了强有力的政策保障。

表9-1　2008年以来有关四川地震灾区生态与产业发展的部分相关政策法规

国家级政策法规	《国务院关于支持芦山地震灾后恢复重建政策措施的意见》
	《国务院关于支持汶川地震灾后恢复重建政策措施的意见》
	《国务院关于支持玉树地震灾后恢复重建政策措施的意见》
	《国务院办公厅印发关于地震灾区恢复生产指导意见的通知》
	《国务院关于做好汶川地震灾后恢复重建工作的指导意见》
	《汶川地震灾后恢复重建条例》
	《国务院关于印发芦山地震灾后恢复重建总体规划的通知》
	《国务院关于印发汶川地震灾后恢复重建总体规划的通知》
	《国务院关于印发芦山地震灾后恢复重建总体规划的通知》

续表

四川省级政策法规	《四川省人民政府关于支持芦山地震灾后恢复重建政策措施的意见》 《四川省人民政府贯彻实施国务院关于做好玉树地震灾后恢复重建工作的指导意见的意见》 《四川省人民政府关于支持康定地震灾后恢复重建政策措施的意见》 《四川省人民政府关于支持汶川地震灾后恢复重建政策措施的意见》 《四川省康定"11·22"地震灾后恢复重建项目实施规划》 《四川省人民政府关于印发汶川地震灾区发展振兴规划（2011—2015 年）的通知》
市县级政策法规	《汶川县"5·12"地震灾后工业恢复布局和发展规划（2009—2011）》 《汶川县人民政府关于推进现代林业重点县建设的意见》 《汶川县推进工业经济恢复发展工作实施意见》 《汶川县建设羌禹文化生态体验区实施意见》 《建设阿坝新型工业集中发展区实施意见》 《汶川县加快推进茶叶产业转型升级的实施意见》 《汶川县 2011 年工业企业淘汰落后产能工作方案》 《芦山县现代生态农业示范园招商引资优惠政策（暂行）》 《芦山县现代生态农业示范园管理办法》 《绵阳市地震灾后重建规划实施工作方案》 《绵阳市人民政府办公室关于做好金融支持我市灾后重建工作的意见》 《绵阳市确保灾后恢复重建"三年目标任务两年基本完成"的工作方案》 《中国共产党阿坝州第九届委员会第六次全体会议关于扎实推进灾后恢复重建加快建设美好新家园的决议》 《阿坝州人民政府关于州直有关部门和金融机构定点帮扶规模以上工业企业灾后恢复重建工作的通知》 《阿坝州人民政府关于印发金融支持灾后重建和加快发展指导意见的通知》 《阿坝州人民政府关于扶持工业企业灾后重建若干政策的意见》 《关于广元市金融支持灾后恢复重建的意见》 《绵阳市人民政府关于加快旅游产业发展的意见》 《中共广元市委广元市人民政府关于大力推进承接产业转移工作的意见》 《成都市人民政府关于建设生态市的意见》 《平武科学发展建设山区经济生态强县（报告）》 《绵竹市人民政府关于加快推进灾后生态植被恢复重建工作的实施意见》 《什邡市人民政府关于深入推进现代农业发展的意见》 《茂县全面推进依法行政第二个五年规划》的通知 《都江堰市人民政府关于鼓励和支持现代农业发展的意见》

　　同时，通过与国际上灾后重建法律法规相比较，可以看到我国灾后重建法规等还存在一些问题。譬如，我国出台的更多是政策、法规、规章，而没有一部专门针对灾后重建的法律；法律法规的修订和完善相对滞后，不能满足灾区和灾后重建的紧迫需求；各市县层面区域经济及社会发展的规划中缺少灾后重建的专项内容；后重建时期灾区生态建设和产业发展的具体问题还有待新的法规政策层面的支持。因此，针对四川地震灾区在后重建时期要贯彻落实国家关于《环境保护法》《大气污染防治法》《循环经济促进法》

《清洁生产促进法》《环境影响评价法》等规章制度,修订和完善《四川省饮用水水源保护管理条例》《四川省危险废物污染环境防治办法》《四川省〈中华人民共和国水土保持法〉实施办法》等地方性法规和标准,出台地震灾区后重建时期环境保护、生态修复、生态特色农业、环保产业、生态旅游业、文化产业、工业园区建设等专项规划,构建促进生态与产业协调发展的法律、法规、标准、规划体系,用完善的法制体系保障生态和产业的协调发展。

第二节　完善政策制度

为推动灾区尽快恢复到震前水平,我国已研究、制定和实施财政、税收、金融、价格等一揽子经济政策,以政策为推动力,发挥政策措施在促进生态和产业协调发展中的巨大作用。在对汶川地震灾害发生以来的国内相关灾区重建政策法规梳理的基础上,本书以《四川省人民政府关于支持汶川地震灾后恢复重建政策措施的意见》(以下简称“《四川省汶川灾区重建意见》”)为例,阐述其中推进生态与产业协调发展的经济政策内容(见表9-2)。

表9-2　《四川省汶川灾区重建意见》中经济政策相关内容

四川省汶川灾区重建意见	财政政策	1. 努力筹措灾后恢复重建资金 2. 给予重灾区过渡期财力补助 3. 统筹预算内投资安排 4. 整合省级现有贴息资金 5. 减免灾区部分行政事业性收费
	税收政策	1. 支持企业吸纳就业 2. 调整重灾县营业税起征点 3. 减免因灾害损失毁房屋有关税收 4. 允许延期申报纳税 5. 实行出口货物退(免)税应急管理
	金融政策	1. 开启绿色授信通道 2. 增加重灾区再贷款、再贴现限额 3. 创新信贷产品 4. 放宽机构准入条件 5. 支持中小企业担保机构建设 6. 扶持地方金融机构 7. 推动企业利用资本市场融资
	产业扶持政策	1. 恢复特色优势产业生产能力 2. 促进产业结构调整 3. 优化产业布局 4. 改善产业发展环境
	产业绿色发展政策	1. 淘汰高耗能、高污染企业 2. 淘汰不符合国家产业政策以及不具备安全生产条件的落后产能 3. 关闭重要水源保护区内的污染严重企业

后重建时期,欲顺利实现灾区生态同产业的协调发展,仍然需要持续加大经济政策的支持力度。财政政策方面,一方面,国家财政、地方财政和社会各界应加大对灾区的资金投入,扩宽生态修复、产业绿色化与现代化发展的投融资渠道,放开市场准入,吸引社会资金投入到节能环保领域,支持民间资本和外资进入生态建设、污水处理、垃圾处理、大气污染治理等公共社会事业领域,保证灾区重建顺利进行;另一方面,灾后重建资金应安排生态工程、生态修复、生态补偿、除污治理、环保能力建设、产业绿色转型等专项发展资金,确保灾后重建进程中有充裕的资金保障灾区生态与产业的协调发展,进而促进灾区的可持续发展。在税收政策方面,对实施清洁生产、节能减排、循环经济、废旧物资回收再利用、环保产业、生态农业等战略性产业实行减免营业税、增值税、所得税等支持性政策,创造良好税收环境,推进环保产业集约化发展;同时,对污染型企业征收污染税、治理费等。在金融政策方面,实施绿色贷款、绿色证券、绿色基金政策,对高耗能、高排放企业的贷款实行限制性调控政策,限制"两高"企业的贷款批准、贷款额度、贷款年限等内容,支持资源节约型、环境友好型产业的贷款,同等条件下为此类企业贷款给出一定的优惠安排。在价格政策方面,利用价格杠杆反映出资源稀缺性和环境负外部性,适当提高资源型产品和原材料价格,对产生环境污染和生态破坏的生产行为和产品实行差别化价格,例如适当增加燃煤型、高耗水、高排放企业的生产成本,减少环保型企业的经营成本。

第三节 优化管理机制

在"十三五"规划建议中提出要实现"十三五"时期发展目标、破解发展难题、厚植发展优势,就必须牢固树立"创新"等五大发展理念。创新是一个社会不断发展的动力,推动着社会的前进。随着经济的发展,政府的管理机制也需要不断的创新和完善。譬如芦山地震区的恢复重建,中央创造性的选择了"四川总负责、地方为主体"的管理机制,有利于激发地方组织实施重建工作的自主性和创造性,能够使灾区立足长远发展、可持续发展的目标,"将产业发展、群众奔康致富相结合,整体提升重建水平"。从目前恢复重建的成果来看,该管理机制是成功的。在后重建时期灾区政府应该结合生态和产业协调发展的目标不断完善和创新自己的管理机制。

从哲学角度来看,生态和产业隶属于生态系统和经济系统,维系其系统运行的机制是自然契约和社会契约,其中政府和市场是社会契约的主体。在实现生态和产业协调发展中,要在维系社会契约的基础上兼顾自然契约的实现,并且在生态系统面临重要拐点的抉择时刻,应将以社会契约为决定资源配置方式的契约结构转变为自然契约,这就要求政府管理机制必须做出相应变化。因此,灾区在后重建时期,需要通过自身管理机制的创新,坚持生态优先,从而实现产业和生态的协调。①

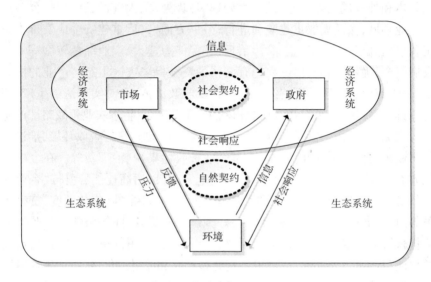

图 9-1　生态经济系统耦合机理示意图

第四节　强化科技支撑

科技创新是推动生态产业化、产业生态化、生态与产业协调发展的巨大推动力,是灾区可持续发展的重要保障。首先,灾后重建应加大对科技创新的政策扶持。减免科技创新相关行政审批,充分利用国家和地方关于科技创新的财政、金融、税收等扶持政策,同等条件下优先落实科技创新项目,保障科技创新项目的落地和发展。其次,培育产—学—研—政合作一体化的科技创新体系。在产业界、学校、科研院所、政府之间搭建科技创新同盟,互相沟通和消化科技创新的需求与供给,保障产业发展的科技需求能够在学校、科研院所、政府的共同努力下得到最大程度的满足,学校和科研院所研发的新技术能广泛应用于产业转型升级中。再者,加大对关键领域、环节的科技创新。在产业生态化的科技创新中,加大对化工、电力、金属冶炼、造

---

① 黄寰、郭义盟:《自然契约、生态经济系统与城市群协调发展》,《社会科学研究》2017 年第 7 期。

纸、建筑、煤炭、纺织等"两高"行业的节能降耗、清洁生产、资源综合利用、污染减排等方面技术改造,淘汰高消耗、高污染的落后生产装备、技术、材料,引进符合更高环保标准的先进生产工艺、设备、技术和材料,对现有生产进行生态化技术升级创新;支持发展环保产业等战略性新兴产业,创新产业发展模式,带动灾区生态同经济协调发展;技术创新还要延伸到产品研发、设计、生产、营销、物流、服务的各个环节,以技术创新提升产品品牌和竞争力,形成具有竞争优势的绿色产品、绿色营销、绿色物流、绿色服务;促进产业和信息化融合,以信息化促进产业创新发展,促进产业摆脱资源消耗依赖型发展。

　　灾区应结合重建实际,创新开发生态旅游、观光旅游、生态农产品等生态产品,提升生态产品品质,扩大生态产品生产规模,以创新驱动创造更多生态价值及经济价值。充分利用自然资源的禀赋,摒弃粗放型传统农业,大力发展集约化的现代农业,实现农业结构的转变。同时,大力研发农业高科技,鼓励地震灾区引进先进人才,利用科学技术发展适应当地区域优势的农业产业,提升农业综合生产水平,完善农业服务体系。最后,灾区要开放合作,以成都、绵阳、德阳以及高新区为依托,大力发展节能环保、信息、生物产业及以新能源利用为主的高端装备制造业与新材料等战略性新兴产业。利用成都等地的文化创意和科教资源,大力开发文化创意产业、影视产业等绿色"无烟工业",推动产业结构"软化"。

第五节　加强人才培养

　　四川地震灾区受成都经济区的影响,面临着人才外流,劳动力结构性短缺的困难。灾区在后重建时期,应通过系列的人才引进和回流措施,充实灾区的人才梯队。通过引进灾区需要的高技术人才,提升企业的创新能力,同时扩大知识溢出效应,使得本地人才得到提升。

　　培养专业人才,招纳全球科学领军人物。加强部门与高校合作,建立人才培训基地,培养本土人才,建立人才培养储备体系。利用引进政策,引进先进技术人才,培养本土人才,加强对引进人才的评估和后续跟踪管理,对其效益进行评估,加大后续支持力度,并对支持计划实行动态监管。四川省拥有多所高等院校,地震灾区的政府、企业、事业单位可以与四川大学、成都电子科技大学、成都理工大学等高等院校合作,打造产学研平台,引进人才,结合重点实验室研发一些新的科技,预防地质灾害发生,提高当地经济增长能力,促进灾区经济发展。

在引进人才的同时,要更加注重本地人才的培养。作为经济欠发达的灾区,如果一味强调引进人才,而忽视本土潜在的人才资源,这样的人才发展路径是值得商榷的。对于这些地区而言,引进人才成本可能过高,且能否最终留下服务于引进地的经济建设也是未知的。因此,要在人才引进的同时更加注重本土人才培养。要重视本土人才的开发与管理、强化本土人才的教育和培养、制定本土人才成长激励政策,努力营造尊重本土人才的良好氛围,切实做好本土人才的培养与储备。同时要以市场为导向,充分发挥用人单位在本土人才发掘、培养、使用上的主体作用,加强政策引导、制度保障和工作指导①,积极引导人才创新创业,融入并引领灾区经济发展。②

同时,应建设重大自然灾害应对和灾后恢复重建人才、企业数据库。近年来,全国多次发生地震、雨雪冰冻、泥石流等重大自然灾害,在灾后恢复重建中,很多干部、专业技术人员经受了严峻考验,历经了超强磨练,积累了灾后恢复重建的丰富经验;一些大中型建筑企业,快速推进灾后恢复重建项目,在出色完成任务的同时也积累了在短时间内快速、高质、高效开展灾后恢复重建的宝贵经验。这些干部、专业技术人员和建筑企业,是国家应对重大自然灾害的宝贵财富,建议建立相应的数据库,为应对自然灾害再次发生储备专业人才。

第六节　深化宣传教育

灾后重建,还应大力弘扬尊重且敬畏自然的理念,提升资源节约、环境保护的生态文明观念,改变工业文明以来人类凌驾于自然之上的人类中心主义思想,反思人类追求经济利益最大化、无视生态环境价值的不合理行为,摈弃粗放型及过度消费的生活方式,在灾区营造浓郁的生态文明新风气。

媒体宣传、舆论监督将有利于推动后重建时期灾区生态与产业的协调发展。加强媒体宣传,能够增强群众对于生态可持续发展的认识,让群众广泛参与,踊跃监督,反映群众心声,营造和谐生态氛围。

一方面,通过广播、电视、网络、报纸、书刊、标语、广告、横幅等方式传播和普及生态文明理念和内容,培养生态文明意识,形成主动参与环境保护和

---

① 周小璐:《加大本土人才培养转变用人观念》,2016 年 5 月 19 日,见 http://difang.gmw.cn/sc/2016-05/19/content_20172623.htm。

② 黄寰、郭义盟、罗子欣:《四川省科技工作者创新创业问卷调查数据分析报告》,《四川省科协科技智库要报》2016 年第 3 期。

资源节约的观念；另一方面，积极开展有利于资源节约和环境保护的活动，比如倡导低碳出行、不使用塑料袋、节约用水、随手关灯、废弃物回收再利用等，以示范效应带动更多灾区群众实践集约、节约、绿色、低碳等可持续的生产生活方式；再者，加大对生态文明建设相关知识的普及与教育，在小学、中学、高中和大学的教学内容中增加对生态文明科普知识的讲解，比如循环经济原理和应用、生态修复内涵与内容、产业生态化转型等相关知识。

第七节　提供资金支持

在影响灾区生态与产业协调发展的诸多制度因素中，资金投入影响尤为重要。这是因为，灾区生态环境保护有着明显的外部性与有偿性，而投融资体制决定着灾区生态环境保护的资金来源和运用，其改革也就直接左右了灾区生态保护与经济建设的进程，具有突出的生态效益、社会效益和经济效益。在涉及灾区生态保护与产业发展的资金支持上，必须要大胆革新，突出生态补偿，以切实可行的政策措施确保其生态环境恢复有足够的资金注入，并得以合理有效地使用。

一、完善资金保障机制，构建灾区生态环境保护的投融资体系

为了使灾区生态建设落到实处，必须建立和完善以政府为主体，企业、社会参与投资的多元化和多渠道投融资机制。从中央政府的角度来看，应该主要负责天然林、防护林、天然草地的保护与恢复，负责生态功能保护区、自然保护区等生态效益明显、项目周期长的投入；各级地方政府应在财政收入中增加生态环境保护的支出，把生态建设资金列入政府的财政预算，对生态建设的投入做出长期安排；引入社会投资可考虑增加银行贷款中要用于生态建设的部分，适当延长贷款偿还期限。对于国外的长期低息贷款和赠款要优先考虑安排生态建设项目。同时，要研究制订一些政策措施，鼓励民间投资进入灾区生态建设。生态环境保护的生态效益属于广大社会公众，相应地，也应该建立公众投资环保的机制，鼓励民间投资进入环保产业。

二、加快相关立法，为灾区投融资体制改革提供法制保障

法制是推进投融资体制改革向纵深发展的有力手段，是避免良好的改革措施走形变样的坚实屏障。首先，要从法律上确定生态环境建设的资金来源主渠道，规定对生态环境保护财政投入的增长率，确定各级政府的生态环境建设投入占其财政支出的比重。其次，税收优惠是推动灾区环境建设

投资的一项重要措施,西方国家通常对这方面投资实施差别税率或实行减免税,要通过相应的程序和制定法律法规,确立对生态环境保护投资的税收优惠支持政策。通过制定相关法律法规,对实施灾区生态环境保护的投资主体实施全面税收优惠和差别利率,并在税制设计上强调税收优惠的独享性,有利于调动其积极性和主动性。再次,以法律为生态环境保护项目的融资保驾护航,对有关生态环境保护的期货、期权、保险、担保等进行规定,建立中央与地方不同金融监管部门之间的协调机制,发挥金融市场对灾区生态环境保护的支持作用。

三、改革财政体制,加大对灾区的财政支持力度

在灾区生态环境保护中,财政支持意义重大。只有构建起科学合理的财政支持政策和运行机制,其生态环境保护投融资机制才可能有效运行。为此,要建立地震灾区各级政府投资生态环境保护的财政支出比例和增长机制;由中央牵头,督促各区域地方政府制定科学可行的生态环境保护规划和实施方案,特别是对跨区域的大型生态环境工程;要逐步加大政府转移支付力度,发挥财政杠杆作用,运用部分财政资金对投资于生态环境建设的企业进行补贴;制定长江源头等特殊生态功能保护区移民的支持性政策,同时设置专项资金支持生态脆弱地区和自然保护区内的居民生产方式的改变。

四、改革税制,促进灾区资源节约利用和环境保护

为支持灾区生态与产业的协调发展,应该从三个方面来进一步改革税制。一是对现有税收政策的改进。即在税制改革中充分体现对环境保护的要求,适当扩大消费税、资源税的征税范围,提高以木材、矿产等资源型产品为原料的相关企业的税收,调整税额税率,改变计征办法。二是根据各个灾区的实情,制定有针对性的税收政策,确保生态环境保护工程建设的顺利进行。比如,地方政府在不违背国家政策的情况下,对本区域的重点生态保护区、重点生态企业,实施特别优惠的政策,或者是减免税收,或者是免税,或者是返还部分作为追加投资,以实现资源的节约使用和环境可持续发展。三是征收环境税。环境税实际上是一种生态补偿税。它通过税收的形式,将本由资源开发者或消费者承担的对生态环境污染或破坏后的补偿进行了平衡,体现了"谁利用谁补偿,谁收益谁付费"的生态环境开发利用保护原则。环境保护税是一种专门税,是适应市场经济要求的重要的环境保护手段,是通过经济手段解决环境问题的重要方式,其目的并不是简单地为环境

的污染事后提供治理的资金,更在于缓解或消除行为人对环境的危害,有效预防新的污染和破坏,并为生态环境保护提供资金,纠正因市场失灵和政策失灵带来的环境恶化,最终达到保护和改善环境的目的。

五、创造市场环境,发展灾区多种生态产业

在灾区生态与产业协调发展的过程中,政府投入是主体,但完全由政府来投资进行生态环境保护、提供生态公益产品是不太现实的。创造市场公平竞争环境是灾区生态环境保护投融资体制改革的重要方向,其核心应该是在坚持对灾区生态环境保护政府投入的前提下,全面放开民间投资的领域限制。除国家有关政策、法规限制开放的领域外,放手吸引各种投资主体参与到灾区生态产业的构建中。可以通过建立投资基金、组建股份公司、BOT 等多种方式,吸引发达地区投资者和本地民间资本投资环保产业;同时可以在坚持所有权不变的前提下,有偿出让荒山使用权,以鼓励和扶持企业或个人在荒山上发展经济林木,创办绿色产业等。通过生态产业的兴旺发展,把生态环境保护的制度安排与当地人民群众脱贫致富有机结合起来,减少破坏灾区生态环境的传统工农业生产活动。①

第八节　做好防灾减灾

受地震影响,灾区当前面临着严重的次生地质灾害威胁,泥石流、滑坡等次生灾害屡见不鲜。因此,在后重建时期灾区应该加强防灾管理,保护重建成果。

一、加强灾前监测、提高风险防范

灾区要对洪水、泥石流、地震等灾害进行系统分析,建立有效的监测预警系统,提高预警准确度,为大家应对灾害发生做出及时、充分的准备。

（一）加强监测体系建设

建立综合监测体系,实行多地区固定及流动、传统和现代、专业同民间等监测相结合的组合方式,对大气圈、岩石圈等各圈层灾害进行全面监测。同时,加强监测台、站、网、点建设,构建以主管部门为中心、专业监测台站为主体、民间各界积极参与的监测网络,大力开展重大灾害性天气监测系统、

---

① 郭义盟、肖义:《基于地质灾害的防灾减灾模式研究——以芦山县为例》,《科技创新与应用》2014 年第 12 期。

水情自动测报系统、地质灾害监测预警及辅助决策支持系统、森林防火视频监控系统等项目的研究、示范、运用和推广。对重点时段、重点工程、重点部位、重大隐患要重点监测,昼夜值守,防患于未然。①

（二）加强预报体系建设

建立覆盖面广的灾害预报系统,实行短期、中期等实时连续预报机制,除地质灾害外,加强建设天气、生物、火灾、交通等综合灾害预报体系。进一步提高灾害预报,特别是短期预报的精准度,包括灾害强度和影响范围等,尽可能将灾害发生的预警时间提前,为民众积极应对灾害发生做出相对充分的准备。

（三）加强预警体系建设

针对灾害发生地的居民类型可选择采用广播电视、互联网、手机群呼、鸣锣示警等合适有效的预报手段,将灾害预报信息快速传达给群众,要特别关注警报盲区及无行为能力或者行为能力限制的人群。制作简洁全面的防灾指南,引导群众科学避灾减灾。

二、建设灾害应急指挥及统一协调体系

地震灾区应把灾害应急指挥中心建设成为常设机构,制定应急指挥中心启动原则、启动级别及运作章程,针对不同的险种制定不同的应急预案,明确管理人责任,建设专业化队伍,提高应对灾害的效率。另外,应筹划逐步建成流动指挥系统或者备用中心,以备紧急情况下使用。例如美国洛杉矶市建立了长期备用性的车载式流动指挥中心,日本东京都也在其西部立川市建立了备用的指挥中心。②

（一）深化应急预案体系建设

应急预案的好坏直接影响灾后应急救援的效果,相关部门必须要充分借鉴全球先进的灾害应急经验,结合当地实际制定出多层次、全方位、协调有序的预案体系,为今后高效地管理自然灾害提供制度性保障。

（二）健全应急管理体制

强化灾区政府以及有关应急管理单位的工作职能,实现统一指挥、分工协作、资源共享,进一步建立健全"横向到边、纵向到底"的应急管理组织体系,进一步提高应对自然灾害的规范化工作水平。

（三）完善应急工作机制

应急预案设计中应明确相关具体工作责任人,应急机构职能负责人应

---

①　方佳军、罗敬军:《进一步加强防灾减灾体系建设》,《新重庆》2006 年第 4 期。

②　滕五晓:《城市灾害应急预案基本要素探讨》,《城市发展研究》2006 年第 1 期。

与常设正常职能部门挂钩,使应急机构的各项职能落向实处,应急机构职能负责人要培养提升信息汇总和综合协调等能力。厘清灾区政府机构与各专项应急指挥机构的相互关系,进一步加强地方及部门间的协调,实现统一领导、分类管理、快速高效的处置机制。

(四) 加强应急处置联动制度

防灾减灾工作是一项社会系统性工程,其涉及群众生命财产安全、社会稳定大局、经济和社会发展等各方面。防灾减灾工作需要各部门间的协调配合,才能够取得防灾减灾管理的最大效果。各部门必须以全局观念及大局意识为基础,各职其能,密切沟通,协调配合,才能形成防灾减灾工作合力,才能够不断开创地区防灾减灾工作新局面。

(五) 建立应急指挥信息平台

灾区应按照统一规划、统一领导、突出重点、统一标准、保障安全的原则,通过整合、调用大量信息化基础资源,尽快形成集信息采集、预报、评估、远程指挥及灾害救助为一体,以图像监控、无线指挥、有线通信、网络应用及综合保障五大技术系统为依托的指挥平台。[①]

三、灾后减轻灾害的风险措施

(一) 加大力度建立灾情收集和传递系统

建立灾情收集与传递系统主要是在灾区一般信息系统因灾害损毁后,灾区信息无法正常传输出去,为了确保灾情收集途径的畅通,应在灾害应急预案中制定有关灾情收集与传递等相关方案。如灾害突发,可通过大众媒体的传播,如通过电视台、网站等媒体的报道,将灾害信息准确及时地传递给世界各地的广大民众,以获取来自全世界的最大限度的支援。所以除了有效地制定灾害情报收集、分析处理、传递的方法外,还应进一步就灾情如何公开、与媒体合作等制定出更为妥善的方案。特别是在灾害刚发生后的灾害情报空白期,政府部门应该考虑如何向灾民提供诸如救灾物资的发放、灾害的演变趋势等急需的情报,如何能够快速地收集和传递有关灾害的情报,缩短灾害情报空白期,是救灾抢险的关键。[②]

(二) 建立健全灾后应急救援体系

自然灾害发生后,要按部门管理、分级响应的原则,及时启动应急预案。

---

① 方佳军、罗敬军:《构建五大防灾减灾体系,为社会主义新农村建设提供保障》,《重庆行政》2006 年第 2 期。

② 滕五晓:《城市灾害应急预案基本要素探讨》,《城市发展研究》2006 年第 1 期。

把群众生命安全放在首位,紧急疏散并转移险区居民,搜救被困失踪人员。对因为受灾转移出的群众,要坚持做到"四个到户",即灾情查实到户、需缺物资登记到户、干部责任包干到户、救灾款物发放到户;做到"六个确保",是指确保受灾群众吃、穿、住、行、医疗、教育得到基本保障。①

四、创新防灾减灾管理的实施机制和保障措施

为进一步提高地震灾区防灾减灾的综合能力,切实促进灾区防灾减灾工作有序、有效运行,必须创新实施机制和保障措施。

（一）创新体制机制

加强省、市、县各级政府间的联系,加强沟通协调、促进各级政府之间配合行动、联防联动的密切度,统筹同防灾减灾工作相关的各部门工作内容。同时,明确财政、土地资源、民政、水利、环保、气象、地震等部门的职责分工,加强各部门之间横向沟通,整合优化各类防灾减灾资源,促进各部门在灾害应急管理和指挥链下的有效配合。在重大项目的设置上注重建设、完善、提升支撑防灾减灾工作的综合性、突出性、战略性的能力建设,注重多部门、跨区域、全社会共参与,避免重复建设,并与有关行业、区域能力建设项目有机衔接;统筹安排原地重建与异地新建用地,合理安排各重建任务建设用地的规模、结构、布局和时序,适度扩大位于适宜重建区的城镇特别是接纳人口较多城镇的建设用地规模成综合能力。

（二）创新保障措施

在各级政府的领导下,要做好防灾救灾专项资金运用、项目规划、土地评估、环境影响评价等工作,确保实施各部门灾害管理的协同联动机制、救灾征用补偿机制,建立健全省、市、县、乡村(社)多级联动、协同配合、科学高效、覆盖全面的灾害信息共享机制。进一步完善防灾减灾绩效评估考核以及责任追究的制度,确保规划有效地实施。②

（三）加强防灾减灾宣传和教育

通过社区、网络、媒体等途径宣传普及防灾知识,培养大众防灾意识,逐步提高广大群众自救能力,减少灾害发生后民众的恐慌情绪,避免人为因素进一步对灾区环境造成伤害。因此,应加强对群众防灾教育及训练,确保群众能够掌握不同灾害的性质特征和不同的应急自救、互救方法。

---

① 方佳军、罗敬军:《进一步加强防灾减灾体系建设》,《新重庆》2006年第4期。

② 四川省人民政府办公厅:《四川省"十二五"防灾减灾规划》,川办函(2014)60号,2015年4月30日。

整合社会资源,开展科普和专业性培训,推进科普基地的建设,积极开展相关的应急演练,在灾难开始后的细节及具体环节上对公众进行知识普及,大力提升全民识灾、避灾、防灾、救助能力,让全民自觉主动地参与到防灾减灾行动中。

（四）推进政府政务公开

认真贯彻落实工作透明公开责任制及公众参与监督制度。让群众清楚政府针对各种可能潜在灾害采取了哪些措施,例如避难场地所在位置、饮用水及应急的各种食物怎样保障等。让群众理解政府政策,大力引导民众投入到防灾减灾工作实践当中,尽最大地努力让群众知道政府做出的保障性灾害防御措施,消除群众对灾害恐慌混乱的心理。

第九节　加强评估考核

目前不少地方政府为片面追求经济利益而忽视了生态效益,殊不知体现公众利益的环境保护是其职责所在。但在实际操作中,由于长期以 GDP 为最重要的政绩衡量指标,导致地方政府过分关注经济增长,对生态环境保护重视不够。灾区生态环境脆弱,在后重建时期更应注重生态环境的保护,要通过创新考核评估方式,促进灾区生态与产业的协调发展。

四川地震灾区要积极构建生态与产业协调发展的责任、评价、考核及监督等机制。在促进灾区生态和产业协调发展机制建设中,第一,应明晰界定灾区生态与产业协调发展的主要目标、建设内容、具体任务和行动,并将具体责任落实到政府相关部门和具体责任人,并由相关部门和具体责任人负责目标和任务的落实,构建生态与产业重建协调发展的责任机制。第二,建立能恰当衡量灾区生态与产业协调发展的评价方法和评价指标,收集整体评价数据和评价材料,获取对灾区生态与产业协调发展的综合评价,以完善的评价机制反映灾区生态与产业协调发展的积极成果。第三,将生态与产业协调发展相关内容纳入政府部门和干部的绩效考核。对涉及灾区生态与产业协调发展的主要地区、主要部门、相关负责人实行考核,并将考核成绩纳入地方政府、相关部门和干部的综合考核中。同时,将考评成绩纳入干部任免、提升、奖惩等管理体系。第四,建立生态和产业协调发展监督机制。通过多种方式和途径实现对灾区生态修复、环境保护、产业绿色转型工作的监督。灾区各级政府可设立专门的监管机构,人大和政协要发挥监督职责,广大群众具备良好的生态环境保护意识,积极行使生态保护权利,并对身边的生态环境破坏行为进行劝阻、举报和公益诉讼,形成全社会广泛参与的监督机制。

综上,在后重建时期,四川地震灾区为实现生态与产业协调发展,需要形成积极有序的长效机制(见图9-2),以此保障灾区产业生态化与生态产业化的融合推进,为灾区人与自然和谐发展、可持续发展和科学发展打下坚实基础。

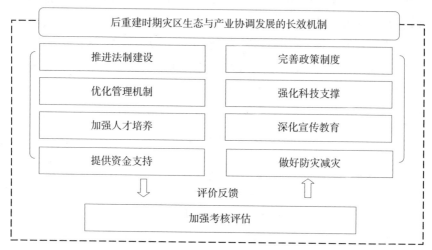

图 9-2   后重建时期灾区生态与产业协调发展的长效机制

主要参考文献

中文文献

《中华人民共和国防震减灾法》,法律出版社 2009 年版。

《中华人民共和国突发事件应对法》,中国法制出版社 2010 年版。

《自然灾害救助条例》,人民出版社 2010 年版。

《国务院关于印发汶川地震灾后恢复重建总体规划的通知》,国发(2008)31 号,2008 年 9 月 19 日。

《国务院关于印发芦山地震灾后恢复重建总体规划的通知》,国发(2013)26 号,2013 年 7 月 6 日。

《国家环境保护"十二五"规划》,环发(2013)22 号,2013 年 2 月 17 日。

《国家突发公共事件总体应急预案》,中国法制出版社 2006 年版。

《国家综合防灾减灾规划(2011—2015 年)》,国办发(2011)55 号,2011 年 11 月 26 日。

民政部、财政部、住房和城乡建设部:《关于做好汶川地震房屋倒损农户住房重建工作的指导意见》,2008 年 6 月 13 日。

《民政部关于加强救灾应急体系建设的指导意见》,民发(2009)148 号,2009 年 10 月 19 日。

曹爱红、齐安甜:《环境金融》,中国经济出版社 2012 年版。

陈升:《灾害影响与灾后恢复重建:以汶川地震为例》,中国文史出版社 2011 年版。

陈文科等:《农业灾害经济学原理》,山西经济出版社 2000 年版。

陈可石、阴劼:《汶川绿色新城汶川水磨镇灾后恢复重建城市设计与建筑设计》,北京大学出版社 2010 年版。

陈建中:《社会主义市场经济理论研究》,中国经济出版社 2013 年版。

陈秀山、张可云:《区域经济理论》,商务印书馆 2003 年版。

邓玲等:《我国生态文明发展战略及其区域实现研究》,人民出版社 2014 年版。

邓国胜等:《响应汶川中国救灾机制分析》,北京大学出版社 2009 年版。

[德]彼得·巴特姆斯:《数量生态经济学:如何实现经济的可持续发展》,齐建国等译,社会科学文献出版社 2010 年版。

范晓、艾南山:《成都平原与龙门山环境可持续发展与灾后重建》,中国林业出版社 2009 年版。

樊胜岳:《生态经济学原理与应用》,中国社会科学出版社 2010 年版。

冯俏彬:《应急财政:基于自然灾害的资金保障体系研究》,经济科学出版社 2012 年版。

冯雨峰等:《生态恢复与生态工程技术》,中国环境科学出版社 2008 年版。

傅泽平:《西部产业结构调整与产业升级研究》,四川人民出版社 2009 年版。

葛大兵、陈小松:《县域生态示范区建设规划研究》,中国环境科学出版社 2005 年版。

Hiroaki Suzuki 等:《生态经济城市》,刘兆荣等译,中国金融出版社 2011 年版。

胡宝清、严志强、廖赤眉等:《区域生态经济学理论、方法与实践》,中国环境科学出版社 2005 年版。

胡卫建等:《日本新潟县区域防灾规划:地震灾害对策篇》,中国地质大学出版社 2011 年版。

何爱平:《灾害经济学》,西北大学出版社 2000 年版。

何敦煌:《人口、生态、经济与可持续发展》,厦门大学出版社 2002 年版。

黄铭洪等:《环境污染与生态恢复》,科学出版社 2003 年版。

江世银等:《四川承接产业转移,推动产业结构优化升级》,经济管理出版社 2010 年版。

鞠颂东等:《知识经济与产业结构调整》,社会科学文献出版社 2000 年版。

李周等:《产业生态经济:理论与实践》,社会科学文献出版社 2011 年版。

李锦等:《西部生态经济建设》,民族出版社 2001 年版。

李广明:《区域产业生态网络的经济研究》,暨南大学出版社 2013 年版。

李小云、赵旭东《灾后社会评估:框架·方法》,社会科学文献出版社 2008 年版。

李洪远等:《生态恢复的原理与实践》,化学工业出版社 2005 年版。

李洪远等:《国外多途径生态恢复 40 案例解析》,化学工业出版社 2010 年版。

李国旺:《智本创新论先行产业与金融创新》,中国经济出版社 2013 年版。

李军、孙彦彬:《产业结构优化模型及其评价机制研究》,华南理工大学出版社 2009 年版。

李益敏:《灾害与防灾减灾》,气象出版社 2012 年版。

李英民、刘立平:《汶川地震建筑震害与思考》,重庆大学出版社 2008 年版。

刘雪松、王晓琼:《汶川地震的启示灾害伦理学》,科学出版社 2009 年版。

刘小铁:《产业竞争力因素分析》,江西人民出版社 2009 年版。

刘佛翔:《产业技术生态化:适合循环经济的产业技术创新》,辽宁大学出版社 2006 年版。

刘铁:《对口支援的运行机制及其法制化:基于汶川地震灾后恢复重建的实证分析》,法律出版社 2010 年版。

刘建国等:《教育重建中的制度建设》,四川人民出版社 2011 年版。

刘则荣等:《生态恢复与流域发展的实践与探索》,中国计划出版社 2010 年版。

吕景胜:《灾害管理》,地震出版社 1992 版。

陆汉文等:《非政府组织与灾后重建》,华中师范大学出版社 2011 年版。

卢福财:《产业经济学》,复旦大学出版社 2013 年版。

雷鹏:《产业集聚与工业园区发展研究》,东南大学出版 2009 年版。

龙珍旭、林川:《情系尔玛首届中国羌族非物质文化遗产与灾后重建研讨会文》,兰州大学出版社 2011 年版。

麻朝晖:《贫困地区经济与生态环境协调发展研究》,浙江大学出版社 2008 年版。

门生等:《地震灾后重建与统筹城乡战略相关问题研究:四川省彭州市灾后重建的实践与思考》,电子科技大学出版社 2010 年版。

宁维卫等:《震后心理教育的理论与实践》,四川人民出版社 2009 年版。

牛敏:《应对——灾后重建中的司法对策和实践》,人民法院出版社 2010 年版。

潘懋、李铁锋:《灾害地质学》,北京大学出版社 2012 年版。

彭秀丽:《区域循环经济探析:以民族地区为例》,经济科学出版社 2007 年版。

钱俊生、余谋昌:《生态哲学》,中共中央党校出版社 2004 年版。

任正晓:《生态循环经济论:中国西部区域经济发展模式与路径研究》,经济管理出版社 2009 年版。

任保平:《衰退工业区的产业重建与政策选择德国鲁尔区的案例》,中国经济出版社 2007 年版。

孙福全:《产业结构调整微观论》,中国经济出版社 2006 年版。

宋泓明:《中国产业结构高级化分析》,中国社会科学出版社 2004 年版。

尚杰:《农业生态经济学》,中国农业出版社 2011 年版。

唐利如:《产业集群的竞争优势理论与实证》,中国经济出版社 2010 年版。

唐志红:《区域经济发展与区域优势产业四川优势产业的选择和扶持》,四川大学出版社 2013 年版。

天津对口支援略阳工作组:《灾后恢复重建项目的建设管理研究》,天津大学出版社 2010 年版。

汪晓梅:《基于生态经济理论的我国生态旅游业发展问题研究》,旅游教育出版社 2011 年版。

王彬彬:《地震灾区产业恢复与重建研究》,经济科学出版社 2010 年版。

王石泉:《中国老年社会保障制度与服务体系的重建》,上海社会科学院出版社 2008 年版。

王士革等:《山地灾害及防灾减灾基础知识》,四川大学出版社 2005 年版。

吴人坚:《中国区域发展生态学》,东南大学出版社 2012 年版。

魏彦杰:《基于生态经济价值的可持续经济发展》,经济科学出版社 2008 年版。

西南财经大学科研处:《西南财经大学汶川地震灾后重建应急研究报告》,西南财经大学出版社 2009 年版。

肖旭:《汶川大地震心理与文化重建的实践与思考》,四川大学出版社 2012 年版。

辛文主:《四川经济结构调整与发展方式转变》,西南财经大学出版社 2008 年版。

向玉乔：《经济·生态·道德：中国经济生态化道路的伦理分析》，湖南大学出版社2007年版。

谢世廉：《四川区域旅游产业发展研究》，四川科学技术出版社2009年版。

许涤新：《生态经济学探索》，上海人民出版社1985年版。

徐玖平等：《地震救援 恢复 重建系统工程》，科学出版社2011年版。

徐维祥：《产业集群与城镇化互动发展机制及运作模式研究》，经济科学出版社2009年版。

叶峻：《社会生态经济协同发展论可持续发展的战略创新》，安徽大学出版社1999年版。

杨文进：《和谐生态经济发展》，中国财政经济出版社2011年版。

杨筠：《生态建设与区域经济发展研究》，西南财经大学出版社2007年版。

杨柳：《产业空间集聚与区域经济发展》，四川人民出版社2009年版。

杨娜曼：《农民合作经济组织的制度经济学研究》，经济管理出版社2012年版。

袁易明：《资源约束与产业结构演进》，中国经济出版社2007年版。

慈福义：《循环经济与区域发展的理论与实证》，经济科学出版社2008年版。

赵桂慎：《生态经济学》，化学工业出版社2009年版。

赵昌文：《应急管理与灾后重建》，科学出版社2011年版。

赵嘉辉：《产业政策的理论分析和效应评价》，中国经济出版社2013年版。

张强，余晓敏等：《NGO参与汶川地震灾后重建研究》，北京大学出版社2009年版。

张曦：《持颠扶危：羌族文化灾后重建省思》，中央民族大学出版社2009年版。

张辉：《中国经济增长的产业结构效应和驱动机制》，北京大学出版社2013年版。

张立波：《文化产业项目策划与管理》，北京大学出版社2013年版。

张乃平，夏东海：《自然灾害应急管理》，中国经济出版社2009年版。

朱明春：《产业结构·机制·政策》，中国人民大学出版社1990年版。

周纪纶、王如松、郑师章：《城市生态经济研究方法及实例》，复旦大学出版社1990年版。

中国土木工程学会：《村镇建设与灾后重建技术》，中国建筑工业出版社2008年版。

中国城市规划协会：《全国优秀城市规划获奖作品集2009—2010灾后重建规划》，中国城市出版社2011年版。

包庆德：《生态哲学操作：西部资源环境与经济生态三题》，《自然辩证法研究》，2002年第2期。

崔飚、高胜、万萍：《四川生态建设中存在的问题》，《生态经济》2002年第10期。

程国栋、张志强、李锐：《西部地区生态环境建设的若干问题与政策建议》，《地理科学》2000年6期。

程序：《我国西北大开发中生态建设及农业支柱产业的选建生态》，《农业研究》2000年3期。

曹银贵等：《生态建设型村庄整治规划研究》，《资源与产业》2011年第1期。

陈德富等:《汶川地震灾后重建中发展产业承载能力的机制与途径研究——以德阳市磷化工产业为例》,《电子科技大学学报(社科版)》2010年第5期。

陈蓓蓓、李华燊、吴瑶:《汶川地震灾后重建理论述评》,《城市发展研究》2011年第3期。

陈升、刘泽:《县级政府灾后重建能力与绩效的纵向变化研究——以汶川地震为例》,《公共管理学报》2014年第3期。

陈绍志、白秀萍:《日本林业防灾减灾政策支持体系及借鉴》,《世界林业研究》2014年第5期。

陈维政、刘苹:《震区灾后重建中的人力资源利用与开发的对策》,《决策咨询通讯》2008年第S1期。

陈升、罗桂连:《汶川地震灾区受灾群众重建意愿实证研究》,《中国人口·资源与环境》2010年第1期。

陈桃、董素琴:《广元打造低碳城市SWOT分析及其策略》,《特区经济》2012年第11期。

陈瑜、罗栋,尹铭莉:《日本图书馆灾后援助体系研究及对我国的启示》,《图书馆论坛》2013年第4期。

陈宇琳、袁琳,甘霖:《新奥尔良整合规划:市域重建战略规划》,《国际城市规划》2008年第8期。

陈军伟、张绍乐:《清洁生产理念、技术及管理模式研究》,《企业技术开发(下半月期。)》2010年第10期。

程铿:《为灾后重建提供优质金融服务》,《中国农村金融》2010年第6期。

丁一:《民间组织在灾后捐资造林中的作用调查——以四川安县灾区森林植被恢复项目为例》,《农村经济》2010年第10期。

杜义飞等:《地震灾后产业重建中的"破窗"机制研究——基于德阳市磷化工产业灾后重建实践考察与探讨》,《管理评论》2008年第12期。

杜静:《产业发展论探析》,《山西财经大学学报》2009年第11期。

邓良基、陈文宽、蒋远胜等:《基于农业产业发展的地震灾后美好家园重建路径研究土壤资源持续利用和生态环境安全》,中国土壤学会第十一届二次理事扩大会议暨学术会议,2009年11月1日。

邓东周、鄢武先等:《四川地震灾后重建生态修复I:实施情况及国内外经验》,《四川林业科技》2011年第5期。

东北财经大学经济与社会发展研究院课题组,宋旭光等:《汶川地震灾害对中国经济影响的分析与评价》,《经济研究参考》2008年第39期。

樊佩佩、曾盛红:《动员视域下的"内生性权责困境"——以"5·12"汶川地震中的基层救灾治理为例》,《社会学研究》2014年第1期。

樊杰:《芦山重建走的是可持续发展之路》,《人民日报》2015年4月30日。

费志荣、刘伟、严进:《地震灾后产业恢复重建思路与建议》,《宏观经济管理》2008

年第 8 期。

方美燕、吴海民:《汶川震灾后龙门山经济圈的产业链重塑》,《经济管理》2008 年第 17 期。

赴日灾后生态恢复重建考察学习代表团:《日本灾后生态恢复重建经验值得借鉴》,《国土绿化》2012 年第 5 期。

高明:《四川灾后重建乡村生态环保模式探析》,《建材技术与应用》2009 年第 11 期。

葛成:《论日本灾后重建中的硬实力与外部效应》,《学术研究》2012 年第 4 期。

郭军赞:《城市防灾减灾体系建设初探》,《城市》2009 年第 10 期。

郭楚:《四川灾后重建与广东加工贸易转移》,《特区经济》2008 年第 6 期。

何源:《低碳生态视角下的灾后统筹重建模式——以汶川地震为例》,《灾害学》2013 年第 3 期。

侯向军、刘细发:《生态建设与发展方式的转变》,《经济问题》2013 年第 8 期。

黄文:《灾后重建与民族地区旅游经济发展实践解析》,《西部经济管理论坛》2011 年第 2 期。

黄敏等:《工业企业地震灾害停减产损失评估方法研究——以芦山 7.0 级地震为例》,《灾害学》2015 年第 1 期。

黄承伟:《灾害管理与长期。扶贫战略整合的对策与路径——基于汶川地震灾后贫困村重建的分析》,《开发研究》2014 年第 1 期。

黄振香:《构建民间金融之市场准入与退出制度的思考》,《中南大学学报(社会科学)》2014 年第 2 期。

胡正明、郑予捷、沈鹏熠:《基于可持续发展的地震灾区生态重建路径与机制研究》,《农村经济》2009 年第 5 期。

胡美平:《精析特色经济战术推进四川灾后经济重建》,《经营管理者》2008 年第 15 期。

华金秋:《美国的自然灾害重建经验及借鉴》,《中国审计》2010 年第 10 期。

金希、孙洁:《福岛的福祉——日本灾后一周年》,《海洋世界》2012 年第 3 期。

江瑞平:《东日本大地震对日本经济的深广影响》,《日本学刊》2011 年第 4 期。

纪尽善:《灾后产业重建融资、引资与吸引民间资金的环境条件研究》,《西南金融》2010 年第 6 期。

靳亦冰、王军:《地震灾后绿色乡村营建策略研究——以陕南汉中骆家嘴村灾后重建为例》,《生态经济》2012 年第 3 期。

敬采云、谢芳:《基于系统论思想的地震灾区农村恢复重建和能力再造》,《系统科学学报》2010 年第 1 期。

蓝定香:《从国外地震灾后重建特点看我国"5·12"灾后重建经验》,《成都大学学报》2011 年第 4 期。

兰竹虹:《汶川地震后区域恢复中城乡生态建设对策思考》,《农村经济》2008 年第

9 期。

　　刘汉桂:《建设生态型城市实现可持续发展》,《水土保持研究》2001 年第 4 期。

　　刘新颖:《加强环境审计　促进生态建设》,《生态经济》2007 年第 7 期。

　　刘世明、严澍、李蔚:《四川灾后民族地区旅游产业集群机制与模式研究》,《西南民族大学学报(人文社科版)》2010 年第 5 期。

　　刘兆凯:《灾后重建地区农业产业化发展路径与模式——以成都市返乡农民工创业园规划为例》,《中国农业资源与区划》2013 年第 4 期。

　　刘春红等:《四川省汶川地震重灾区人居环境适宜性评价》,《四川大学学报(工程科学版)》2009 年第 S1 期。

　　刘晓婧:《汶川羌文化产业链发展的若干思考》,《全国商情(经济理论研究)》2014 年第 16 期。

　　刘玉华、王占生:《机制重建是灾后学校制度重建的关键》,《教育科学论坛》2008 年第 12 期。

　　李柏槐:《论旅游统筹全域景区的建设和发展——以汶川县地震灾后重建发展文化旅游为例》,《中华文化论坛》2011 年第 4 期。

　　李文东:《四川灾后重建中的产业优化重建》,《理论与改革》2009 年第 5 期。

　　李晓菊:《四川省承接东部产业转移存在的主要问题及对策》,《现代经济信息》2009 年第 5 期。

　　李中锋:《汶川大地震灾后重建过程中的城乡统筹问题研究》,《中国农业大学学报(社会科学版期。)》2009 年第 1 期。

　　李晓峰、徐玖平:《四川地震灾后民营企业重建融资问题研究》,《经济体制改革》2009 年第 3 期。

　　李华燊、陈蓓蓓、侯伟伟:《汶川重建的"文化堕距"现象分析——基于社会影响评估的视角》,《城市发展研究》2011 年第 6 期。

　　李佳洺、孙威、张文忠:《灾后重建中工业产业选择与布局——以芦山地震灾后重建为例》,《中国科学院大学学报》2015 年第 2 期。

　　李怡、高岚、张娟:《林业震灾害损失失评价指标体系研究》,《农村经济》2009 年第 9 期。

　　李晓燕:《汶川地震灾区农业生态环境重建研究》,《农村经济》2009 年第 3 期。

　　李志远、广冬梅、李继东:《汶川地震乡镇卫生院灾后重建效果评价》,《时代金融》2015 年第 3 期。

　　李松林:《我国台湾及美国和日本灾后学校重建的启示》,《中国教育学刊》2008 年第 11 期。

　　李庆:《浅析日本灾后重建与工会的对策》,《工会理论研究》2012 年第 2 期。

　　林家彬:《阪神大地震的灾后重建工作及其启示》,《城市发展研究》2008 年第 04 期。

　　罗钰:《在灾后重建中重塑房地产企业文化》,《城市发展研究》2009 年第 5 期。

吕学静：《汶川地震与中国社会保障制度的重建》，《社会保障研究》2010 年第 2 期。

马磊、钟强：《灾后重建融资模式的分析与探讨》，《科学咨询（科技·管理）》2014 年第 3 期。

聂华林、拜奇瑞：《可持续发展研究的新视角》，《甘肃科技纵横》2002 年第 3 期。

潘兆宇、王玉峰：《芦山地震灾后重建的资金支持研究——以四川省宝兴县为例》，《农村经济》2014 年第 8 期。

覃志敏、陆汉文：《后重建时期汶川地震灾区贫困村农户生计状况研究》，《农村经济》2014 年第 3 期。

任晓菲：《利用日本灾后重建契机深化黑龙江省对日经贸合作研究》，《商业经济》2012 年第 6 期。

苏明、王敏：《我国应急管理财政支出政策研究》，《中国应急管理》2015 年第 2 期。

史培军等：《论生物资源开发与生态建设的"双健康模型"》，《资源科学》2004 年第 3 期。

史培军：《四论灾害系统研究的理论与实践》，《自然灾害学报》2005 年第 6 期。

史培军：《制定国家综合减灾战略提高巨灾风险防范能力》，《自然灾害学报》2008 年第 1 期。

邵光学：《论生态文明建设的四个纬度》，《技术经济与管理研究》2014 年第 12 期。

邵文霞：《四川灾后劳动力流动与区域产业结构调整研究》，《中国科技信息》2011 年第 9 期。

孙继琼、徐鹏，四川承接产业转移过程中面临的机遇与挑战》，《现代经济信息》2010 年第 19 期。

舒建平、张林玲、何芝：《"5·12"汶川地震灾后绵竹旅游业恢复重建对策研究》，《经济体制改革》2010 年第 4 期。

四川省农业厅：《国家级重点农业产业化龙头企业与雅安地震灾区项目对接签约成果丰硕》，《四川农业科技》2013 年第 12 期。

四川省社科院、四川日报社联合调研组，李明泉等：《创新机制破难题科学重建探新路》，《四川日报》2015 年 4 月 17 日。

陶卫春、王克林、陈洪松：《生态建设政策评估研究进展》，《中国生态农业学报》2007 年第 4 期。

唐彦东、于汐、刘春平：《汶川地震对阿坝州经济增长影响理论与实证研究》，《自然灾害学报》2014 年第 5 期。

谭聪、谭大璐、申立银：《基于可持续发展理念的灾后重建思考》，《科技进步与对策》2009 年第 21 期。

汤朝晖、牟彦茗、杨晓川：《日本灾后建筑应急危险度判定系统初探》，《城市建筑》2009 年第 3 期。

王颖颖、陈程：《基于产业经济的灾后经济重建探究——以雅安地区为例》，《时代金融》2015 年第 11 期。

王东明:《努力走出一条中央统筹指导、地方作为主体、灾区群众广泛参与的恢复重建新路子》,《四川党的建设(城市版)》2015 年第 5 期。

王俊霞、王晓峰:《基于生态城市的城市化与生态文明建设协调发展评价研究——以西安市为例》,《资源开发与市场》2011 年第 8 期。

王更生、李仕明、沈焱:《汶川地震灾后重建工业布局与结构的研究——基于四川省德阳市磷化工产业的考察》,《经济体制改革》2011 年第 3 期。

王鹏:《四川省工业产业比较优势与灾后重建的产业调整》,《统计与决策》2008 年第 21 期。

王慧彦等:《工业企业地震直接经济损失评估研究综述》,《生态经济(学术版)》2012 年第 2 期。

王希等:《灾后重建区农村居民点整治模式确定》,《农业工程学报》2013 年第 14 期。

王大悟、司马志:《北川旅游业灾后重建的产品开发体系研究》,《旅游论坛》2009 年第 1 期。

王天白:《地震对日本经济的影响及灾后重建》,《学周刊》2013 年第 5 期。

王来柱:《科学重建:四川解决灾区民生问题的几点启示》,《四川行政学院学报》2010 年第 3 期。

吴吉东、李宁:《浅析灾害间接经济损失评估的重要性》,《自然灾害学报》2012 年第 3 期。

吴曦:《攻坚克难机制为先——芦山县重建办谈灾后重建创新七大机制》,《中国西部》2015 年第 13 期。

吴崇伯:《印尼农业发展成就、政府扶持农业的主要政策措施及存在的问题》,《南洋问题研究》2009 年第 1 期。

吴妮:《日本灾后重建的启示》,《特种结构》2008 年第 5 期。

万将军、沈茂英、钟颢:《芦山地震灾区乡村重建聚落的生态治理特殊性研究》,《农村经济》2014 年第 9 期。

魏良益:《雅安芦山"4·20"地震灾后实施生态发展型产业重建的建议》,《四川省社会主义学院学报》2013 年第 2 期。

郗皎如等:《东日本大震灾灾后重建规划进展缓慢原因分析》,《结构工程师》2015 年第 2 期。

徐玖平、杨春燕:《四川汶川特大地震灾后重建的产业集群调整分析》,《中国人口·资源与环境》2008 年第 6 期。

徐玖平等:《地震灾后重建系统工程的综合集成模式》,《系统工程理论与实践》2008 年第 7 期。

徐玖平、何源:《四川地震灾后生态低碳均衡的统筹重建模式》,《中国人口·资源与环境》2010 年第 7 期。

徐静波:《日本灾后重建探访》,《亚洲通讯社》2014 年第 3 期。

谢元鲁:《汶川大地震后四川旅游业的重建对策》,《西华大学学报(哲学社会科学版)》2008 年第 4 期。

相伟:《建立规划协调机制加强规划间的协调》,《宏观经济管理》2010 年第 8 期。

姚晓彬:《日本灾后经济重建的科技政策研究》,《国际经济》2013 年第 8 期。

严澍:《循环经济视角下的四川地震灾区乡村旅游发展研究》,《农村经济》2011 年第 1 期。

严宝玉:《微观视角下的灾后重建金融支持——以雅安市农房重建贷款为例》,《北京金融评论》2015 年第 1 期。

杨振之、叶红:《汶川地震灾后四川旅游业恢复重建规划的基本思想》,城市发展研究 2008 年第 6 期。

杨萍:《四川灾后重建资金来源最大化与有效利用的思路与对策》,《中共四川省委省级机关党校学报》2008 年第 3 期。

杨月巧等:《地震灾后恢复重建的后评价框架体系研究》,《灾害学》2014 年第 1 期。

杨月巧、迟宝明、吕丹:《地震灾后重建 GNIP 资金支出结构优化分析》,《自然灾害学报》2014 年第 1 期。

杨发祥、徐选国:《农村社区灾后生计发展项目的社会工作介入——一个整合性脱贫行动的分析框架》,《西北师大学报(社会科学版)》2014 年第 1 期。

杨卫国:《区域环境承载力评价在区域环境影响评价中的应用》,《中国环保产业》2009 年第 10 期。

杨建新、王如松、刘晶茹:《产业生态学理论框架与主要方法探析》,全国首届产业生态学与循环经济学术研讨会,2003 年。

于林:《加快西部地区生态环境建设的对策研究》,《生态经济(学术版)》2008 年第 2 期。

尉建文、谢镇荣:《灾后重建中的政府满意度——基于汶川地震的经验发现》,《社会学研究》2015 年第 1 期。

易文华:《生态建设与经济发展的耦合分析——以河西地区为例》,《财经理论研究》2013 年第 1 期。

袁鑫:《灾后重建中村组干部行动选择分析——以四川芦山震区为例》,《新西部(理论版)》2015 年第 7 期。

张立峰:《论华北农牧交错带生态与经济建设的策略与途径应用》,《生态学报》2003 年第 11 期。

张伟等:《我国生态城市建设的时空演化格局及其驱动机理分析》,《城市发展研究》2012 年第 5 期。

张厚美:《广元低碳城市发展调查》,《环境经济》2011 年第 9 期。

张霞、柴剑峰、姚驿虹:《灾后重建期。灾区产业人才队伍建设》,《经营管理者》2011 年第 17 期。

张波波、顾新:《基于产业转移的灾后重建》,《四川省情》2008 年第 9 期。

张鸿等:《强化科技支撑推进地震灾后新农村恢复和重建》,《农业科技管理》2009年6期。

张衔、吴海贤、李少武:《汶川地震后四川产业重建与可持续发展的若干问题》,《财经科学》2009年第8期。

张文彬、李国平、彭思奇:《汶川震后重建政策与经济增长的实证研究》,《软科学》2015年第1期。

张涛等:《中日地震恢复重建对比研究》,《自然灾害学报》2014年第4期。

赵丹辉:《地震灾害对经济社会发展的影响探析》,《现代经济信息》2012年第2期。

赵雲泰、田志强、贾克敬:《地震灾后恢复重建土地利用规划应急机制研究》,《国土资源情报》2015年第3期。

赵周贤、徐志栋:《芦山灾后重建:增创中国特色社会主义新优势的重要探索》,《四川党的建设(城市版)》2015年第5期。

赵祥润、卿太明:《汶川地震对我省水土保持生态环境建设的影响》,《四川水利》2008年第5期。

赵周贤、徐志栋:《芦山灾后重建:增创中国特色社会主义新优势的重要探索》,《光明日报》,2015年4月21日。

周游、赖胜强:《以生态旅游观重建四川地震灾区旅游产业》,《生态经济》2008年第12期。

周建高、郑蔚:《东日本大震灾后灾民居住重建的金融援助制度》,《东北亚学刊》2015年第1期。

周大鸣、詹虚致:《"灾变"后的都市化——"5·12"地震灾后重建研究之一》,《民族学刊》2015年第2期。

周建高:《日本的灾民居住重建无偿救助制度研究》,《武汉大学学报(哲学社会科学)》2015年第2期。

钟华:《灾后重建将带动产业升级》,《中国经贸》2008年第8期。

中国政法大学"汶川特大地震灾后和谐重建法律政策建议"课题研究组,石亚军等:《灾后重建之法律问题研究——以"5·12汶川地震"灾后重建为观察视角》,《中国政法大学学报》2009年第4期。

灾后重建思路与政策课题组,张玉台,刘世锦,林家彬:《阪神大地震的灾后重建工作及其启示》,《决策咨询通讯》2008年第S1期。

曾庆芬、蒋昌华:《灾后四川民族地区农牧业重建的制约与应对》,《农村经济》2008年第12期。

庄天慧、陈秀兰、傅新红:《贫困村灾后重建资金投向的影响因素分析——以四川为例》,《农村经济》2011年第2期。

外文文献

Abbie B. Liel, Ross B. Corotis, Guido Camata, Jeannette Sutton, Rose Holtzman, Enrico

Spacone, "Perceptions of Decision-Making Roles and Priorities That Affect Rebuilding after Disaster: The Example of L'Aquila, Italy", *Earthquake Spectra*, 2013, 29(3).

Ali Bagheri, Moosa Darijani, Ali Asgary, Saeed Morid, "Crisis in Urban Water Systems during the Reconstruction Period: A System Dynamics Analysis of Alternative Policies after the 2003 Earthquake in Bam-Iran", *Water Resources Management*, 2010, 24(11).

Ali Asjad Naqvi, Miriam Rehm, "A Multi-Agent Model of A Low Income Economy: Simulating the Distributional Effects of Natural Disasters", *Journal of Economic Interaction and Coordination*, 2014(9).

Alan D.Ziegler, Robert J.Wasson, Alok Bhardwaj, Y.P.Sundriyal, S.P.Sati, Navin Juyal, Vinod Nautiyal, Pradeep Srivastava, Jamie Gillen, Udisha Saklani, "Pilgrims, Progress, and the Political Economy of Disaster Preparedness-the Example of the 2013 Uttarakhand Flood and Kedarnath Disaster", *Hydrol.Process*, 2014(28).

Bland Tomkinson, "Post-disaster Reconstruction of the Built Environment: Rebuilding for Resilience", *Construction management & economics*, 2013, 31(1/3).

Brent W.Ritchie, "Chaos, Crises and Disasters: A Strategic Approach to Crisis Management in the Tourism Industry", *Tourism Management*, 2003(25).

Chang, Y., Wilkinson S., Potangaroa R., Seville E, "Resourcing for Post-Disaster Reconstruction: A Comparative Study of Indonesia and China", *Disaster prevention and management*, 2012, 21(1).

Camillo Boano, Marisol Garcia, "Lost in Translation? The Challenges of An Equitable Post-Disaster Reconstruction Process: Lessons from Chile", *Environmental hazards: Human and policy dimensions*, 2011, 10(4).

Cao Wei, Xiao Hao, "Establishment and Application of Comprehensive Evaluation System for the Ability of Post-Disaster Recovery and Reconstruction", *International Conference on Information Systems for Crisis Response and Management*, 2012.

Charles Kenny, "Disaster Risk Reduction in Developing Countries: Costs, Benefits and Institutions", *Disasters*, 2012(36).

Edward E.Douglas, Randy R.Rapp, "Project Controls for Disaster Restoration and Reconstruction", *Cost engineering*, 2011, 53(1).

Edward E.Douglas, Randy R.Rapp, "Project Controls for Disaster Restoration and Reconstruction", *AACE International Transactions*, 2010(CD/ROM).

Guarnacci, U, "Governance for Sustainable Reconstruction after Disasters: Lessons from Nias, Indonesia", *Environmental Development*, 2012(2).

Gavin Smith, "Planning for Post-Disaster Recovery: A Review of the United States Disaster Assistance Framework", *Paperback Press*, 2012(08).

Hill M., Gaillard J.C., "Integrating Disaster Risk Reduction into Post-Disaster Reconstruction: A Long-Term Perspective of the 1931 Earthquake in Napier, New Zealand", *New

Zealand Geographer, 2013, 69(2).

Honglei Yi, Jay Yang, "Research Trends of Post Disaster Reconstruction: The Past and the Future", *Habitat International*, 2014(42).

H. Kachali, Z. Whitman, J. R. Stevenson, J. Vargo, E. Seville, T. Wilson, "Industry Sector Recovery Following the Canterbury Earthquakes", *International Journal of Disaster Risk Reduction*, 2014(12).

Iftekhar Ahmed, "An Overview of Post-Disaster Permanent Housing Reconstruction in Developing Countries", *International Journal of Disaster Resilience in the Built Environment*, 2011, 2(2).

James Olabode Bamidele Rotimi, Suzanne Wilkinson, "Improving Environmental Management Legislation to Facilitate Post-Disaster Reconstruction", *International Journal of Disaster Resilience in the Built Environment*, 2014, 5(1).

John R. Labadie, "Auditing of Post-Disaster Recovery and Reconstruction Activities", *Disaster Prevention and Management*, 2008, 17(5).

Kulwinder Banipal, "Strategic Approach to Disaster Management: Lessons Learned from Hurricane Katrina", *Disaster Prevention and Management*, 2006, 15(3).

Kristen Ardani, "Fast-Disaster Reconstruction: Lessons from Aceh", *Journal of Industrial Ecology*, 2012, 16(3).

Kan Kumagai, "Reconstruction Support after the Great East Japan Earthquake", *Meiden Review: International Edition*, 2014, (TN.160).

KAMON NITAGAI, "Disaster-time Economy and an Economy of Morals: A Different Economic Order from the Market Economy under Globalization", *International Journal of Japanese Sociology*, 2012(21).

Krislert Samphantharak, "Natural Disasters and the Economy: Some Recent Experiences from Southeast Asia", *Asia Pac Econ Lit*, 2014(28).

Liu Hongyong, Chen Pingping, "Study on the Strategy Research of the Urban Low-carbon Development in the Post-disaster Reconstruction—Case Study of GuangYuan", *International Conference on Management and Service Science*, 2011-01-01.

Liu Zhujun, Xu Jiuping, Han Bernard T, "Small-and Medium-Sized Enterprise Post-Disaster Reconstruction Management Patterns and Application", *Natural Hazards*, 2013, 68(2).

Lilianne Fan, "Shelter Strategies, Humanitarian Praxis and Critical Urban Theory in Post-Crisis Reconstruction", *Disasters*, 2012(36)

Low Sui Pheng, Benny Raphael, Wong Kwan Kit, "Tsunamis: Some Pre-Emptive Disaster Planning and Management Issues for Consideration by the Construction Industry", *Structural Survey*, 2006(24).

Mingming Xiang, Xiaoning Li, Juanlin Fu, "Research on the Evaluation Elements of Post-disaster Reconstruction", *International Conference on Civil Engineering, Architecture and*

Building Materials(CEABM 2012),2012-01-01.

Mark C. Tatum, Frank Terrell, "Hurricane reconstruction in the United States Gulf Coast", *International Journal of Disaster Resilience in the Built Environment*,2012,3(3).

Min Zhao,Jian Yang,Xiu Li, "Study of Ecological Restoration and Reconstruction in Sichuan Earthquake Disaster Area-Taking Mianyang city as an Example", *International Conference on Civil,Architectural and Hydraulic Engineering*,2012-01-01.

MICHAL LYONS, "Building Back Better: The Large-Scale Impact of Small-Scale Approaches to Reconstruction", *World Development*,2009,37(2).

M Zare,S Ghaychi Afrouz, "Crisis Management of Tohoku: Japan Earthquake and Tsunami,11 March 2011", *Iranian journal of public health*,2012,41(6).

Mischa Hill,JC Gaillard, "Integrating Disaster Risk Reduction into Post-Disaster Reconstruction: A Long-Term Perspective of the 1931 Earthquake in Napier, New Zealand", *N Z Geog*,2013(69).

Mojtaba Rafieian, Ali Asgary, "Impacts of Temporary Housing on Housing Reconstruction after the Bam Earthquake", *Disaster Prevention and Management*,2013(22).

Mulwanda M P, "Squatters' Nightmare: The Political Economy of Disasters and Disaster Response in Zambia", *Disasters*,1989(13).

Nie-Jia Yau,Ming-Kuan Tsai,Eryani Nurma Yulita, "Improving Efficiency for Post-Disaster Transitional Housing in Indonesia An Exploratory Case Study", *Disaster prevention and management*,2013,23(2).

Paul K. Freeman, "Allocation of Post-Disaster Reconstruction Financing to Housing", *Building Research & Information*,2004,32(5).

Peng Yi, Shen Liyin, Tan Cong, Tan Dalu, Wang Hao, "Critical Determinant Factors (CDFs) for Developing Concentrated Rural Settlement in Post-Disaster Reconstruction: A China Study", *Natural Hazards*,2013,66(2).

Peng Yi,Shen Qiping,Shen Liyin,Lu Chen,Yuan Zhao, "A Generic Decision Model for Developing Concentrated Rural Settlement in Post-Disaster Reconstruction: A China Study", *Natural Hazards*,2014,71(1).

Peter Matanle, "The Great East Japan Earthquake,Tsunami,and Nuclear Meltdown: Towards the Reconstruction of A Safe,Sustainable,and Compassionate Society in Japan's Shrinking Regions", *Local environment*,2011,16(9).

Pingping Luo,Kaoru Takara,Apip,Bin He,Daniel Nover, "Reconstruction Assessment of Historical Land Use: A Case Study in the Kamo River basin,Kyoto,Japan", *Computers & Geosciences*,2014,(63).

Palliyaguru R.,Amaratunga D.,Haigh R., "Developing An Approach to Assess the Influence of Integrating Disaster Risk Reduction Practices into Infrastructure Reconstruction on Socio-Economic Development", *Disaster Prevention and Management*,2013,22(2).

Rajendram Thanurjan, L.D.Indunil P.Seneviratne, "The Role of Knowledge Management in Post-Disaster Housing Reconstruction", *Disaster Prevention and Management*, 2009, 18(1).

Rajib Shaw, "Indian Ocean Tsunami and Aftermath Need for Environment-Disaster Synergy in the Reconstruction Process", *Disaster Prevention and Management*, 2006, 15(1).

RANDY R.RAPP, JING PAN, "Disaster Restoration Professional Body of Knowledge", *International Journal of Construction Education and Research*, 2010, 6(3).

Riad A.Ajami, "Asian Economies: Natural Disaster Challenges and Supply Chain Opportunities", *Journal of Asia-Pacific Business*, 2011(12).

Stephane Hallegatte, "Modeling the Role of Inventories and Heterogeneity in the Assessment of the Economic Costs of Natural Disasters", *Risk Analysis*, 2014, 34(1).

Sandeeka Mannakkara, Suzanne Wilkinson, Regan Potangaroa, "Build Back Better: Implementation in Victorian Bushfire Reconstruction", *Disasters*, 2014(38).

Sanjay K. Srivastava, "Managing Indigenous and Scientific Knowledge for Resilience Building: Case Studies from Disaster-Prone Regions of India", *Journal of Advances in Management Research*, 2012(9).

Saud Ali Alshehri, Yacine Rezgui, Haijiang Li, "Public Perception of the Risk of Disasters in a Developing Economy: The Case of Saudi Arabia", *Natural Hazards*, 2013(65).

Theo Schilderman, "Adapting Traditional Shelter for Disaster Mitigation and Reconstruction: Experiences with Community-Based Approaches", *Building Research & Information*, 2004, 32(5).

Taufika Ophiyandri, Dilanthi Amaratunga, Chaminda Pathirage, Kaushal Keraminiyage, "Critical Success Factors for Community-Based Post-Disaster Housing Reconstruction Projects in the Pre-Construction Stage in Indonesia", *International Journal of Disaster Resilience in the Built Environment*, 2013, 4(2)

Tan Cong, Tan Dalu, Shen Liyin, "Analyzing the Current Situation of Rural Building Reconstruction in Post Disaster in Sichuan", *CRIOCM International Symposium on Advancement of Construction Management and Real Estate*, 2009.

Toshihiko Hayashi, "Japan's Post-Disaster Economic Reconstruction: From Kobe to Tohoku", *Asian Economic Journal*, 2012(26).

Wang X.L., Chan C.L.W., Shi Z.B., Wang B., "Mental Health Risks in the Local Workforce Engaged in Disaster Relief and Reconstruction", *Qualitative Health Research*, 2013, 23(2).

Winchester P, "Cyclone Mitigation, Resource Allocation and Post-Disaster Reconstruction in South India: Lessons from Two Decades of Research", *Disasters: The International Journal of Disaster Studies and Practice*, 2000, 24(1).

Xiao J., Xie H., Zhang, C, "Investigation on Building Waste and Reclaim in Wenchuan Earthquake Disaster Area", *Resources, Conservation and Recycling*, 2012(61).

Xu J., Lu Y., "A Comparative Study on the National Counterpart Aid Model for Post-Disaster Recovery and Reconstruction: 2008 Wenchuan Earthquake as A Case", *Disaster Prevention and Management*, 2013, 22(1).

Xu Jiuping, Lu Yi, "Meta-synthesis Pattern of Post-Disaster Recovery and Reconstruction: Based on Actual Investigation on 2008 Wenchuan Earthquake", *Natural Hazards*, 2012, 60(2).

Yan Chang, Suzanne Wilkinson, Regan Potangaroa, Erica Seville, "Managing Resources in Disaster Recovery Projects", *Engineering Construction & Architectural Management*, 2012, 19(5).

Yan Chang, Suzanne Wilkinson, Erica Seville, Regan Potangaroa, "Changes in Resource Need for Post-Disaster Reconstruction: A Longitudinal Study in China", *Building Research & Information*, 2012, 40(3).

Yan Chang, Suzanne Wilkinson, Regan Potangaroa, Erica Seville, "Resourcing Challenges for Post-Disaster Housing Reconstruction: A Comparative Analysis", *Building Research & Information*, 2010, 38(3).

Yan Chang, Suzanne Wilkinson, Regan Potangaroa, Erica Seville, "Identifying Factors Affecting Resource Availability for Post-Disaster Reconstruction: A Case Study in China", *Construction Management & Economics*, 2011, 29(1/3).

Yan Chang, Suzanne Wilkinson, Regan Potangaroa, Erica Seville, "Managing Resources in Disaster Recovery Projects", *Engineering Construction & Architectural Management*, 2012, 19(5).

Yan Chang, Suzanne Wilkinson, Regan Potangaroa, Erica Seville, "Identifying Factors Affecting Resource Availability for Post-Disaster Reconstruction: A Case Study in China", *Construction Management and Economics*, 2011(29).

Yi Lu, Jiuping Xu, "NGO Collaboration in Community Post-Disaster Reconstruction: Field Research Following the 2008 Wenchuan Earthquake in China", *Disasters*, 2015(39).

Zhu Xiao-ning, Yu Jing-xi, "The Research of Multisource Response Mechanism in Post-Disaster Reconstruction Based on Spatial Information Grid", *International Conference on Management Science and Engineering 19th*, 2012(19).

后　记

在自己的心中，留有一块关于灾区的特殊位置。生在天府之国，我自幼接触到的是这里润泽的土地、热情的人民，但突然而来的"5·12"汶川地震却让大地破碎、房屋倒塌、企业受损、人们流离失所。

汶川地震当日，无数川人有着无数版本的地震经历。2008 年 5 月 12 日的上午，我在绵阳参加一个会议，因下午学校还有会，遂在午饭后与西南财经大学的林万祥教授一道匆匆向成都回赶。因头晚熬夜，在车上的时间一如既往地成了我"补瞌睡"的好机会。不知何时，陡然一阵剧烈地震动，把我从酣睡中惊醒。茫然中，尚未完全清醒的自己往车窗外打量，发现我们正在高速路的大桥上抖动着！坐在左边的司机还在自言自语："车怎么了？"我下意识地大声疾呼："快，往前冲，桥要垮了！"他一个激灵，猛地加油冲出桥到了平地上，停到了路边。大家惊魂未定，相顾骇然：怎么不对劲，车还在一个劲儿地抖？我说："会不会是车子发动机出问题呢？"司机把钥匙拿在手中，原来他已熄了火，并下车来检查车况，我与林老师也都下车，发觉地面仍在晃动。我赶紧回望大桥，看到大桥并未折断，而这时林老师指向路边的指示牌说："地震！"我顺着他的手指看去，钢做的指示牌如布旗般，正"哗哗哗"作响地疯狂摇动着。过了一会儿，地面基本恢复平静，我们马上出发，直奔成都。在车里，我与林老师开始不断地拨打在蓉亲人的电话，不通，不通，还是不通！大家都难以自禁的揪心。这时，已快下高速了，待开到成都高速路口时，发现许多车排成了长队，但还没有乱，可以慢慢前行。当到我们的车过关时，突然又是一个余震，四处一片惊呼，工作人员也从收费亭跳出来往外冲，并为保证安全放下了车闸。我们的司机也担心岗亭垮塌，在车闸放下的瞬间，动作极为敏捷地加油，一下冲了过去，成为当时进入蓉城的最后一辆车。

回到学校，到处已乱成一团，会也开不成了，这时通讯时断时续，我终于和当时的女友、而今的妻子罗子欣联系上了，她正安全地待在四川大学的草坪上。她让我不要着急，先把工作处理好。于是我赶紧配合着学校的救灾事宜，待下班时再去与她相会。本想开车，但开到大校门才发现大街上全是车与人，于是借了辆自行车骑过去。也幸亏如此，不少车辆直接停在了路上，许多地方堵着车，在密集高楼里无处可躲的人们都跑到了路边或绿化地。待骑了一个小时到达川大后,两人相见,恍若隔世,互述情况,子欣的经历更为惊险,地震发生她正在 18 层的高楼顶层,一口气从楼上跑下底层,连鞋何时掉的也不知道。其实我们后来方才知晓,她当时最正确的做法应该是往楼顶跑,因为这样最能节省时间,一旦楼房倒塌,在顶楼的生存概率高于在楼中或楼下——由此可见,预防灾害的演习与训练实在重要。

"5·12"震后我们经历了多次余震,也曾在车里睡了好几个晚上,白天仍然正常工作生活,每天看电视、听广播、看报纸关心有关灾区抢险援救的报道。而这时,我所在的成都理工大学党政领导高度重视,在处理好校园内抗震救灾工作的同时,积极配合上级有关部门,发挥自身学科专业特色,组织专家学者数百人次分别参加国家和省市各级部门组织的抗震救灾工作组,分批分组奔赴各地,全方位深度参与地质灾害的调查、评估、受灾人员安置及灾后重建等工作,为抗震救灾做出了重大贡献。[①] 特别是地质灾害防治与地质环境保护国家重点实验室、地球探测与信息技术教育部重点实验室等诸多师生们陆续前往灾区开展智力救灾。黄润秋、许强、李天斌、王兰生、唐川、裴向军、朱介寿、郭勇、王绪本、倪师军、曹俊兴、苗放……都深入灾区一线奋战着,由于自己当时工作岗位在宣传部,与他们多有接触。其中,一件事、一个人给我留下了特别深刻的印象——

一件事是:一次夜间勘查救了 300 多人。受国土资源部和四川省国土资源厅委托和安排,成都理工大学全面负责极重灾区青川县地震地质灾害的核查工作,并迅速组织了以沈军辉教授、刘惠军博士为主要成员的工作组。2008 年 5 月 18 日晚 18 时,工作组不顾已经调查了一整天的疲劳,在旁人劝说休息的情况下,仍坚持爬上数百米悬崖,查看了县城后山狮子梁灾害隐患点,发现山体顶部因受地震影响已形成了一条长超过 300 米,宽约 30 米的变形松动带。在暴雨或较强余震条件下,变形体浅表部可能发生较大规模的崩塌,对县粮食局、邮政局等单位和临时安置点将构成严重威胁。工作组立即向青川县抗震救灾指挥部总指挥、县委书记及县长作了详细汇报。指挥部根据工作组的建议当即做出决定,立即撤离了处于危险区的 100 余户 300 余名受灾群众,并在危险区设置安全警戒线。次日(5 月 19 日)14 时 6 分,青川县发生 5.4 级余震,狮子梁灾害隐患点果然如工作组所料,发生了较大规模的崩塌,但因工作组发现及时、判断准确,指挥部应对及时,措施得当,避免了 300 多人的伤亡。[②]

---

① 黄寰:《抗震救灾 有成都理工大学的重大贡献》,《中国地质教育》2008 年第 2 期。
② 黄寰:《一次夜间勘查救了三百多人》,《科学时报》2008 年 5 月 27 日

一个人是:黄润秋教授。他时任地质灾害防治与地质环境保护国家重点实验室主任、四川省政协副主席、成都理工大学副校长,在地震后就没有真正的休息过,饱含着对灾区人民无限的哀悼之情全身心地投入到抗震救灾中去。我忘不了,在震后第三天他回到学校,向校党政班子汇报灾情和我校师生参与救援情况,在说到当时全国上下都在关注震中汶川,其实北川更惨烈、死伤人数至少也有好几万时,这个坚强的汉子潸然泪下,用双手抹泪却怎么也抹不干净;我忘不了,他在地震发生后第一时间在本校和其他高校举办了一系列地震知识讲座,轻言细语地安抚受惊吓的师生……为了解此次地震造成的次生灾害的危害程度,黄润秋教授亲自深入极重灾区对地质灾害隐患点进行核查。同时组织实验室力量,组成若干抢险救灾小组奔赴灾区一线进行抢险救灾指导和地质灾害调查。在余震频发的情况下,他不顾个人安危,带领师生和工作人员在严重破损的街道、河岸穿行、考察,并向当地干部和老百姓详细了解地质滑坡、崩塌及堵江堵河的情况。作为地质灾害防治和治理方面的专家学者,黄润秋教授十分清楚自己在关键时刻的重大责任,他在多个场合提出了重要建议,并得到充分肯定和积极采纳。特别是在 2008 年 5 月 21 日,他及时向中央抗震救灾指挥部与四川省委省政府提交了《四川省汶川"5·12"大地震的基本地质背景,次生地质灾害类型及对灾后重建的建议》。建议指出,在四川省汶川"5·12"大地震发生后的家园重建中,要本着面对现实、尊重自然、以人为本的科学精神做好重建规划,尤其要从此次灾害中总结经验,吸取教训,高度重视地质因素在灾后重建中的制约作用,该建议引起国家和四川省领导的高度重视,并在后面的重建规划中加以体现……

也正是有了这样的经历、有了这样的情结,从 1998 年入读硕士研究生后就关注并开始进行区域可持续发展研究的我,自然把目光盯紧了灾区,尝试进行相关的研究。在汶川地震后,笔者参加由恩师四川大学杜肯堂教授主持的教育部哲学社会科学研究重大攻关项目"西部经济发展与生态环境重建研究"和邓玲教授主持的国家社科基金重大招标项目"我国生态文明发展战略及其区域实现研究"组成的联合课题组,参与完成四川省社科联重大委托课题"龙门山生态文明建设试验区"。作为主研人员(排名第五)撰写的研究报告《在灾后重建中创设"龙门山生态文明建设试验区"的建议》在 2008 年 9 月 27 日由光明日报总编室编发《情况反映》(机密,第 155期),2008 年 7 月 28 日由四川省繁荣发展哲学社会科学协调小组办公室、四川省社会科学界联合会编发《重要成果专报》(第 25 期,总第 118 期);作为第一主研承担完成国家软科学研究计划项目"整合科技资源跨区域实施科技赈灾行动的对策研究”，作为副组长和第一主研承担四川省科学技术协会重点课题“灾后四川工业企业重建技术创新研究”，主持完成四川省学术和技术带头人培养资金重点项目、四川省哲学社会科学研究规划项目、四川省软科学研究项目、四川省教育厅文科重点科研项目、成都市软科学研究项目、四川省系统科学与企业发展研究中心项目等多个与灾区有关的项目；同时积极为灾区发展献计献策，作为第一作者完成的有关结合汶川地震灾区重建经验做好玉树灾区重建的成果被《人民日报内参》《人民日报信息快报·舆情》刊发。其中，人民日报社内参部编发的《人民日报内参》于2010年6月以“秘密”级别、专文专号的形式进行了刊发；在同日由人民日报社办公厅编发的《人民日报信息快报·舆情》上，也以专文专号的形式进行了刊发。执笔完成的有关灾后重建和灾区经济社会发展的研究成果多次被四川省委书记王东明、省长尹力等省市领导批示，并已在成都具体实施；芦山地震后相关对策建议于2013年7月19日在人民日报《内部参阅》第28期（总第1169期）以封面重点形式刊发……自己也在2010年成为极重灾区什邡“十二五”规划编制组成员，2012年被中共四川省委宣传部、极重灾区北川灾后重建指挥部列入“5·12”汶川特大地震纪念馆副馆陈列布展工作专家组，2013年被四川省社科联、极重灾区绵竹市人民政府列入绵竹市统筹城乡发展专家咨询组等。

正由于多年关注和研究灾区的发展，2012年自己在完成“区际生态补偿论”这一课题后，以“后重建时期灾区生态建设与产业发展的空间协调与创新推进路径研究”为题，申请到了四川省杰出青年学术技术带头人培育计划项目（2012JQ0049）的资助，这也是四川省区域经济学者首次获得四川省青年科技基金的资助。在研究过程中，我指导本科生付晴晴、王皓越、颜彦、唐娅姝和郭义盟组成团队，参与这一研究，取得了优秀的成绩，同名成果在2013年获得了第十三届“挑战杯”全国大学生课外学术科技作品竞赛二等奖、交叉创新三等奖，个人也获得优秀指导教师称号——这是成都理工大学历年在“挑战杯”全国大赛中的最好成绩，该成果还获得了第十二届“挑战杯”四川省大学生学术科技作品竞赛一等奖、成都理工大学2012—2013年度大学生课外科技竞赛一等奖。

与此同时，本人的多个相关课题也在顺利推进中，特别是在2015年获得国家社科基金后期资助项目支持后，自己带领的团队加快了项目进一步深入调研与书稿凝练撰写。以参与本项目工作量的大小排序，主要参与者包括：刘登娟、刘丹丹、李源、陈万象、周潇、郭义盟、张义、董平、蒋莉蘋、张帆、张桢、王瑛龙、尹斯斯、于晓昆、张晶、张云莎、杨亚洲、马雨晴、王玮、高云

舒、窦蕾、王洪锦、杨振华、杨亚琪、张笑颜、周慧灵、王宇、杨梅、陈晓琴、陈
静、蒋孟璇、程丙警、肖义、张新帅、高志昊、马志鹏、刘学、周富华、冉兵波、吴
灿霞、杨苏一、秦思露、白良玉、赵迪、毛睿琦、吕晓卫、伍卓敏、马勇。其中，
李源、张义、董平等协助我统改全书。经过整整一年的再次努力，到 2016 年
底最终把本书完成。因此，本书的数据材料等也基本到此为止。在 2017 年
10 月党的十九大胜利召开时，书稿已处于出版编校的最后阶段，经与责任
编辑陈登老师协商，适当加入了习近平新时代中国特色社会主义思想和十
九大精神的部分学习体会。

　　当然，本书的完成不止是要感谢一起努力的团队成员，更要感谢全国哲
学社会科学规划办公室的长期支持。2010 年，自己的博士后出站报告《区
际生态补偿论》有幸得到了国家社科基金后期项目（批准号：10FJL002）资
助，并入选《国家社科基金项目成果选介汇编·第九辑》；本书作为《区际生
态补偿论》的姊妹篇，能再次得到国家社科基金后期项目资助，实属幸运。
在《区际生态补偿论》的第十一章中，即创新地提出了"灾区生态补偿"，而
生态补偿不仅是要"补血"，更需要"造血"。本书正是在后重建时期这一特
殊时间维度，在灾区这一特定空间，通过生态与产业协调发展来实现自我
"造血"，以此达到可持续发展。因此，本书谈到的后重建时期灾区生态与
产业协调发展即是在特定时空条件下，灾区从简单的"补血"到自身"造血"
的实现。

　　感谢地质灾害防治与环境保护国家重点实验室。成都理工大学拥有地
质灾害防治与地质环境保护国家重点实验室、油气藏地质及开发工程国家
重点实验室（与西南石油大学合办），这在全国非"985"、"211"高校中是独
一无二的。地质灾害防治与地质环境保护国家重点实验室的前身是 1989
年由原国家计委、国家教委批准，在成都理工大学（原成都地质学院）"地质
工程"国家重点学科基础上建立的国家专业实验室，2001 年实验室被四川
省人民政府批准为"四川省重点实验室"，2002 年成为科技部与四川省共建
的"国家重点实验室培育基地"，2003 年被批准为国土资源部重点实验室，
2007 年 10 月被科技部批准列入国家重点实验室建设计划，2010 年 12 月通
过科技部验收。该实验室是目前我国地质灾害防治领域唯一的国家重点实
验室，为经济社会发展做出了重大贡献，先后两次独立获得国家科学技术进
步奖一等奖，在科技部 2015 年数理和地学领域国家重点实验室评估中被评
为优秀。2010 年，实验室在全校范围内招聘固定研究人员，由于有了前面
一些与灾区有关的工作和研究经历，自己当时斗胆填写了申请书，且非常有
幸得到认可，成为实验室唯一的非理工科固定研究人员。在进入实验室后，

感受到这里宽容而又激人上进的良好氛围,得到了黄润秋、许强、李天斌、唐川、赵其华、巨能攀、冯文凯、范宣梅、余斌、胡伟、庹先国、裴向军、杨尽、黄健、常鸣等诸多师长同仁的指点与帮助,同时也要感谢通过实验室平台与英国卡迪夫大学(Cardiff University)进行合作的 Tristram C.Hales,Brian Macgillivray,Yi Gong(龚奕),Jing Ran(冉静)等专家的支持。我先后主持了两项实验室自主课题,对灾区的调研与了解进一步增多,本书也是自己作为实验室一员的成果。

感谢恩师杜肯堂教授与师母肖雪梅。写着这个后记时,掐指算来,认识老师已逾 16 载。犹忆 2001 年硕士毕业留校后,自己有进一步求学的想法,经师长推荐牵线,紧张忐忑中给杜老师打通电话,他十分和蔼可亲地约我前往时在红照壁的家里谈一谈。这一谈就改变了自己的人生轨迹,老师从此手把手引导着我走上区域经济与管理的研究道路。

还要感谢许多的老师:博士后合作导师刘诗白教授,从博士毕业答辩至今,诗白老师一直关心着学生的成长;感谢在研究过程中给予我指点与帮助的刘宝珺、马宗晋、刘嘉麒、袁文平、杜受祜、邓玲、丁任重、侯水平、蔡春、李天德等专家;感谢自己众多同门的多年支持;感谢成都理工大学以及我所在的商学院诸多领导与专家的关心与理解;感谢四川省委组织部安排我参加了四川省第五期优秀干部递进班,在尹力、范锐平、黄建发、贺建峰、熊奇等领导直接关怀下,随班领导杨晓东与班主任卢心伟、白永花,带领全班学员营造出了积极向上的团结氛围,提高了自己的思想认识和理论水平,并在蹲点体验阶段安排我入驻极重灾区平武 20 天,直接推动了本书的研究。

特别要感谢我的家人。在多年的科研道路上,是你们的关爱让我有了远行的动力。妻子欣本身亦十分优秀,2010 年从四川大学新闻学专业硕士毕业后,她参加了四川省社科院的公招,历经学术成绩认定、全省公考、面试等多个环节,最后从 32 名报考人中脱颖而出,得以在新闻传播研究所工作,主要研究新媒体、科学传播与普及;2012 年,本来只能申报中级职称的她,因成果较为突出直接申报副高,得到了社科院领导与专家的大力襄助,"双破"(破时间、破级别)成为省社科院最年轻的副研究员。此后她继续努力,既成功申报获得国家社科基金青年项目、国家软科学计划项目、四川省社科规划项目、四川省软科学研究项目等多个国家与省部级科研项目,同时在《光明日报》等报刊发表较高水平的论文,并入选全国优秀科技工作者、四川省学术和技术带头人后备人选。2017 年 12 月,子欣获得第十四届四川省青年科技奖,该奖是面向四川省 40 周岁以下青年科技工作者设立的奖项,每两年评选一次,每次授奖人数不超过 50 人,获奖者主要来自自然科学领域。有意思的是,我是在 2010 年获得的第十届四川省青年科技奖,我俩成为四川省青年科技奖 20 多年来的第二对获奖夫妻。由于我的"家务商"低下,基本技能仅限于动动嘴、热热饭、洗洗碗、扫扫地,她为照顾好家庭付出甚多。子欣在工作同时师从蒋晓丽教授攻读四川大学文新学院文学博士学位,努力但艰辛曲折,一直到 2016 年 6 月,读博六载才毕业。感谢岳父罗映辉、岳母孙瑞菊,在我父母黄宇康、赵敏去世后,你们待我如亲子,与子欣一道为我筑起了最坚实的家庭之基。感谢在本书研究过程中诞生的女儿黄之辰,小名辰子,生于辰时的你,乖巧聪慧,工作之余抱抱你亲亲你是最大的快乐;感谢在此书完成时才出生的第二个宝贝,姐姐将你取名为"红绿灯",你的到来伴随着本书的诞生,对我而言都是可爱的新生命。

　　最后要说明的是,本书既是国家社科基金后期资助项目(15FJY012)成果,也是本人参与黄润秋教授主持的国家自然科学基金中英合作研究项目(4151101239)的阶段性成果之一;同时,本项研究还先后得到了地质灾害防治与环境保护国家重点实验室自主课题基金(SKLGP2015Z004)、四川省社科规划重大项目(SC16ZD01)、成都理工大学习近平新时代中国特色社会主义思想研究中心重点课题(ZX1701-ZD-002)四川省哲学社会科学重点研究基地西部交通战略与区域发展研究中心重点项目(XJQ001)、资源型城市发展研究中心重点项目(ZYZX-ZD-1603、ZYZX-ZD-1703)、四川矿产资源研究中心重点项目(SCKCZY2017-ZD01)、四川循环经济研究中心一般项目(XHJJ-1710)、四川省杰出青年学术技术带头人资助计划项目(2016JQ0030)、四川省软科学研究项目(2017ZR0028)、四川省青年科技创新研究团队(2014TD0024)、四川高校科研创新团队建设计划(13TD0009)、四川省留学人员择优资助项目、四川省学术和技术带头人培养支持经费资助项目、四川省社会科学高水平研究团队、首批四川新型智库"自然灾害防治与地质环境保护研究智库"、成都理工大学哲学社会科学研究基金和重点研究基地建设项目、成都市成华区首批新型智库等的支持,在此致以深深的谢意。

　　谨以此书纪念"5·12"汶川地震十周年和"4·20"芦山地震五周年!

2017 年 12 月